팀장 역할의 핵심 내용과 50여가지 실천도구

팀장의 8가지 실천과제

VITAL BUSINESS ACADEMY 바이탈경영교육원
www.vital.co.kr

하버드 경영대학원 출판부에서 개발한 온라인 과정 "Stepping Up to Management"의 내용을, 한글 번역본 독점권을 가지고 있는 (주)바이탈경영교육원에서 요약한 책입니다.

저작권법에 의해 보호를 받는 저작물이므로 무단전제와 무단복제를 금합니다.

이 책의 내용과 관련하여 교육 또는 그룹코칭이 필요하실 경우에 전화(02-525-3811)로 연락 주시면, 교육과 코칭 경험이 풍부한 전문가들의 도움을 받으실 수 있습니다.

팀장의 8가지 실천과제

초판 1쇄 발행일   2017년 9월 8일

발행처: (주)바이탈경영교육원
주소: 서울 강남구 테헤란로25길 20
전화: 02) 525-3811
팩스: 02) 525-3814
홈페이지: www.vital.co.kr

등록번호: 제 1993-000083호
등록일: 1993년 5월 21일
ISBN: 979-11-95929832-13320

* 책 가격은 표지 뒷면에 있습니다.

팀장의 8가지 실천과제

팀장이 수행해야 되는 핵심 내용과
50여개의 실천도구 제공

목 차

머리말   7

실천과제1. 역할에 대한 명확한 이해
1. 팀장이 된다는 것은 무슨 의미인가?   15
2. 팀장 역할에 대한 일반적인 오해   22
3. 팀장들이 많이 하는 실수   26
4. 경험을 통해서 어떻게 배울 것인가?   30
5. 팀의 당면 과제와 개발해야 할 역량   36

실천과제2. 팀원들과 신뢰관계 구축
1. 팀원들을 통해서 어떻게 일할 것인가?   47
2. 팀원들과의 신뢰 어떻게 구축할 것인가?   52
3. 팀원들을 얼마나 잘 알고 있는가?   54
4. 상충되는 기대 어떻게 조율할 것인가?   60
5. 어떤 관리 스타일이 바람직한가?   65

실천과제3. 팀원들의 성과창출 지원
1. 팀원들의 성과창출 지원 프로세스   75
2. 목표설정 어떻게 할 것인가?   76
3. 위임 어떻게 할 것인가?   80
4. 업무 수행 과정에서의 피드백   87
5. 팀원들 코칭 어떻게 할 것인가?   90
6. 성과평가 어떻게 할 것인가?   96
7. 팀원들 역량개발 계획 수립   99

실천과제4. 회의 및 시간의 효율적 관리
1. 행정업무 책임자로서의 역할   108
2. 회의 어떻게 생산적으로 할 것인가?   114
3. 시간관리 어떻게 효율적으로 할 것인가?   123

실천과제5. 팀 조직의 효과적 운영
1. 개인관리와 조직관리의 차이점   137
2. 팀 운영 프로세스의 확립   141
3. 집단역학 어떻게 관리할 것인가?   149
4. 팀 내 갈등 어떻게 관리할 것인가?   155
5. 팀원 충원 어떻게 할 것인가?   160
6. 업무환경 어떻게 지원할 것인가?   164

실천과제6. 상사 및 회사와 한 방향 유지
1. 상사의 관심사항은 무엇인가?   177
2. 상사와 강력한 파트너십 구축   182
3. 회사 전략 어떻게 파악할 것인가?   186
4. 팀 비전 어떻게 설정할 것인가?   191
5. 개인목표와 조직목표의 일치   194

실천과제7. 동료들과 네트워킹 및 협력
1. 왜 동료 네트워크가 중요한가?   205
2. 동료 네트워크 어떻게 구축할 것인가?   210
3. 동료로서 내 이미지에 대한 평가   213
4. 동료들 어떻게 설득할 것인가?   218
5. 동료들과 어떻게 협력할 것인가?   224

실천과제8. 리더십 역량의 지속적 개발
1. 어떤 리더가 될 것인가?   233
2. 리더십 역량 어떻게 개발할 것인가?   237
3. 감성지능 어떻게 향상시킬 것인가?   241
4. 경력개발 어떻게 할 것인가?   247

▶ 머리말

그 동안 우리는 변화, 개혁, 혁신 등과 같은 말을 참으로 많이 들어 왔었는데, 요즘은 제4차 산업혁명, 인더스트리 4.0, 디지털 트랜스포메이션(digital transformation) 등과 같은 용어들이 우리를 더욱 혼란스럽게 하고 있다.

이렇게 빠르고 큰 변화의 흐름에 대응하기 위해 많은 기업에서는 혁신을 더 강조하고 있지만, 조직을 신속하게 근본적으로 바꾸기가 쉽지 않다. 조직변화를 위해 근무 복장, 출.퇴근 시간, 호칭 등의 가시적인 변화를 비롯해서 새로운 인사제도의 도입, 일하는 방법 개선에 이르기까지 다양한 노력들을 하고 있는데, 이런 노력들이 조직의 성과로 이어지도록 하는 데는 조직의 중간에 위치한 팀장들의 역할이 매우 중요하다.

그런데 요즘 팀장들을 만나 보면, 팀장 역할을 하기가 너무 어렵고, 팀장되는 것을 싫어하는 사람도 있다고 한다. 급변하는 환경변화에 대응하기 위한 경영층의 요구는 쏟아지는데, 밀레니엄 세대라 불리는 팀원들을 통해 그 요구를 실행하면서 성과를 창출하기가 너무 힘들다는 것이다. 하지만 어떻게 하겠는가?

이것이 우리 팀장들의 역할인 것을!

이 책에는 팀장 역할을 수행하기 위해서 반드시 실천해야 할 과제를 8가지로 요약 정리하고, 현업 적용을 위한 50여개의 실천도구를 제공하고 있다. 필요하다고 생각되는 도구를 선택하여 현업에 적용해 간다면, 많은 도움이 될 것이다.

처음으로 팀장이 되었거나, 머지않아 팀장이 될 분들은 팀장이 무엇을 해야 되는가에 대한 기반을 구축하는데 큰 도움이 될 것이고, 팀장 경험이 많은 분들은 자신을 되돌아보고, 자기 역할에 대한 인식을 새롭게 할 수 있는 계기가 되리라 생각한다.

이 책은 팀장 역할에 대한 총론이다. 팀장역할에 필요한 여러 가지 역량을 좀 더 깊게 학습하길 원할 경우, 40개의 각론으로 되어 있는 "**팀장 역량개발 시리즈**(책 뒷 부분의 첨부 참조)"를 활용할 수가 있다.

이 책 내용에도 나오지만, 탁월한 리더가 되기 위해서는 긴 시간이 필요하다. 현업 경험과 아울러 지속적으로 학습하고, 적용하고, 그 결과를 되돌아보면서 조금씩 발전해 가는 것이다. 끊임없는 질문, 실천, 성찰은 세계 수준의 경영자로 성장하기 위한 필수 요소일 것이다.

(주)바이탈경영교육원

실천과제 1

역할에 대한 명확한 이해

많은 사람들이 막연한 기대를 가지고 팀장 역할을 맡게 되지만, 실제 현실에 부딪치면서 예상과는 다른 팀장의 위치와 역할에 놀라게 된다. 이번 '실천과제 1'에서는 팀장이 된다는 것의 의미와 팀장 역할에 대한 일반적인 오해를 살펴볼 것이다.

그리고 팀장들이 많이 하는 실수와 그 결과, 그리고 피하는 방법에 대해서 알아보고, 가장 효과적인 역량개발 방법이라고 할 수 있는 경험을 통해 학습하는 방법에 대해 살펴볼 것이다.

또한 팀의 당면 과제와 장애요소, 그리고 이것을 해결하는 데에 필요한 역량이 무엇인지 파악하여, 그 습득을 위한 실행계획을 수립할 것이다.

처음 팀장이 되었을 때 내가 가졌던 기대는?

많은 사람들이 막연한 기대를 가지고 팀장 역할을 맡게 되지만, 실제 현실에 부딪치면서 예상과는 다른 팀장의 위치와 역할에 놀라게 된다. 아래 문항이 팀장 역할에 대해 내가 갖고 있었던 생각을 얼마나 잘 반영하고 있는지를 확인해 보자.

※ 각각의 문항을 읽고, **처음** 떠오르는 생각대로 답변한다.

내가 처음 팀장이 되었을 때, 팀장 역할에 대해 기대했었던 것은?	그렇다	아니다
1. 실무자 때 개발한 역량이 팀장 역할을 수행하는 데에도 많은 도움이 될 것이다.		
2. 팀장으로서 팀의 방향을 설정하고, 내 아이디어를 실행할 수 있는 충분한 권한을 가지게 될 것이다.		
3. 팀을 관리한다는 것은 업무를 지시하고, 지시된 업무가 잘 수행되고 있는가 확인하는 것을 의미할 것이다.		
4. 팀장은 팀 목표달성에 필요한 자원을 확보할 수 있는 권한을 갖게 될 것이다.		
5. 팀장 역할을 수행함에 있어, 조직 내에서 정치력을 발휘할 필요가 있을 것이다.		
6. 더 나은 팀장이 되는 최선의 방법은 팀장 역할을 수행하면서 경험하는 것에 대해 체계적인 성찰을 하는 것이다.		
7. 팀장이 되었다고 해서 만족도가 높아지지는 않을 것이다.		
8. 팀장은 업무를 수행하는데 있어 자율권이 많이 주어질 것이다.		
9. 팀장에게는 자기 자신만의 역량으로 탁월한 성과를 창출할 수 있는 기회가 많이 제공될 것이다.		
10. 팀장이 되면, 실무자일 때보다 더 많은 스트레스를 받게 될 것이다.		

▶ 응답결과에 대한 피드백은 다음 페이지에서 확인할 수 있다.

내가 처음 가졌던 팀장 역할에 대한 기대와 현실

앞에서 체크한 팀장 역할에 대해 기대했던 것과 대다수의 팀장들이 겪게되는 현실을 비교해 보자. 내가 가지고 있는 팀장 역할에 대한 기대는 현실과 어느 정도로 일치하는가?

처음 팀장이 되었을 때 기대했었던 것은?	나의 응답	현실	현실에 대한 설명
1. 실무자 때 개발한 역량이 팀장 역할을 수행하는 데에도 많은 도움이 될 것이다.		아니다	팀장에게는 실무자 때와는 다른, 보다 광범위한 역량들이 요구된다. 팀장은 다른 사람에게 일을 시키는 방법, 지원적인 업무환경을 만드는 법, 그리고 팀의 과제(Agenda)를 설정하는 법을 알고 있어야 한다. 또한 동료들과 인간관계를 구축하고 상위조직에 대해서 자신의 팀을 대표해야 한다. 아울러 위기에 대처하고, 조직의 성과를 향상시키기 위한 프로젝트를 주도하며, 팀장 자신이 아니라 팀의 성공에 초점을 두어야 한다.
2. 팀장으로서 팀의 방향을 설정하고, 자기 아이디어를 실행할 수 있는 충분한 권한을 가지게 될 것이다.		아니다	팀장은 예상했던 것 보다 훨씬 적은 권한을 갖게 된다. 즉, 공식적인 권한은 상당히 제한적이고, 팀원들이 팀장의 지시에 잘 따르지 않을 수도 있다. 그리고 많은 기업에서 과거의 위계 조직구조를 수평적 네트워크 조직과 다기능 팀으로 바꾸고 있기 때문에, 과거의 위계 조직구조에서보다 팀장의 권한은 줄어들고 있다. 마지막으로, 팀장은 필요자원을 확보하는데 큰 영향을 미치는 동료팀장들에 대한 공식 권한을 갖고 있지 않다.
3. 팀을 관리한다는 것은 업무를 지시하고, 지시된 업무가 잘 수행되고 있는가 확인하는 것을 의미한다.		아니다	팀장이라고 해서, 자기가 원하는 대로 의사결정을 하고, 팀원들에게 지시를 내리며, 행동을 취할 자율권을 갖게 되는 것은 아니다. 그보다는 업무를 완수하기 위해 팀원들뿐만 아니라, 동료, 상사, 고객, 공급업체 등 다수의 사람들과 함께 협력해야 한다.
4. 팀장은 팀 목표 달성에 필요한 자원을 확보할 수 있는 권한을 갖게 될 것이다.		아니다	팀장은 어느 정도의 예산과 인력을 확보하고 관리할 수는 있지만, 업무를 수행하는데 필요한 자원 및 지원을 확보하는데 많은 영향을 미치는 동료들에 대해서는 공식적인 권한을 갖고 있지 않다.
5. 팀장 역할을 수행함에 있어, 조직 내에서 정치력을 발휘할 필요가 있을 것이다.		그렇다	팀장의 성공은 다른 사람을 통해서 일을 하는 것에 좌우되기 때문에, 팀장은 조직 내 사람들과의 네트워킹과 인간관계를 구축하는데 상당한 시간을 보내게 된다. 팀장은 관련된 사람들의 이해가 상충되는 업무를 완수하기 위해서 어느 정도의 정치력을 발휘해야 할 필요가 있을 것이다.

일반적으로 실무자로서의 업무수행 능력을 인정 받은 사람들이 팀장으로 승진을 하게 되고, 이 사람들이 팀장이 되면, 팀장으로서의 영향력을 쉽게 확보할 수 있을 것이라고 기대한다.

처음 팀장이 되었을 때 기대했었던 것은?	나의 응답	현실	현실에 대한 설명
6. 더 나은 팀장이 되는 최선의 방법은 팀장 역할을 수행하면서 경험하는 것에 대해 체계적인 자기성찰을 하는 것이다.		그렇다	사건들에 대해 잠시 멈추어서 그것이 어떤 의미를 가지고, 서로 어떤 관련성이 있으며, 어떤 패턴으로 나타나는가에 대해서 생각해 볼 때에만 의미를 찾을 수 있다. 체계적 자기성찰은 다른 사람들로부터의 피드백과 함께 사건에 대해 새롭고 분명한 관점을 가질 수 있도록 하고, 팀장으로 하여금 성과를 향상시키는 방법을 찾을 수 있도록 한다.
7. 팀장이 되었다고 해서 만족도가 높아지지는 않을 것이다.		그렇다	자기확신에 차 있는 팀장이라 할 지라도 때때로 좌절하고, 어떻게 해야 좋을지 모르는 순간들을 겪게 된다. 이것은 아주 정상적인 현상이다. 팀장은 여러 가지 복잡한 역할을 수행해야 하기 때문에, 제한된 자원과 시간에 대한 압박감, 업무를 완수할 수 있을지 여부에 대한 불안감, 다른 사람을 리드하는 것에서 오는 부담감, 팀원이 지시를 따르지 않을 때의 짜증스러움과 같은 감정을 느낄 수 있다.
8. 팀장은 업무를 수행하는데 있어 자율권이 많이 주어질 것이다.		아니다	팀장은 예상했던 것 보다 훨씬 적은 자율권을 갖게 된다. 업무를 완수하기 위해 팀장은 팀원뿐만 아니라, 동료, 상사, 고객 그리고 공급자에게 의존해야만 한다. 팀장은 자기 팀 성과에 책임을 지고 있기 때문에 문제가 발생했을 때 일방적인 의사결정을 하거나 즉각적인 조치를 취하기 보다는, 그 의사결정이 팀, 회사, 그리고 외부의 관련 기관에 어떤 영향을 미치게 될지를 신중하게 고려해야만 한다.
9. 팀장에게는 자기 자신만의 역량으로 탁월한 성과를 창출할 수 있는 기회가 많이 제공될 것이다.		아니다	팀장은 자기 자신이나 자기의 역량이 아니라, 다른 사람과 그들의 역량에 의존해서 팀 목표를 달성하게 된다. 팀장의 성공은 자기 자신의 성과보다는 다른 사람을 통해 달성한 성과에 달려있다. 그리고 팀장은 팀원뿐만 아니라 상사, 동료, 그리고 회사 외부의 사람들까지 포함된 폭넓은 사람들과의 교류를 통해서 업무를 수행하게 된다.
10. 팀장은 실무자일 때보다 더 많은 스트레스를 받게 될 것이다.		그렇다	팀장의 역할이 복잡하기 때문에, 실무자로서 일할 때보다 더 많은 스트레스를 경험하게 될 가능성이 높다. 그러나 팀장으로서의 경험이 쌓여감에 따라 스트레스 수준은 낮아지게 될 것이다. 또한 자신의 업무에 더 많은 열정과 자신감, 그리고 성취감을 느낄 수 있게 될 것이다.

하지만 유능한 실무자가 팀장으로서의 역할 역시 잘 수행할 것이라는 것은 잘못된 생각일 수 있다. 팀장에게 필요한 역량은 실무자에게 필요한 역량과는 다르기 때문이다. 팀장이 된다는 것은 예상보다 훨씬 복잡한 일이며, 그 역할 수행에 필요한 권한 역시 기대보다 적다고들 이야기한다.

학습목표

- 팀장 역할을 수행하기 위해서는 더 넓고 장기적인 관점으로 보는 것과 리더십 역량이 필요하다는 것을 이해한다.
- 팀장은 다른 사람을 통해서 업무를 수행하고, 팀장의 성공은 그가 속한 팀의 성과를 통해 측정된다는 것을 깨닫는다.
- 팀장이 될 때 일반적으로 갖게 되는 오해에 대해 알아본다.
- 팀장들이 많이 하는 실수와 그것을 피하는 방법에 대해 학습한다.
- 탁월한 팀장 역할을 수행하게 되기까지는 긴 여정이며, 학습과 실천, 경험과 성찰, 그리고 피드백 과정을 통해 성공 가능성을 높일 수 있음을 이해한다.

☞ 팀장 역할을 수행하면서 지금 겪고 있는 어려움에는 어떤 것이 있는가?

_____
_____
_____
_____

1. 팀장이 된다는 것은 무슨 의미인가?

팀장이 된다는 것의 의미

- **다른 사람을 통해서 업무 수행**
  - 다른 사람들이 업무를 하는 프로세스에 초점
  - 팀원, 상사, 동료 팀장, 회사 외부 사람 등 포함

- **다양한 역할 수행**
  - 팀원 지원/육성
  - 동기 유발
  - 연결고리
  - 정보제공자
  - 대변인
  - 기업가
  - 중재자
  - 의사결정자

- **네트워크 형성**
  - 팀원들
  - 동료 팀장들
  - 상사들

- **전략적 관점 개발**
  - 회사의 "큰 그림"
  - 장기적인 안목
  - 팀 Agenda 설정
  - 회사와 팀원 간에 균형 유지

- **필요 역량 개발**
  - 전략적 사고
  - 분석적 사고
  - 결단 능력
  - 혁신 능력
  - 의사소통
  - 리더십
  - 대인관계
  - 등등

실무자 역할을 수행하면서 팀원으로 있다가 팀장으로 승진을 했거나, 처음부터 팀장으로 직장 생활을 시작했을 수도 있을 것이다. 그리고 팀장으로서 리더 역할만을 담당할 수도 있고, 실무자와 리더 역할을 함께 담당할 수도 있을 것이다.

어떤 상황이든지, 팀장으로 성공하기 위해서는, 팀장이 된다는 것이 어떤 의미를 갖는가를 정확하게 이해하고 있어야 한다.

팀장 역할이 놀랄 만큼 복잡하다는 것을 팀장이 되어 보면 알게 된다. 팀장은 폭넓은 시야를 가지고, 눈앞의 업무만을 처리하는 것이 아니라 그 이상을 볼 수 있어야 하고, 자기 팀 내/외 사람들의 요구를 고려해야 한다. 또한 실무자 역할을 할 때 인정받았던 역량과는 전혀 다른 종류의 역량이 요구된다.

팀장이 된다는 것에 대한 의미에 대해 생각해 보자.

■ 다른 사람을 통해서 일을 한다.

실무자에게는 담당 업무를 완수해 할 책임이 있다. 반면에 팀장은 사람들을 리드하는 것과 그 프로세스에 초점을 맞춘다. 중요한 고객을 지원한다든가, 신제품을 개발하는 것과 같은 실무를 계속해서 할 수도 있지만, 팀장은 다른 사람을 통해 일을 할 수 있어야 한다.

팀장은 자신의 역량에 의존하는 것이 아니라, 다른 사람과 그들의 역량에 의지해서 팀 목표를 달성해야 한다. 그리고 다양한 사람들과 상호작용을 하면서 업무를 수행해야 한다.

여기에는 팀원뿐만이 아니라, 상사, 동료 팀장들, 그리고 회사 외부에 있는 사람들도 포함된다. 대부분의 신임 팀장들은, 일을 하기 위해 다른 사람들과 상호작용 하는데 얼마나 많은 시간이 필요한가를 깨닫고는 놀라워 한다.

■ 다양한 역할을 수행해야 한다.

팀장은 팀원 육성, 동기유발, 그리고 팀원 지원만을 하는 것이 아니다. 팀장은 추가적인 다양한 역할을 수행해야 한다.

아래에 그 예가 일부 열거되어 있다.

- **대변인**: 팀장은 자기 팀을 대변한다.
- **연결고리**: 팀원들이 회사 내/외부 사람들과 긍정적인 관계를 유지할 수 있도록 한다.
- **정보제공자**: 회사의 경영환경 및 비전과 실적 등에 대한 중요한 정보를 팀원들에게 제공한다. 또 자기 팀의 성과와 필요사항에 대한 정보를 상사에게 보고한다.
- **기업가**: 자기 팀의 업무 프로세스나 수익을 개선시킬 수 있는 프로젝트를 주도한다.
- **중재자**: 갈등을 관리하고, 불만을 해결하며, 다른 사람들과의 화합을 증진시킨다.
- **의사결정자**: 혼자, 또는 다른 사람들과 함께 의사결정을 하고, 결정된 사항을 전달하며, 연관된 다른 결정에 미치는 영향을 관리하고, 팀 운영에 대한 책임을 진다.

■ 다른 사람들과 네트워크를 구축해야 한다.

팀장의 성공이 다른 사람을 통해서 일하는 것에 달려있기 때문에, 상당히 많은 시간을 다양한 사람들과의 네트워크를 구축하고 강화하는데 사용하게 된다.

- ☐ **팀원들과의 관계:**
  팀원들과 지원적인 유대 관계를 형성한다. 그들이 성취한 것을 인정해 주고, 경력개발을 지원하며, 개인적으로 관심을 보인다.

- ☐ **동료들과의 관계:**
  팀장은 자기 팀이 도움을 받아야 하거나, 도움을 필요로 하는 다른 팀장들을 알게 된다. 이러한 연결관계를 통해서, 팀을 대변하고, 팀원들이 업무를 수행하는데 필요한 자원들을 확보하게 된다.

  또 다른 팀으로부터의 비합리적이거나 불필요한 요구로부터 팀원들을 보호하는 완충 역할도 하게 된다.

  마찬가지로 다른 동료 팀장의 요구를 이해하려고 노력하고, 그것을 팀원들에게 전달함으로써 다른 팀을 지원할 수 있도록 한다.

- ☐ **상사들과의 관계:**
  팀장은 팀의 단기 목표와 함께 회사 차원의 전략을 달성하기 위해 노력해야 한다. 그리고 마치 자기 사업을 하고 있는 것처럼, 자신이 맡고 있는 팀에 대해 책임이 있다는 것을 받아들여야 한다.

  상사와의 좋은 협력관계를 형성함으로써 회사 목표 달성에도 더 기여를 할 수 있게 되고, 자신의 경력개발에도 도움이 될 것이다.

실천도구
:: 협조를 받아야 할 곳의 연락처 ::

팀 업무를 수행하기 위해 협조를 받아야 할 개인이나 팀을 파악하고, 무엇이 필요한가를 파악하는데 이 실천도구를 활용하자. 여기 있는 연락처 중에 연락을 하지 않거나, 연락처를 추가할 수도 있을 것이다.

작성 방법

- 첫 번째 난에는 예상 팀이나 기관 명을 기입한다. 업무에 따라 연락처를 삭제하거나 추가한다.
- 두 번째 난에는 담당자의 이름을 기입한다.
- 네 번째 난에는 이 연락처로부터 도움 받아야 할 것을 생각해서 기입한다.

나의 연락처

	팀 명	담당자	전화번호/E-mail	도움 받아야 할 것
회사 내부				

	기관 명	담당자	전화번호/E-mail	도움 받아야 할 것
회사 외부				

실천도구
:: 네트워크 구축 계획 ::

팀장은 조직 내/외의 사람들과 강력한 네트워크를 구축할 필요가 있다. 그러나 누구와 네트워킹을 해야 할 필요가 있는지가 항상 명확한 것은 아니다. 상사, 팀원, 그리고 동료들과 이야기를 나눠봐야 한다. 그리고 강력한 네트워크는 오랜 시간에 걸쳐서 구축된다는 것을 이해해야 한다. 네트워크 구축을 위한 첫 단계는, 서로 마음을 열고 인사를 나눌 사람을 찾아 내는 것이다.

작성방법

- 첫 번째 난에는 자주 함께 일해야 할 사람의 이름과 직위를 기입한다.
- 2번째 난에는 그 사람을 만나기 위한 계획을 세운다. 만약 그 사람이 같은 장소에서 근무를 하지 않는다면, 전화로 이야기할 시간을 정해 둘 수 있다.
- 3번째 난에는 그 사람에게 묻고 싶은 질문을 간단하게 기입한다. 질문은 목표를 명확히 하거나, 공동의 관심사와 협력 필요성을 파악하는데 초점을 맞춰야 한다. 그 사람의 도움이 필요한 부분은 무엇이며, 그 사람에게 도움을 줄 부분은 무엇인가?
- 4번째 난에는 미팅 후 자기가 받은 인상을 기록한다. 미팅 때 제기되었던 새로운 이슈와 추가로 조치해야 할 사항도 기록한다.

네트워크 구축

이름		직위	
약속 시간과 장소			
예상 질문			
후속 조치			

이름		직위	
약속 시간과 장소			
예상 질문			
후속 조치			

이름		직위	
약속 시간과 장소			
예상 질문			
후속 조치			

이름		직위	
약속 시간과 장소			
예상 질문			
후속 조치			

실천과제 1 역할에 대한 명확한 이해

■ 팀에 대한 전략적 관점을 가져야 한다.

팀장 업무의 핵심은 팀을 위한 전략적인 관점을 개발하는 것이다. 그것은 회사 차원의 전략을 이해하고, 회사 목표 달성에 도움이 될 수 있도록 팀 전략을 만드는 것을 의미한다. 이것을 하기 위해서는:

- ☐ **회사의 "큰 그림"을 잘 이해하고 있어야 한다.**
  회사의 당면 과제, 장기 계획, 주요 강점과 약점과 같은 것에 대해 잘 알고 있어야 한다.

- ☐ **미래를 볼 수 있는 장기적인 안목을 키워야 한다.**
  예를 들면, 3년 또는 5년 후 자기 팀이 회사에 공헌하기 위해서는 어떤 것이 필요하겠는가?

- ☐ **팀원들이 중요한 것에 초점을 맞출 수 있도록 아젠다(Agenda)를 설정해야 한다.**
  팀원들의 정서, 생각 및 요구와 회사가 필요로 하는 것 사이에 균형을 유지해야 한다.

■ 새로운 마음가짐과 역량개발을 해야 한다.

팀장 역할을 수행하기 위해 필요한 마음가짐과 역량은 실무자에게 필요한 마음가짐과 역량과는 많은 차이가 있다. 올바른 마음가짐을 갖기 위해서는:

- **전략적 사고를 한다:** 회사 전략과 한 방향이 되고, 그 실행을 지원할 수 있는 팀 비전과 전략을 개발해야 한다.

- **분석적 사고를 한다:** 체계적으로 정보를 수집하고, 나타나는 문제로부터 반복되는 패턴들을 파악하고, 다른 사람들의 의견을 구해야 한다.

- **결단을 한다:** 시간적 압박과 불출분한 정보를 바탕으로 의사결정을 할 수 있어야 한다.

- **혁신을 한다:** 참신한 아이디어를 내고, 창조적인 방법으로 아이디어들을 연결해야 한다.

실무자 때와는 다르게 생각하고, 의사결정을 해야 하는 것에 추가하여 다음 역량도 개발해야 한다.

- **의사소통:** 상사, 동료, 팀원들과 자유로운 대화를 촉진한다. 다른 사람의 아이디어에 귀 기울이고, 효과적으로 전달하며, 잘 작성된 제안서 등의 의사전달 자료들을 준비해야 한다.

- **리더십:** 방향제시와 영향력을 행사하고, 협력을 장려하며, 동기유발하고, 코칭과 **팀원 역량개발을 지원해야 한다.**

- **효과적인 대인관계:** 네트워크를 구축하고 강화시키면서 다양성을 키우고, 갈등과 논쟁을 효과적으로 관리해야 한다.

분명히, 유능한 팀장이 된다는 것은 쉬운 일이 아니다. 하지만 팀장의 역할을 다양한 차원에서 이해하고 있다면, 팀장으로서 성공할 확률을 증가시킬 수 있을 것이다.

팀장에게 요구되는 역량 리스트를 보면 압도당하는 기분이 들 수도 있지만, 과거에 팀이나 프로젝트를 이끌어 본 경험이 있다면, 이미 이러한 역량 중 일부를 보유하고 있을 수도 있다.

실천도구
:: 팀장의 바람직한 행동 특성 ::

이 실천도구를 활용하여 과거 팀원으로 근무했을 때의 경험을 바탕으로 팀장의 바람직한 행동 특성에 대해 파악해 보자.

팀장들과 함께 일하면서 가장 좋았던 경험

팀장은 어떻게 행동했었는가?	그 결과는 어떠했는가?	나에게 어떤 영향을 주었었나?

팀장들과 함께 일하면서 가장 좋지 않았던 경험

팀장은 어떻게 행동했었는가?	그 결과는 어떠했는가?	나에게 어떤 영향을 주었었나?

나 자신의 현재 상황과 비교

1. 위의 좋았던 경험에서, 팀장들이 보여준 행동 특성은 무엇인가?

2. 좋았던 팀장들의 행동 특성 중에 내가 배울 것이 있는가?

3. 좋지 않았던 경험에서, 팀장들이 보여준 행동 특성은 무엇인가?

4. 좋지 않았던 경험과 유사한 결과나 상황이 우리 팀에서도 예상되는가? 그것이 무엇인가?

5. 우리 팀 상황을 생각할 때, 좋지 않았던 팀장처럼 내가 할 것 같은 것은 무엇인가?

6. 위 4,5번의 답변을 살펴볼 때, 예상되는 문제점과 그 대책은 무엇인가?

실천과제 1 역할에 대한 명확한 이해

팀장의 8가지 실천과제

2. 팀장 역할에 대한 일반적인 오해

팀장이 되는 것에 대한 일반적인 오해

- 실무자 때 유능했던 사람은 팀장이 되어도 유능할 것이다.
- 팀장이 되면, 많은 권한을 가지게 될 것이다.
- 팀장이 되면, 많은 의사결정권을 가지게 될 것이다.
- 탁월한 팀장 되려면, 교육을 통해서 가능할 것이다.
- 팀장이 되면, 그 역할에 만족스러워 할 것이다.

많은 팀장들이 자신의 역할에 대해 잘못된 생각을 가지고 업무를 시작하게 된다. 실제 현실에 대한 놀라운 진실을 알게 되었을 때, 이들은 당황하거나 환멸을 느낄 수도 있다.

이러한 상황을 어떻게 피할 수 있겠는가? 그것은 팀장 역할에 대한 일반적인 오해를 사전에 이해함으로써 가능하다.

■ 오해1: 실무자 때 유능했던 사람은 팀장 역할도 잘 할 것이다.

실무자일 때에 성공할 수 있도록 했던 역량은 팀장 역할을 수행하는데 필요한 역량과는 현저하게 다르다.

예를 들면, 성공적인 영업사원은 그가 판매하는 제품 특징과 장점에 대해 잘 이해하고 있고, 시장과 경쟁상황에 대해 풍부한 지식을 가지고 있으며, 거래를 성사시키는 방법을 알고 있을 것이다. 이것은 정말로 소중한 역량이다.

하지만 영업팀장은 전혀 다르면서도 훨씬 더 다양한 역량을 필요로 하게 된다. 그들은 다른 사람을 통해 일하는 방법을 알아야 하고, 팀원들이 발전할 수 있는 환경을 만들어야 하며, 자기 팀을 위한 아젠다(Agenda)를 설정할 수 있어야 한다.

또한 그들은 동료 팀장들과의 긍정적인 관계를 형성하고, 상위조직에 자기 팀을 대변해야 한다. 위기를 관리하고, 팀의 성과를 향상시킬 수 있는 프로젝트를 주도하며, 자신이 아닌 팀원들의 성과를 드러내 주고, 추가적으로 필요한 역량을 키우기 위해 코치가 되어야만 한다.

■ 오해2: 팀장은 많은 권한을 갖게 될 것이다.

팀장이 실무자보다 훨씬 더 많은 권한을 가지고 있는 것은 사실이다. 그들은 업무분장이나, 예산운용과 같은 것에 대해 더 많은 권한을 가지고 있다.

또한 지위가 높아지면, 더 좋은 책상과 더 많은 예산집행권을 가지게 된다. 그리고 상위 경영진들의 관심을 받거나, 회사 전략수립 워크샵 등과 같은 중요한 기회에 접근할 수 있다.

하지만 사실, 아래에 열거된 이유로 인해서 팀장은 자신이 기대하는 것보다 훨씬 적은 권한을 갖게 된다.

- 공식적인 권한에는 한계가 있다. 팀원들이 팀장의 방향에 따르지 않거나, 지시 받은 대로 하지 않을 수도 있기 때문이다.

- 치열한 글로벌 경쟁에서 이기기 위해 많은 회사들이 계층 조직구조를 수평적 네트워크 조직과 다기능 팀으로 대체했다. 이러한 조직구조에서는 전통적인 직급체계일 때보다 팀장의 공식 권한이 줄어들게 된다.

- 팀장은 동료 팀장들에 대해 어떠한 공식적인 권한도 가지고 있지 않다. 하지만 필요한 자원을 확보하는데 있어 동료 팀장들은 큰 영향력을 가지고 있다.

■ 오해3: 팀장은 결정권을 많이 갖게 될 것이다.

많은 팀장들이 의사결정을 하고, 실행을 하는데 있어 상당히 큰 자율권을 가지게 될 것이라고 믿는다. 아무튼 그들에게는 지시를 내릴 수 있는 팀원들이 있지 않은가?

그러나 사실 팀장은 예상했던 것보다 훨씬 적은 결정권을 갖는다. 그 이유는 일을 하기 위해서 팀원뿐만 아니라 동료, 상사, 고객, 공급자들과 같은 다양한 사람들에게 의지해야만 되기 때문이다.

그리고 실무자일 때 부딪치는 과제와 팀장으로서 갖게 되는 책임은 전혀 다르다. 팀의 성과를 책임지고 있는 팀장은 일방적으로 결정을 하거나, 문제가 생겼을 때 즉각적인 행동을 하기가 쉽지 않다.

대신, 팀장은 자신이 하는 의사결정이 팀, 회사, 그리고 고객과 공급자들에게 미칠 복잡하고 장기적인 영향을 심사숙고해서 의사결정을 해야 한다.

■ 오해4: 교육을 통해서 유능한 팀장이 될 수 있을 것이다.

팀장 역할에서 성공 가능성을 높이기 위해서는 교육 기회를 최대한 활용해야 한다.

하지만, 교육을 통해서 배울 수 있는 것에는 한계가 있다. 가장 좋은 스승은 역할을 수행해 가면서 쌓게 되는 현장 경험이다.

여러 가지 어려운 일들을 처리하는 방법에 대해 동료, 상사, 팀원들로부터 피드백을 받음으로써, 자신의 행동과 그 결과 사이의 상관관계를 더욱 잘 볼 수 있게 될 것이다. 그리고 이러한 경험에 비추어, 무엇이 잘 되었는지, 잘못된 것은 무엇인지, 그리고 다음 번에는 어떻게 다르게 할 수 있을지 분석해 보아야 한다.

이러한 과정을 통해 성과를 향상시키고, 자신감을 키울 수 있게 될 것이다.

■ 오해5: 팀장은 자기 역할에 만족할 것이다.

아무리 확신에 찬 팀장이라고 할지라도 분노와 불안을 느끼는 순간이 있을 수 있다. 그것이 정상이다. 팀장으로서 수행해야 하는 많은 복잡한 역할 때문에, 처음에는 다음과 같이 느낄 수 있다.

- 제한된 자원과 시간으로 인한 압박감
- 업무를 제대로 처리할 수 있을가에 대한 불안감
- 다른 사람들을 리드하는 것에 수반되는 중압감
- 팀원들이 지시한 대로 하지 않았을 때의 짜증스러움
- 업무 수행에 필요한 "사내정치 활동"에 대한 불편함

이러한 감정은 연습과 경험을 통해 점점 약해지게 된다. 팀장은 점차 자신감을 갖게 되고, 자기 업무에 만족하게 될 것이다. 항상 그렇지만은 않겠지만 말이다.

팀장으로서의 역할에 대한 일반적인 오해를 이해했다면, 팀장 역할을 시작하면서 어떤 것을 기대해야 하는지에 대해 명확한 그림을 그릴 수 있을 것이다. 그렇게 되면 현실에 부딪쳤을 때 실망하지 않을 수 있을 것이다.

3. 팀장들이 많이 하는 실수

팀장들이 하기 쉬운 실수

- 팀원들과의 관계 관련
  - 권한 위임을 안 한다.
  - 건설적인 피드백을 안 한다.
  - 지속적인 정보 제공을 안 한다.

- 상사와의 관계 관련
  - 지속적인 정보 제공에 소홀하다.
  - 도움 요청을 안 한다.

- 리더십 역량 관련
  - 상황을 큰 그림에서 보지 못한다.
  - 명확한 목표를 세우지 않는다.
  - 다른 팀장들과의 네트워크 형성을 소홀히 한다.

- 자기관리 관련
  - 피드백을 받지 않는다.
  - 자신감을 보여주지 못한다.
  - 개인생활을 소홀히 한다.
  - 스트레스를 극복하지 못한다.

　새로운 역할을 시작하거나, 새로운 것에 도전할 때에는 누구나 실수를 할 수 있다. 팀장들도 예외는 아니다. 처음 팀장이 되면, 대체로 비슷한 실수를 하게 된다. 이러한 주요 실수들에 대해 사전에 파악하고 있다면, 함정에 빠질 가능성은 낮아질 것이다.

　다음의 페이지에 팀장들이 하기 쉬운 전형적인 실수와, 그 결과, 그리고 이러한 실수를 피하는 방법이 제시되어 있다.

구분	전형적인 실수	결과	어떻게 피할 것인가?
리더십 역량에 관련된 실수	**큰 그림을 보지 못한다:** 시급한 문제를 처리하느라, 전략적인 주도성을 발휘하지 못한다.	장기적인 목표가 아닌 단기적인 문제에 집중하게 된다. 팀 차원에서는 팀원들에게 전략적으로 생각하는 방법과 어려운 상황을 스스로 해결하는 방법을 알려주지 못한다.	· "팀에 영향을 미치게 될 환경 변화에는 어떤 것이 있을까?", "팀 목표를 달성하기 위해서는 어떠한 자원이 필요할까?"와 같은 전략적인 질문을 자신에게 던진다. · 보고할 기획서를 준비하고, 여기에 전략적인 목표와 그것을 실행하기 위한 구체적인 실행방안을 기술한다.
	명확한 목표를 세우지 않는다: 불명확하고, 비현실적인 팀 목표를 설정한다.	팀이 목표를 달성하지 못하게 된다.	· 초기에 뚜렷한 목표를 세운다. · SMART한 목표를 설정한다: SMART 의미는 구체적(Specific)이고, 측정가능(Measurable)하며, 달성가능(Attainable)하고, 결과 중심적(Results-Oriented)이며, 기한(Time-Bounded)이 있어야 한다는 것을 나타낸다. · 회사 전략 실행에 직접적인 도움이 될 수 있는 목표를 설정한다.
	다른 팀장들과의 네트워크 형성에 실패한다: 동료 팀장들과의 네트워크 구축을 소홀히 한다.	- 다른 팀의 팀장이 직면하고 있는 문제에 대해 알지 못하게 된다. - 업무 수행에 필요한 다른 팀의 지원을 받지 못하게 된다.	· 팀장들 미팅에는 반드시 참석해서 동료들에게 자기 상황을 알린다. · 회사의 다른 팀장들과 식사를 함께 한다. · 다른 팀장이 고민하고 있는 문제와 관심사항을 파악하고, 도움을 줄 수 있는 방법을 찾는다.
팀원들과의 관계에 있어서의 실수	**권한위임을 못한다:** 성과에 대한 압박 때문에 팀원들의 업무를 자기가 직접 수행한다.	팀원들이 성장할 수 있는 기회를 막게 된다.	· 복잡한 프로젝트는 관리 가능한 작은 단위로 쪼개고, 그 실행 스케줄을 명확하게 한다. · 팀원들의 역량을 개발하기 위해 작은 위험은 감수한다. 초기의 성공은 그들에 대한 팀장의 신뢰와 함께 팀원들 스스로도 자신감을 가질 수 있도록 해 줄 것이다. · 팀원들에게 특정 업무를 부여하고 이를 수행하는데 필요한 권한까지 함께 준다. 그들의 역량에 대한 확신이 없다면, 위험이 작은 일부터 위임한다.

	건설적인 피드백을 하지 못한다: 좋은 성과에 대해 칭찬하는 것에 무심하고, 부적절한 행동을 고치는 것을 회피한다.	- 팀원들의 바람직한 업무 행동이 증가되지 않는다. - 행동 개선이 되지 않고, 상사, 동료, 그리고 팀원들의 신뢰를 잃게 된다.	· 개인의 인격이나 태도가 아닌 구체적인 행동과 그 행동으로 인한 결과에 중점을 둔 피드백을 한다.
	팀원들에게 정보를 지속적으로 제공하지 않는다: 팀원들에게 불충분한 정보를 제공하거나, 정보 공유에 실패한다.	팀원들이 업무를 효율적으로 처리 하지 못하게 된다.	· 팀 내에 공식적인 의사소통 시스템을 구축한다. · 팀원들에게 회사가 직면하고 있는 경쟁 상황 및 어려움에 대한 정보를 충분히 제공한다.
상사와의 관계에 있어서 실수	**상사에게 지속적인 정보 제공을 소홀히 한다:** 팀이 당면하고 있는 문제와 이슈들에 대해 상사는 모른다.	상사의 신뢰가 저하되고, 팀의 목표달성에 필요한 상사의 도움을 얻을 수 없게 된다.	· 팀의 목표를 상사와 동료들에게 명확하게 전달하도록 한다. · 상사가 알아야 하는 정보는 가능한 빠르게 보고한다. · 긴급한 문제에 대한 정보를 가지고 있다면, 상사에게 빨리 알려서 상사의 주의를 이끌어 낸다.
	상사의 도움을 요청하지 않는다: 상사에게 무능해 보이고 싶지 않아서 도움이 필요할 때에도 도움을 요청하지 않는다.	상사로부터 자기 업무를 성공시키기 위해 필요한 자원과 지원을 받을 수 없게 된다.	· 상사와의 회의 시간에 팀의 문제에 대해 이야기 한다. 가능한 해결책을 제시하고, 공동으로 문제를 해결해야 할 경우에 대비한다. · 나중에 도움이 필요할 때 요청할 수 있도록 회사의 다른 팀장들과의 네트워크를 구축해 둔다. · 자기에게 필요한 것이 무엇인지 체계화할 수 있도록, 정기적인 미팅 때 아젠다(Agenda)를 준비한다.
자기개발에 있어서의 실수	**다른 사람들로부터 피드백을 받지 못한다:** 자기 행동에 대한 피드백을 받지 않는다.	자기 행동과 그 행동으로 인한 결과 사이의 관계를 파악할 수 없게 된다. 따라서 목표하는 결과를 성취할 수 있도록 자기 행동을 바꿀 수 없게 된다.	· 피드백에 대해 열린 마음을 가지고, 실수로부터 배울 수 있다는 것을 인정한다. · 동료, 상사, 팀원, 그리고 함께 일하는 다른 사람들로부터 자신의 행동에 대한 피드백을 받을 수 있는 시스템을 구축한다. · 부정적인 피드백에 방어적인 자세를 갖지 않도록 한다.

자신감을 보여 주지 못한다: 소심하고, 불명확하며, 자기 역할에 대해 불안해 하고 있는 것처럼 보인다.	- 팀에 에너지를 불어 넣지 못하게 된다. - 동료로부터 이용당 하거나, 존경 받지 못하게 된다.	· 자기가 다른 사람들에게 어떻게 보이는지를 체크한다. · 만약 불안감을 느낀다면, 상사에게 솔직히 이야기하는 것을 고려한다. · "위에서 이러한 변화를 지시했다"라고 말하기 보다는, 자신이 주도적으로 변화의 목적에 대해 설명한다.
개인생활을 소홀히 한다: 업무에 치우쳐서 개인 생활에 시간 할애를 못한다.	가족관계나 개인적인 친분관계들이 위험에 처하게 된다.	· 가족 또는 친구들과 함께하기 위한 우선순위를 정하고, 업무 외적인 관계를 유지하기 위한 전략을 수립한다. · 정기적으로 스케줄을 점검하고, 개인적인 문제에 충분한 시간을 할애하고 있는지 확인한다.
스트레스를 극복하지 못한다: 업무와 관련된 스트레스로 인해 나타나는 증상들을 파악하지 못한다.	정신적으로 고통 받게 되며, 감정적으로도 고갈되어 주변에서 일어나는 이벤트나 활동들에 참여하기 보다는 자신이 어떻게 생각하고 느끼는 것과 같은 자신의 내부에만 초점을 맞추게 된다.	· 두통, 불면증, 불안감, 집중력 감퇴와 같은 좋지 않은 스트레스 증상들에 대해 알아 둔다. · 문제의 근본원인이 무엇인지 찾아야 한다. 자신의 상황을 관찰하고, "왜"라는 질문을 계속해서 자신에게 한다. 예) "나는 지금 팀원을 심하게 질책했어. 왜 그랬을까?", "왜 내가 이렇게 피곤하고, 명료하게 생각할 수가 없는 것일까?", "왜 계속 야근을 하는데도 해야 할 일들이 줄어들지 않는 것일까?", "왜 나는 충분히 위임을 하지 못하는 것일까?" · 요가, 명상, 스포츠, 등산 등 자신에게 맞는 스트레스 완화 방법을 찾는다.

실천과제 1: 역할에 대한 명확한 이해

나는 어떠한가?
혹시 나도 모르게 실수를 하고 있는 것은 아닌가?

4. 경험을 통해서 어떻게 배울 것인가?

경험을 통해 배우는 방법

- 항상 배우는 자세를 갖는다.
- 성찰하는 것을 습관화한다.
- 경험할 수 있는 기회를 찾아 활용한다.
- 피드백에 대해 개방적이 된다.
- 동료와 멘토로부터 배운다.

팀장 역할이 갖는 다양한 의미를 알고 있을 필요가 있다. 공식적인 교육이 도움이 될 것이다.

예를 들면, 팀장 교육 과정은 회사의 정책, 방침, 자원 등에 대해서 잘 이해할 수 있도록 함과 아울러 교육에 참가한 동료 팀장들과 친분을 맺을 수 있도록 도와준다.

그러나 공식적인 교육으로 습득할 수 있는 것에는 한계가 있다. 때문에 최고의 스승은 팀장 역할을 수행하면서 축적해 가는 직접 경험인 것이다.

그러나 경험을 통해서 배우는 것이 쉽지는 않다. 여기에는 다음과 같은 자세와 실천이 뒤따라야 하기 때문이다.

■ 항상 배우는 자세를 갖는다.

배우는 자세를 갖는다는 것은 주어진 배움의 기회를 놓치지 않거나, 스스로 기회를 만든다는 의미이다. 또한 그것은 자신에게 편안한 영역을 벗어나 생소한 분야로 기꺼이 나아간다는 것을 의미한다.

예를 들어, 협상기술을 향상시킬 필요가 있다면, 협상 전문가가 실제로 협상하는 것을 관찰함으로써, 협상의 각 단계별 접근법을 습득한다. 그런 다음 멘토의 도움을 받아서 업무상 협력이 필요한 몇 사람과 함께 작은 규모의 협상을 직접 시도해 볼 수 있을 것이다.

배우는 자세를 갖는 것은, 팀장이 새로운 과제에 숙달되도록 도와줄 뿐만 아니라, 팀장이 현재 가지고 있는 역량을 뛰어 넘을 수 있도록 한다.

■ 성찰을 습관화한다.

경험으로부터의 학습은 업무 현장에서 일어난 사건들에 대해서 체계적으로 되돌아 보는 능력을 필요로 한다.

사건은 그것이 무슨 의미이며, 어떻게 연관되어 있고, 어떤 패턴이 나타나고 있는지에 대해서 생각해 볼 때에만 의미를 갖게 된다. 성찰은 사건들에 대해 새롭고 분명한 관점을 갖게 함으로써, 팀장이 성과를 개선할 수 있는 방법을 찾도록 도와준다.

업무가 과중할 때에는 성찰할 시간을 갖기가 어렵다. 그러나 성찰 없이는 자신의 성과를 평가해 보고, 그것으로부터 체계적으로 배울 수가 없다.

성찰을 습관화하기 위해서는 정기적으로 매일의 경험으로부터 무엇을 배웠는지를 자신에게 물어보아야 한다. 잘 되지 않은 것뿐만 아니라, 잘 이루어진 것에 대해서도 반드시 성찰을 하도록 한다.

예를 들면, 매주 말에 지난 일주일 동안 했던 주요 경험들을 분석해 본다. 그리고 자신에게 물어보자. "잘된 것은 무엇인가? 그것을 어떻게 지속해 갈수 있겠는가? 잘되지 않은 것은 무엇인가? 그것을 어떻게 개선할 수 있겠는가? 이 경험으로부터 무엇을 배웠고, 그것을 어떻게 다른 상황에 적용시킬 수 있겠는가?"

■ 경험 기회를 찾아서 활용한다.

회사의 전략 실행에 보다 크게 기여하는데 도움이 될 업무 경험을 찾는다. 이러한 경험으로는 신기술을 조사하는 T/F 팀을 관리한다든가, 새로운 영업 기법을 연구하는 팀의 팀장이 되어 보는 것 등이 있다.

특히 회사에서 중요하게 생각하는 기술을 습득하고 적용해 볼 수 있는 기회를 찾도록 한다. 자신의 학습이 회사의 전략과 연결될 때, 더욱 효과적인 팀장이 될 수 있을 것이다. 그리고, 자신의 업무와 회사의 성과 사이의 연결고리를 더 명확하게 볼 수 있게 된다.

■ 피드백에 개방적이 된다.

현장 경험을 통해 배우기 위해서는 상사, 동료, 팀원, 그리고 회사 밖의 고객이나 공급업체로부터 피드백을 받는 것이 필요하다.

폭넓고 깊이 있는 피드백은 자신의 강점과 약점, 그리고 다른 사람들이 자신의 리더십을 어떻게 보고 있는가에 대해 보다 잘 이해할 수 있도록 도와준다.

물론 피드백은 고통스러울 수 있다. 예를 들면, 어떤 신임 팀장은 내부 설문조사에서 팀원들이 자신을 위협적이고 냉담한 사람으로 보고 있다는 것을 알고 큰 충격을 받았다.

그러나 피드백은 현장 경험으로부터 교훈을 얻기 위해 꼭 필요한 도구이다. 그것은 특정 결정이나 상황에서 의도했던 바와 실제 결과 사이의 차이를 볼 수 있도록 해 준다.

일단 이러한 차이를 파악한 후에는, 원하는 결과를 얻기 위해 자신의 행동을 보다 쉽게 바꿀 수 있게 된다.

가장 솔직하고 가치 있는 피드백을 받기 위해서는 다른 사람들이 기꺼이 피드백을 하고 싶도록 만들어야 한다. 다른 사람들이 자신에 대해 말하는 것을 기꺼이 듣고, 그것을 진지하게 고려해 볼 것이라는 신호를 보낸다.

개선하고자 하는 부분에 대해 구체적 언급, 제안 그리고 피드백을 요청하라. 피드백한 내용이 기분을 상하게 하는 것이라도 방어적으로 되는 것을 피한다.

중요한 것은, 피드백을 해준 사람에게 감사를 표시하고, 그 피드백을 활용하는 것이다. 피드백을 겸허하게 받아들이는 모습을 보여준다면, 사람들은 계속해서 건설적이고 솔직한 피드백을 해 줄 것이다.

■ 동료와 멘토로부터 배운다.

동료들과 멘토링 관계를 형성한다. 이를 통해 다양한 리더십 스타일과 견해에 접하고, 성찰 기회를 얻으며, 팀장으로서 자신의 행동에 대한 추가적인 피드백을 받을 수 있게 된다. 실제로 일부 전문가들은 팀장들은 동료로부터 가장 많은 것을 배운다고 주장한다.

다른 회사로 옮겨간 이전 동료들 역시 경험을 통해 학습하는데 도움이 된다. 일부 팀장들은 다른 회사 동료에게 물어보는 것을 더 편안하게 느낀다.

왜냐하면 정치성이 높은 조직에서는 고의든 고의가 아니든 자신에게 불리한 정보를 활용할 수 있는 내부 동료에게 부족한 점을 드러내는 것을 두려워할 수 있기 때문이다.

멘토나 코치 역시 성찰과 경험을 통한 학습에 도움이 될 수 있다. 회사 내에서 신뢰할 수 있는 사람 또는 회사 밖의 전문가나 멘토와 함께 멘토링 또는 코칭 관계를 맺는 것을 고려해 본다.

실천도구
:: 멘토 선정 기준 ::

회사에서 멘토링이나 코칭 관계를 주선해 주기도 한다. 그렇지 않다면 스스로 멘토를 찾을 필요가 있다. 이 경우 멘토는 상사, 경험 많은 동료나 친구, 코칭 전문가 등이 될 수 있다. 이 실천도구는 멘토나 코치를 찾는데 사용할 수 있다.

작성방법

- 아래 표의 맨 위 난에는 자신의 업무에서 강화하고 싶은 스킬이나 지식분야를 기입한다.
- 첫째 칸에는 멘토로 가능성이 있겠다고 생각되는 사람의 이름을 기입한다.
- 둘째 칸에는 자신과의 관계를 기입한다.
- 셋째 칸부터 여섯째 칸에는 예상 멘토들이 가지고 있는 각 특성에 √ 표시를 한다. 이러한 특성을 많이 가진 사람이 좋은 멘토가 된다.
- 효과적인 멘토링을 위해 가장 적합한 사람을 선정한다. 후보자가 여러 명이면 가장 편안하게 느끼는 사람이 좋다.

나의 멘토 선정 기준

강화하고 싶은 스킬이나 지식:

1. 멘토 후보 이름	2. 나와의 관계	3. 스킬(내용)을 잘 알고 있는가?	4. 코칭 스킬(방법)이 능숙한가?	5. 나를 돕기를 원하는가?	6. 이 사람과는 편안한가?

관계 구축

- 멘토를 만나서 배우거나 이루고 싶은 것, 시간 할애 등에 대해 논의한다. 예를 들면, 일주일에 한 번은 간략하게 이야기 하거나 e-mail로 의논하고, 한 달에 한번은 좀 더 긴 시간을 잡을 수 있을 것이다.
- 미팅 장소와 점심식사 예약 같은 부수적인 준비와 멘토 관계 유지에 대한 책임을 자기가 진다.
- 나를 지원하기 위해 바쁜 시간을 할애한다는 사실에 대해 감사를 표시한다. 예를 들면, 토의 내용이나 제안이 특별히 도움이 되었을 때, 그에 대한 멘토의 기여에 대해 감사하는 메일이나 카드를 보낼 수 있을 것이다.

실천도구
:: 동료 팀장들과 네트워크 구축 ::

경험이 풍부한 팀장들과 멘토링 관계를 형성하는 동시에, 자신의 경험, 관찰, 아이디어를 함께 나눌 다른 팀장들과 네트워크를 구축한다. 회사에서 팀장들이 정기적으로 만날 사람을 주선해 주는 경우도 있다. 만약 그렇지 않으면, 스스로 자신의 네트워크를 만들도록 한다. 이 실천도구는 자신의 협력 네트워크의 일원이 될 사람을 파악하는데 사용할 수 있다.

작성방법

- 아래 도표의 첫 번째 난에는 네트워크를 형성한다면, 서로 도움이 될 수 있을 것 같은 동료 팀장의 이름을 기입한다.
- 2번째 난에는 자신과의 관계를 기입한다.
- 3~5번째 난에는 각자의 업무 성격을 나타내는 곳에 체크표시를 한다.
- 자신의 협력 네트워크 구축 기준에 가장 적합한 사람들을 결정한다.

나의 협력 네트워크 체크리스트

1. 동료 이름	2. 나와의 관계	3. 업무수준이 비슷한가?	4. 책임이 비슷한가?	5. 이 사람과 편안한가?

협력 네트워크 구축

- 체크 리스트에 선정된 사람을 만나서 협력 네트워크를 만들고 싶다고 설명한다.
- 서로 교류하는 방법과 빈도를 결정한다. 예를 들면, 일주일에 한 번 만날 수도 있고, 가끔 만나지만 온라인으로 자주 교류할 수도 있다.
- 협력 네트워크를 운영하기 위한 기본 원칙을 정한다.

5. 팀의 당면 과제와 개발해야 할 역량

팀의 당면 과제와 시급히 개발해야 할 역량 파악

- 팀의 당면 과제와 장애 요소 파악
  - 팀원들의 생각을 명확하게 파악
  - 팀의 조직문화 측면에서 문제가 있는지 검토
  - 회사에서 차지하는 팀의 위치 이해
- 파악한 결과를 상사와 협의
- 팀의 당면 과제 해결을 위해 필요한 역량을 파악하고, 그것의 습득을 위한 계획 수립

  팀장 역할을 맡은 초기에 시급하게 개발해야 할 역량, 즉 팀장으로서 기여하기 위해서 신속히 숙달해야 할 필요가 있는 지식과 스킬을 파악하는 것이 필요하다.

  개발해야 할 역량을 선정할 때에는 가장 빨리 가장 큰 차이를 만들 수 있는 것을 선정하는 것이 바람직할 것이다. 먼저 팀에서 가장 시급하게 해결해야 할 것이 무엇인지를 파악한다. 그 다음 이 시급한 과제를 해결하기 위해 팀장으로서 신속하게 습득할 필요가 있는 역량이 무엇인지를 찾는다.

■ 팀의 당면 과제와 장애요소를 파악한다.

팀이 새로운 제품을 출시하거나, 새로운 프로젝트를 시작하고 있는가? 위기를 맞고 있어 구조조정이 필요한가? 제공하는 서비스를 혁신해야 하는가? 지금까지의 성공을 지속하기 위해 노력해야 하는가?

팀의 당면 과제를 파악하기 위해서는 팀의 우선순위와 염려사항을 명확히 하고, 팀의 조직문화와 관련된 문제를 분석하며, 팀의 활동이 회사 내에서 어느 정도 적절한가를 이해할 필요가 있다.

☐ **팀원들의 생각을 명확히 파악한다.** 팀원들을 파악해 감에 따라서 팀장은 그들이 팀의 주요 목표, 우선순위 그리고 문제점에 대해 어떻게 보고 있는지를 알게 될 것이다. 그들이 현재 가지고 있는 염려사항에 대해 완전하게 파악하기 위해서 개별적으로 만나서 각자가 맡고 있는 업무에 대해서 이야기해 보도록 한다.

예를 들어, 만약 팀이 새로운 웹사이트를 오픈하려고 하고 있다고 하자. 팀원들은 공통적으로 촉박한 일정을 맞추는 것이 가장 큰 문제라고 보고, 추가 인력의 투입을 요청할 수 있을 것이다. 또는 일부 팀원은 현재의 디자인으로는 원하는 고객 경험을 제공하지 못할 것이므로, 디자인의 변경을 요청할 수도 있을 것이다.

☐ **조직문화 측면에서 문제가 있는지 검토한다.** 팀의 조직문화, 즉 팀원들이 의사결정을 하고, 협력을 하고, 문제를 해결하는 방법이 팀 목표 달성을 위한 팀원들의 노력에 도움이 되고 있는가를 살펴보자.

예를 들어, 만약 회사의 전략과 팀의 당면 목표 달성에 혁신이 중요하다면, 팀원들은 어느 정도의 위험을 감수하며, 새로운 아이디어를 나누는 것을 즐길 필요가 있을 것이다. 이 경우에 만약 팀이 조심스럽고 소극적인 조직문화를 가지고 있다면, 팀장은 이런 조직문화를 바꾸는 방법을 찾아야 할 것이다.

팀의 조직문화를 평가하기 위해 팀원들이 상호 교류하는 방법을 관찰해 보자. 하나의 팀으로서 상호 협력을 잘하고 있는가? 서로간에 의견이 달라도 불편해 하지 않는가? 의사결정을 효과적으로 잘 하는가? 실행계획은 잘 지키고 있는가? 팀의 성공에 적합한 조직문화를 갖고 있는가? 아니면, 장애가 되는 조직문화를 갖고 있는가를 잘 판단해 보자.

☐ **회사에서의 팀 위치를 이해한다.** 네트워킹 스킬이 시급하게 필요한가, 아닌가는 팀이 회사 내에서 다른 팀들과 어느 정도 상호 의존적인가에 달려 있다. 업무 수행을 위해 도움을 주어야 할 사람은 누구인가? 어느 팀으로부터 도움을 받아야 하는가? 이 질문에 대한 답변은 팀장으로서 성공에 이르도록 하고, 팀이 필요로 하는 영향력을 가지고 있는 네트워크의 위치를 밝혀줄 것이다.

또, 팀장은 팀간의 긴장관계를 빨리 파악하기를 원할 것이다. 예를 들면, IT 자원을 확보하기 위해 계속해서 다른 팀과 경쟁해야 하는가? IT 자원이 팀의 업무수행 역량에서 중요한 부분을 차지하고 있는가? 만약 자원확보를 위한 경쟁이 팀 성공에 장애 요인이 된다면, 갈등해결 스킬이나 협상 스킬을 연마할 필요가 있을 것이다.

■ 파악한 내용을 상사와 협의한다.

팀의 당면 과제, 팀원들의 요구, 팀의 조직문화, 그리고 회사에서의 팀의 위치를 평가하였다면, 이제 상사가 보고 있는 팀의 당면 과제와 우선순위가 자신이 본 것과 같은가를 확인해 봐야 한다.

만약 차이가 있다면, 우선순위를 명확히 하기 위해서 상사와 협의를 한다.

■ 당면 과제 해결에 필요한 역량을 명확히 한다.

팀의 당면 과제를 파악한 후, 상사와 협의해서 동일한 인식을 했으면, 이제 자신에게 "팀의 당면 과제를 해결하기 위해서 내가 신속하게 습득할 필요가 있는 역량은 무엇인가?"라고 물어보자.

예를 들어, 팀을 위해 자원확보가 필요하다는 것을 발견했다면, 자신의 영향력 발휘및 프리젠테이션 스킬을 향상시킬 필요가 있다고 결정할 수 있을 것이다.

또는 기술팀와 마케팅팀 사이의 오래된 경쟁의식과 같이 팀의 성공을 방해할 수 있는 보다 구체적인 문제를 발견했을 수도 있다. 이런 경우에는 네트워킹과 팀간 갈등해결이 가장 시급한 과제라고 결정할 수 있을 것이다.

팀의 당면과제를 해결하기 위해 자기에게 필요한 학습의 우선순위를 정하고, 그와 관련된 역량을 습득하기 위한 구체적인 계획을 세운다.

실천도구
:: 팀의 당면 과제와 필요 역량개발 계획 ::

팀장으로서 팀에 기여하기 위해 즉시 습득해야 할 역량을 신속히 파악하는 것이 필요하다. 학습 과제를 선정할 때에는 전략적일 필요가 있다. 즉, 가장 빠른 시간 내에 가장 큰 효과를 가져올 수 있는 학습 과제를 우선적으로 하는 것이다.

1. 우리 팀이 시급하게 해결해야 할 당면 과제는 무엇인가?

2. 당면 과제 해결을 위한 팀원들의 노력을 팀장으로서 어떻게 지원할 것인가?

3. 당면 과제 해결에 있어서 예상되는 장애요소는 무엇인가?

- 우리 팀이 그 목표를 달성해가는데 있어서 어떤 장애에 부딪히게 될까? 자원의 필요성을 비롯하여 팀원들이 의사결정을 하고, 협력하고, 문제를 해결하는 방법. 즉, 조직문화 측면에서의 장애요소를 반드시 고려한다.

- 장애요소를 어떻게 해결할 것인가?

- 장애요소 해결을 지원하는데 있어서, 나에게 추가적으로 필요한 역량은 무엇인가?

4. 상사와 협의하고, 승인을 받는다.

5. 나에게 필요한 역량을 습득하기 위한 계획을 세운다.

어떤 역량을, 어떻게 습득할 것인가?	종료일

실천과제 2

팀원들과 신뢰관계 구축

팀장의 가장 큰 책임은 팀원을 통해서 회사 전략을 실행하는 것이다. 자기 자신이 아니라, 팀원들과 그들의 역량을 통해서 팀 목표를 달성해야 된다. 팀장이 실무자로서의 역할을 일부 하는 경우에도, 최우선 과제는 다른 사람을 통해 업무를 수행하는 것이 되어야 한다.

"실천과제 2"에서는 팀장은 팀원들과 신뢰관계를 구축하고, 팀원들의 시급한 요구를 파악하며, 상사와 팀원간의 상충되는 기대 사이에서 균형을 유지하는 방법을 학습하게 될 것이다.

나는 내 팀장에게 무엇을 기대했었나?

팀원들은 팀장에 대해 기대를 가지고 있다. 따라서 팀원들이 나에게 어떤 것을 기대하고 있는지를 이해하는 것은 매우 중요하다. 팀원들이 팀장에게 무엇을 기대하는가를 알기 위해서는 자신이 실무자였을 때 팀장에게 무엇을 기대했었는가에 대해 생각해 보는 것이 참고가 될 것이다.

※ 내가 팀원이었을 때 함께 일했던 팀장들과의 관계에 대해 생각해 보자. 아래의 문장을 읽고, 그 내용에 얼마나 강하게 동의하는지, 또는 동의하지 않는지를 선택한다.

나는 내 팀장에게 이러한 것을 기대했었다.	매우 동의하지 않는다				매우 동의한다
1. 나의 일상적인 업무 수행에 필요한 자원을 제공해 줄 것이다.	1	2	3	4	5
2. 내 업무에 대해 잘 알고 있고, 그와 관련된 숙련된 역량을 보유하고 있어서, 문제가 생겼을 때 내가 문제를 해결하는데 도움을 줄 것이다.	1	2	3	4	5
3. 팀이 당면하고 있는 과제를 "큰 그림"에서 결정해 줄 것이다.	1	2	3	4	5
4. 내가 관심을 갖고 있는 분야가 비록 회사의 목표와 연관이 없다 하더라도 지원해 줄 것이다.	1	2	3	4	5
5. 자주 만나서 함께 새로운 아이디어를 탐구하고, 힘든 시기에 정서적으로 나를 지원해 줄 것이다.	1	2	3	4	5
6. 내가 맡은 업무를 수행하는데 초점을 맞출 수 있도록, 조직 안팎에서 발생하는 주요 변화로부터 나를 보호해 줄 것이다.	1	2	3	4	5
7. 일을 하기 위해 필요한 자원, 지식, 그리고 정보를 제공해 줌으로써 나를 지원해 줄 것이다.	1	2	3	4	5

▶ 응답 결과에 대한 피드백은 다음 페이지에서 확인할 수 있다.

팀장과 팀원 간의 관계에 대한 나의 생각은?

앞에서 각 문장에 대해 선택한 답변에 대한 설명이 아래에 있다.

☐ **3, 4, 5점을 준 항목**은, 상하간의 기대가 충돌하고 있던 영역을 나타낸다. 이 영역에서는 이전 팀장에게 했던 자신의 기대와 팀장이 수행해야 하는 다른 일들이 서로 충돌하고 있었을 것이다.

☐ **1, 2점을 준 항목**은, 당시의 현안에 대해 팀장과 자신의 기대가 충돌하고 있지 않았다는 것을 나타낸다. 하지만 그것은 시간이 흐름에 따라 변할 수 있다. 그리고 현재의 팀원들이 팀장에게 기대하는 것 역시 자신이 기대했던 것과 다를 수도 있을 것이다.

팀장이 겪게 되는 팀원들과의 기대 충돌에 대해 더 잘 이해하기 위해서, 오른쪽 칼럼을 읽어 보자.

예전 팀장들과 일할 때, 나는 팀장에게 이러한 것을 기대했었다.	충돌하는 기대
1. 나의 일상적인 업무 수행에 필요한 자원을 제공해 줄 것이다.	팀원이었던 나는 팀장이 일상 업무를 수행하기 위해 시급히 필요한 요구에 초점을 맞추기를 원했을 것이다. 반면 팀장은 팀의 시급한 요구 못지 않게 팀을 위한 장기적인 계획을 세우고, 그것을 실행하기를 기대했을 것이다.
2. 내 업무에 대해 잘 알고 있고, 그와 관련된 숙련된 역량을 보유하고 있어서, 문제가 생겼을 때 내가 문제를 해결하는데 도움을 줄 것이다.	팀원이었던 나는 팀장이 자신의 업무에 대해 잘 알고 있어서 일상적인 문제를 해결하는데 도움이 되길 원했을 것이다. 반면 팀장은 실무 능력 보다는 리더십 역량을 향상하는데 집중하기를 원했을 것이다. (예, 팀 방향 설정, 동기부여, 팀워크 향상, 변화 추진 등)
3. 팀이 당면하고 있는 과제를 "큰 그림"에서 결정해 줄 것이다.	팀원이었던 나는 팀장이 팀의 방향을 제시해 주고, 팀 과제 해결을 위한 전략을 수립해 주기를 원했을 것이다. 반면 팀장은 회사의 경영환경에 대해 지속적으로 모니터링을 하고, 변화하는 상황에 맞게 과제(Agenda)를 바꾸어 가기를 기대했을 것이다.
4. 내가 관심을 갖고 있는 분야가 비록 회사의 목표와 연관이 없다 하더라도 지원해 줄 것이다.	팀원이었던 나는 팀장이 자신의 업무적, 개인적 요구가 반영되는 환경을 만들어줄 것을 원했을 것이다. 반면 팀장은 팀원들의 개인적인 경력보다는 회사에 공헌할 수 있는 역량을 우선적으로 육성할 것을 기대했을 것이다.
5. 자주 만나서 함께 새로운 아이디어를 탐구하고, 힘든 시기에 정서적으로 나를 지원해 줄 것이다.	팀원이었던 나는 팀장이 정기적으로 만나 아이디어를 공유하고, 힘든 시기를 극복할 수 있도록 정서적인 지원을 해주기를 원하지만, 간섭을 덜 받는 리더십 스타일을 선호하는 팀원도 있다. 반면 팀장은 자신의 시간을 팀원뿐만이 아니라, 회사의 다른 사람들에게 골고루 할애함으로써 강력한 네트워크를 형성하기를 원했을 것이다.

6. 내가 맡은 업무를 수행하는데 초점을 맞출 수 있도록, 조직 안팎에서 발생하는 주요 변화로부터 나를 보호해 줄 것이다.	팀원이었던 나는 내 업무를 수행할 수 있도록, 팀장이 회사 내에서 일어나는 변화에 대한 방패막이가 되어 줄 것을 원했을 것이다. 반면 팀장은 회사의 전략과 방향에 도움이 되는 변화를 모두 이루어 내기를 원했을 것이다.
7. 일을 하기 위해 필요한 자원, 지식, 그리고 정보를 제공해 줌으로써 나를 지원해 줄 것이다.	팀원이었던 나는 팀장이 업무 수행에 필요한 자원을 확보해주고, 나의 전문적인 능력을 개발하는 것을 지원해 주길 원했을 것이다. 반면 팀장은 회사의 수익을 향상시킬 수 있는 계획을 세워 팀을 리드하고, 그 결과에 책임질 것을 기대했을 것이다.

팀장 역할에 대한 나의 기대는 충족되었었는가?

학습목표

- 다른 사람을 리드한다는 것은 사람에 중심을 둔 활동이고, 팀장의 시간은 대부분 사람, 네트워크 및 인간관계를 관리하는데 쓰여지게 된다는 것을 이해한다.
- 팀원들과 신뢰관계를 구축하는 방법을 학습한다.
- 팀원과 상사가 갖고 있는 서로 다른 기대를 파악하고 조율하는 방법을 학습한다.
- 팀원의 성숙도에 맞는 리더십을 적용해야 함을 이해한다.

☞ 팀원들을 통해서 업무를 하는 것에 있어서의 어려움은 무엇인가?

_____
_____
_____
_____
_____
_____
_____

1. 팀원들을 통해서 어떻게 일할 것인가?

팀원을 통해서 일하는 방법

- **연결고리로서 행동**
  - 회사에서 일어나는 일을 팀원들과 정보 공유
  - 다른 팀으로부터의 부적절한 요구 여과
  - 팀원들의 의견과 걱정에 귀 기울이고, 필요한 경우 상사께 보고

- **팀 목적과 목표의 명확화**
  - 상사와 대화
  - 팀의 업무와 우선순위 결정
  - 개인별 목표 변경
  - 팀 목표 설정

- **지원적인 환경 제공**
  - 효과적인 피드백 제공
  - 팀원들의 아이디어에 경청
  - 팀원들의 야망 인정과 지원
  - 도전 과제와 필요 자원 제공

   팀장의 업무는 여러 가지 측면을 가지고 있다. 팀장은 다양한 역할을 수행해야 하고, 다양한 사람들과 네트워크를 구축하며, 팀을 위한 전략을 수립하고, 리더십 역량을 개발해야 한다.

   하지만 팀장의 가장 큰 책임은 팀원을 통해서 회사 전략을 실행하는 것이다. 자기 자신이 아니라, 팀원들과 그들의 역량을 통해서 조직의 목표를 달성해야 하는 것이다. 실무자로서의 역할을 일부 계속하는 경우에도, 팀장의 최우선 역할은 팀원들을 통해서 업무를 수행하는 것이다.

   이것을 하기 위해서는, 직접 실무를 하는 사람으로서의 역할을 떠나서 팀원들이 일을 하도록 하는 역할을 해야 한다. 즉, 팀원들과 회사 사이의 연결고리가 되고, 명확한 방향과 목표를 설정하며, 협조적인 환경을 조성하고, 팀원의 개인적인 요구를 파악하여 그것을 지원해야 하는 것이다.

   팀장으로서의 성공은 결국 팀 전체의 성공에 의해 좌우된다.

■ 연결고리로써 행동을 한다.

팀을 관리하는 데 있어 팀장의 책임 중의 하나는 팀원과 회사 사이의 연결고리가 되는 것이다.

이를 위해서는 회사 내에서 일어나고 있는 일들을 지속적으로 모니터링 하고, 중요한 정보를 팀원들과 공유해야 한다. 또한 다른 팀으로부터의 부적절하고 불필요한 요구들을 여과하는 역할도 해야 한다. 동시에, 팀원들의 의견과 고충을 귀담아 듣고, 그것을 처리해 주거나, 필요하다면 상사한테 보고하도록 해야 한다.

■ 팀의 미션과 목표를 명확히 한다.

팀의 성공을 위해서는, 팀의 업무가 상사 및 회사의 목표와 한 방향이 되어야 한다. 팀의 가장 중요한 미션과 목표를 이해하기 위해 상사와 대화할 필요가 있다.

또 팀원들이 각자 가지고 있는 개인적인 목표를 이해하고 명확히 해야 한다. 팀장은 팀 업무의 우선순위를 결정하고, 이러한 우선순위를 팀원 개인의 목표로 바꾸는 책임을 가지고 있다. 또한 회사의 전략 목표를 달성할 수 있도록 팀 목표를 설정해야 한다.

실천도구
:: 팀의 미션과 목표의 명확화 ::

현재 맡고 있는 팀의 목표가 이미 설정되어 있을 가능성도 있다. 팀장은 그러한 목표들을 명확하게 하고, 팀의 미션과 방향에 대해 상사가 어떻게 보고 있는가를 알아야 한다.
이 실천도구를 활용하여 팀의 목표를 명확하게 하도록 하자.

우리 팀의 미션과 목표의 명확화

1. 상사의 관점에서 볼 때, 우리 팀의 가장 중요한 미션은 무엇인가? 〈상사에게 물어보고, 그의 대답을 아래에 적는다.〉

2. 상사는 우리 팀이 미션을 수행하기 위해 구체적으로 무엇을 하기를 원하는가? 우리 팀이 가기를 원하는 방향은? 〈상사에게 물어보고, 그의 대답을 아래에 적는다.〉

3. 우리 팀의 미션 수행을 위해 해야 할 중요한 목표는 무엇이고, 그 성과를 어떻게 측정할 수 있을 것인가? 여기에 대해 상사와 함께 토론을 한다.

4. 팀원들은 팀 목표에 대해 얼마나 이해하고 있는가?

5. 팀 목표를 명확하기 위해 어떻게 해야 되겠는가?

■ 지원적인 업무환경을 제공한다.

명확한 방향과 목표를 설정하는 것 외에, 팀장은 팀원들에게 지원적인 업무환경을 제공해 주어야 한다. 이를 위해서는, 팀원들이 스스로를 가치 있는 구성원이라고 생각할 수 있도록 돕고, 업무를 수행하는데 있어 필요한 자원을 제공해 주어야 한다.

또 계속해서 시의적절한 피드백을 해 줌으로써, 팀원들의 공헌에 감사하고 있고, 그들의 노력에 관심을 기울이고 있다는 것을 알려준다. 긍정적인 말 한마디가 업무 수행을 잘 할 수 있도록 격려하게 된다.

팀원들이 아이디어와 의견을 제시할 때에는, 그들의 의견에 귀를 기울이고, 좋은 의견을 내 준 것에 대한 감사를 표시한다. 팀원들의 의견을 경청함으로써, 팀원들을 진지하게 생각하고 있으며, 그들의 아이디어를 소중하게 생각하고 있다는 것을 보여주게 된다.

성공하고 싶어하는 팀원들의 야망을 인정함으로써 그들을 지원할 수 있다. 교육과 역량개발 기회는 팀원들의 미래 생산성을 향상시키기 위한 투자로 보아야 한다.

또한 팀원의 현재 수준보다 '약간 어려운 도전과제'를 줌으로써 새로운 역량을 습득할 수 있도록 한다. 만약 실수를 하면, 왜 그런 일이 발생했는지 분석할 수 있도록 도와주고, 그 실수로부터 배운 것을 앞으로 할 과제에 적용할 수 있도록 한다. 건설적인 비판을 효과적인 방법으로 한다.

팀원들이 필요로 하는 자원을 지원해 주기 위해서는, 팀 미션과 목표, 그리고 달성하고자 하는 결과를 잘 이해하고 있어야 한다. 그리고 회사 내에서 확보 가능한 모든 자원들을 고려해 본다. 이러한 자원에는 장비, 시간, 기술, 시스템, 사무 공간, 교육, 그리고 사람이 포함된다.

그리고 각각의 자원이 팀에 어떤 혜택을 가져올 것인지 예상 효과를 파악한다. 그 다음에 상사와 함께 필요한 자원을 가장 효율적으로 제공하는 방법을 결정한다.

팀원들이 지원받고 있다고 느끼고, 자신의 업무를 즐길 수 있는 환경을 만듦으로써, 팀장은 팀원과 팀 모두 한 차원 높은 성공을 할 수 있도록 환경을 조성하게 된다.

실천도구
:: 팀원들에 대한 지원적 환경 조성 ::

팀장은 팀원들이 역량을 발휘할 수 있도록 지원적인 환경을 조성할 수 있는 기회를 많이 갖게 된다. 이러한 기회들은 물리적인 공간, 인간관계 관련 요소, 조직 관련 요소, 그리고 업무와 연결되어 있다. 이 실천도구를 활용하여 이러한 환경을 조성하기 위한 아이디어를 정리하도록 한다.

우리 팀원들에 대한 지원적 환경 조성	
물리적인 공간	
불만/걱정/요구	해결을 위한 아이디어
· ·	· ·
인간관계 관련 요소	
불만/걱정/요구	해결을 위한 아이디어
· ·	· ·
조직 관련 요소	
불만/걱정/요구	해결을 위한 아이디어
· ·	· ·
업무 관련 요소	
불만/걱정/요구	해결을 위한 아이디어
· ·	· ·

2. 팀원들과 신뢰 어떻게 구축할 것인가?

팀원들과의 신뢰 구축 방법

- 일관성을 유지한다.
- 정직함을 보인다.
- 실수를 인정한다.
- 신뢰할 만한 행적을 쌓는다.
- 팀원들의 이익을 우선시한다.
- 새로운 아이디어를 장려한다.

  팀원과 팀장 사이에 형성된 인간관계의 수준은 팀장으로서 성과를 내는데 있어 가장 중요한 요소라고 할 수 있다.

  효과적인 관계에는 신뢰가 필수적이다. 팀원들이 팀장을 신뢰할 때, 그들은 팀장을 믿음직하고, 필요한 정보를 갖고 있으며, 진정성 있는 사람으로 보게 된다. 그리고 자신들에 대한 팀장의 마음이 진심이라고 믿는다. 또한 강력한 감성적인 성격(안정된 성질)과 성실성(정직하고 신뢰할 만한)을 가지고 있다고 볼 것이다.

  이것은 팀장을 더욱 설득력 있게 만들고, 팀원들이 팀장의 아이디어에 기꺼이 협조하도록 만들어 준다.

어떻게 팀원들과 신뢰를 구축하고, 긍정적인 유대를 형성할 수 있겠는가? 아래의 방법이 도움이 될 것이다:

- □ **일관성을 유지한다.** 모순되는 신호를 보내거나, 같은 질문에 다른 답변을 하는 것을 피하도록 한다. 이러한 행동은 팀장에 대한 신뢰에 회의를 느끼게 한다.

- □ **정직함을 보인다.** 팀원의 질문에 정직하게 답변한다. 자신이 아는 것 이상을 아는 척 하지 않는다. 질문에 대한 답을 모르면, 모른다고 솔직하게 말한다. 그리고 거기에 대해 알아보겠다고 약속하고, 그 약속을 지킨다.

- □ **실수를 인정한다.** 자신의 실수를 숨김없이 인정할 때, 팀원들은 팀장을 신뢰할 수 있는 사람으로 보게 된다. 같은 맥락에서, 정직하지 못한 사람만이 자신의 실패를 은폐하려고 시도할 것이다.

- □ **신뢰할 만한 행적을 쌓는다.** 자신이 한 말과 약속들을 지키도록 한다. 좋은 아이디어를 제공해 준 사람에게 공을 돌린다.

일관된 가치관을 보여준다. 이러한 행동을 통해, 신뢰할 만한 사람이라는 평판을 쌓아 가도록 한다.

- □ **팀원의 이익을 우선시한다.** 팀장이 자신보다 팀원의 이익을 먼저 생각한다고 믿을 때, 팀원들은 팀장을 더욱 신뢰하게 된다. 예를 들어, 어느 팀장은 유능한 팀원이 다른 팀으로 옮겨갈 수 있도록 도와주었다. 그 팀장은 이 팀원이 떠나면 팀의 운영이 어려워질 수 있다는 것을 알고 있었지만, 이 팀원이 새로운 역량을 키울 수 있도록 도와주는 것이 팀장의 역할이라고 생각했던 것이다. 그 결과, 그 팀장은 다른 팀원들로부터 더 큰 신뢰를 얻게 되었고, 그것은 미래에 큰 도움이 되었다.

- □ **새로운 아이디어를 장려한다.** 팀원들의 의견을 경청하고, 다른 사람들의 관점에 개방적임을 보여준다. 팀원들이 서로 아이디어를 공유하고, 자신의 의견이 인정받고 있다는 것을 알 수 있는 환경을 만든다.

3. 팀원들을 얼마나 잘 알고 있는가?

서로를 알기 위한 방법

- **팀장 자신을 팀에 소개**
  - 팀을 맡은 첫날 회의 소집
  - 예상 질문과 답변 연습
  - 과거 경력 소개
  - 대화를 팀원들에 맞춤

- **팀원들과 개별 면담 실시**
  - 모든 팀원들과 개별 면담
  - 가능한 두 번씩
    첫 번째는 개인적 관심사와 목표
    두 번째는 팀원들의 업무에 집중

- **개별 면담 내용 분석**
  - 면담 내용에서 나타나는 패턴이나 과제
  - 면담 결과 정리내용을 상사와 협의

- **정리한 내용을 팀원들과 공유**

■ 팀장 자신을 팀원들에게 소개한다.

팀을 맡은 후, 첫 번째 팀 회의에서는 자신을 팀원들에게 소개하고, 팀의 분위기를 파악할 수 있는 기회가 될 것이다. 팀을 새로 맡은 업무 첫 날에 이 회의를 하든가, 최소한 회의 일정을 잡도록 한다.

첫 번째 회의 때에는, 지리적으로 떨어진 곳에서 근무하는 팀원들도 가능한 반드시 참여시키도록 한다. 직접 참석이 어려운 경우에는, 전화나 영상회의를 통해 참여할 수 있도록 한다.

팀원들이 이 회의에서 할 것으로 예상 되는 질문 목록을 작성하고, 각 질문에 대한 답변을 연습해 보도록 한다.

예를 들어, 팀장이 최근에 회사에 합류했다면, 그 회사와 회사의 제품에 대해 어떻게 생각하고 있는 지를 팀원들은 물어볼 수 있을 것이다. 만약 승진을 한 경우라면, 팀장이 생각하고 있는 업무 우선순위와 목표에 대해 물어볼 수 있을 것이다.

명확하고 간결한 응답을 준비하도록 한다. 하지만 이미 모든 문제에 대한 답을 알고 있다는 인상을 줄 수 있는 말은 하지 않도록 주의한다.

또 현재의 업무와 관계가 있는 과거 경력을 강조하는 짧은 소개를 준비하도록 한다. 마지막으로 각각의 팀원들이 수행하고 있는 주요 업무에 대해 미리 익숙해 질 수 있도록 인사팀으로부터 전체 팀원들에 대한 간단한 신상 정보를 확보하도록 한다.

가능하다면, 사람들이 서로를 바라볼 수 있는 편안한 공간에서 회의를 한다. 먼저 팀장 자신을 소개한 후에, 팀원들에게도 자기소개를 하도록 한다. 팀원들에게 팀이 직면하고 있는 어려움에 대한 그들의 생각, 또는 특별히 자랑스러운 성공사례가 있다면 이야기해 주도록 요청한다. 대화의 초점을 팀장이 아닌 팀원들에 맞추도록 한다. 이 회의는 팀원들의 생각을 더 잘 이해할 수 있도록 그들의 의견을 적극적으로 듣기 위한 것이라는 것을 기억한다.

팀원들 각자가 가지고 있는 과제와 관심사를 파악하기 위해 앞으로 개별 면담을 할 것이라는 것과 나중에 그와 관련된 후속 회의도 할 것이라고 알려주면서 회의를 마친다.

■ 팀원들과 개별 면담을 한다.

팀장으로 부임 후 1~2 주 내에, 모든 팀원들과 개별 면담을 한다.

개별 면담은 팀원들과 신뢰관계를 구축하는 데에 기본이 된다. 현재 팀이 위기 상황에 있거나 시급한 조치가 필요한 경우가 아니라면, 면담의 목적은 팀원에 대해 개별적으로 알아보고, 그들의 주요 관심사를 이해하는 것이 될 것이다.

각 팀원들의 직무 기술서와 인사 파일을 참조하여 면담을 준비하도록 한다.

가능하다면, 팀원들과 두 번씩 만나는 것이 좋다. 그들의 경험과 관심사에 대해 "예, 아니오"로 대답할 수 있는 단답형 질문이 아니라, 개방형 질문을 하도록 한다. 또한 팀원이 대화를 이끌어 나가도록 한다.

면담에서 사용할 수 있는 질문의 예가 아래에 있다.

- 현재 하고 있는 업무에 대해 어떻게 생각합니까?
- 현재 맡고 있는 업무 외에 다른 관심 분야가 있나요?
- 취미는 무엇이며, 개인시간은 주로 무엇을 하며 보내시나요?
- 앞으로 5년 후에 어떤 모습이 되었으면 좋겠습니까?
- 개인적인 장래 목표는 무엇입니까?

팀원이 질문할 경우를 대비해, 이러한 질문에 대한 본인의 답변도 준비하도록 한다.

각 면담 후에는 정리할 시간을 갖는다. 그 팀원에 대해 어떤 것을 알게 되었는가? 그의 관심사와 목표는 무엇인가? 이것을 팀 업무와 어떻게 연결시킬 수 있겠는가?

두 번째 개별 면담에서는, 팀원의 업무에 대해서 집중적으로 이야기하고, 목표를 명확히 하며, 어떤 지원이 필요한가를 결정하도록 한다. 아래에 두 번째 면담에서 사용할 수 있는 질문의 예가 있다.

- 담당 업무의 목표는 무엇입니까?
- 그 목표를 달성하는 데에 어떤 어려움이 있습니까?
- 업무를 수행하는데 있어 어떤 지원을 받기를 원하나요?
- 어떠한 변화가 필요하다고 생각하나요?
- 자신의 노력이 회사의 전략 목표를 달성하는 데 어떻게 기여하고 있다고 생각합니까?

모든 팀원과 두 번째 면담을 완료한 후에는, 관찰한 내용을 기록하고, 나타난 과제를 요약하도록 한다.

실천도구
:: 팀원들과의 개별면담 준비 및 결과 정리 ::

팀장으로서 팀원들과 개별면담을 하는 것은 굉장히 중요하다. 팀원별로 두 번의 개별면담을 갖는 것도 좋은 생각이다. 첫 번째 면담의 목적은 팀원들의 개인적인 배경과 경험에 친숙해지는 것이 될 것이다. 두 번째 면담에서는, 그 사람의 업무 목표, 어려움, 그리고 관심사에 초점을 맞춘다. 이 실천도구를 팀원들과의 최초 개별면담을 준비하는데 활용한다.

팀원들과의 개별면담

성 명		직위	
학 력			
회사 내에서의 경력			
기타 경력 사항			
첫 번째 개별면담 날짜와 시간			
첫 번째 개별면담에서 할 질문	· · · ·		
첫 번째 개별면담 결과 정리	· · · ·		
두 번째 개별면담 날짜와 시간			
두 번째 개별면담에서 할 질문	· · · ·		
두 번째 개별면담 결과 정리	· · · ·		

■ 파악한 내용을 분석한다.

팀원들과의 개별면담을 모두 마쳤으면, 수집한 정보를 분석하여 어떤 패턴이나 이슈가 존재하는지를 살펴본다.

팀원들이 대체적으로 자신의 업무에 만족하고 있는가? 팀 전체가 폭넓은 범위의 역량을 보유하고 있는가, 아니면 한 가지 분야의 전문 기술에만 치중되어 있는가? 개인의 목표가 조직의 목표와 일치하고 있는가? 팀원들이 자신의 업무가 사업부 또는 회사 차원에서 어떻게 기여하고 있는가를 잘 이해하고 있는가?

이러한 질문에 응답함으로써, 이 팀에 대해 이미 예상하고 있는 것을 재확인하거나, 미처 깨닫지 못했던 새로운 사실을 발견할 수 있을 것이다.

자신이 내린 결론이 정확한지 확인하기 위해, 파악한 내용에 대해 상사와 함께 이야기해 보도록 한다.

■ 정리한 주요 내용을 공유한다.

개별면담을 통해 파악한 내용들을 팀원들과 함께 공유한다. 면담을 통해 발견한 내용과 주요 이슈들을 정리해서 알려주고, 여기에 대해 어떻게 생각하는지 물어본다.

팀원들이 이 내용을 어떻게 받아들이는지 듣고, 그에 대한 피드백을 열린 마음으로 받아들인다. 또한 이 이슈들이 어떻게 해결되어야 할 것인지에 대한 팀원들의 생각을 이야기하도록 독려한다.

마지막으로 이러한 이슈들을 처리하는 과정에 팀원들을 지속적으로 참여시키도록 한다. 그리고 면담을 통해 알게 된 팀원들의 경험과 관심사를 어떻게 활용할 수 있을 것인지에 대해서도 생각해 본다.

실천도구
:: 개별면담 결과 정리와 팀의 과제 ::

팀원들과의 개별면담을 통해 팀원들의 목표와 염려 사항들을 파악한 뒤, 이 실천도구를 활용하여 이번 대화로부터 얻은 면담 결과를 정리하고, 팀 차원에서 나타난 과제를 찾도록 하자.

작성방법

- 각 개별면담에서 기록한 노트를 보고, 아래의 각 항목 별로 발견한 내용을 요약한다. 상황에 따라 이 항목을 수정하거나 추가해야 할 필요가 있을 수 있다.
- 팀 차원에서 나타나는 과제들을 파악한다. 관찰한 것과 그로부터 내린 결과에 대해 상사와 상의해 볼 수도 있다. 나타난 과제를 팀원들에게 알려주고, 피드백과 함께 어떤 지원이 필요한지 알아보도록 한다.
- 팀원들과 함께 먼저 해결해야 될 우선순위를 정한다.
- 상사와 함께 팀의 미션 및 목표를 명확하게 할 때, 이 면담 내용을 참조하도록 한다.

관찰된 주요 내용들

항 목	목표/어려움	지원해야 할 사항
업무 목표	· · · · ·	· · · ·
역량 개발 목표	· · · ·	· · ·
팀 운영	· · · · ·	· · · ·
다른 팀과의 관계	· · · ·	· · · ·
커뮤니케이션	· · · · ·	· · · ·
기타		

개별 면담에서 나타난 과제

팀 전체로 보았을 때 어떤 과제가 나타났는가?

-
-
-
-

이러한 과제에 대한 팀원들의 피드백은 어떠한가?

-
-
-
-

이러한 과제를 해결하는데 있어서 팀의 우선순위는?

-
-
-
-
-

4. 상충되는 기대 어떻게 조율할 것인가?

팀원들과 상사와의 기대 차이

팀원들의 기대	이슈	상사의 기대
현재 업무 수행에 필요한 자원 제공	기간	팀의 단기 및 장기적인 계획 수립
실무능력에 대한 전문성	역량 수준	리더십 역량 강화
팀의 당면 과제에 대한 큰 그림	큰 그림	회사의 당면 과제에 대한 큰 그림
개인적인 경력 지원	전문 역량 개발	회사에 공헌할 수 있는 역량 개발
팀원들과 자주 만나서 업무적, 정신적인 지원	네트워크 형성	동료 팀장 및 다른 팀 구성원들의 네트워크 형성
업무에 집중할 수 있도록 방패막이가 되어줄 것	완충 역할	회사의 전략을 지원하기 위해 필요한 변화 추진
업무수행에 필요한 지식, 자원, 지원, 아이디어 제공	리더십	회사 이익을 향상시킬 수 있는 목표를 설정하고, 그 결과에 대해 책임을 질 것

처음 팀장이 되었을 때, 자신의 역할에서 가장 어렵게 느끼는 것 중의 하나가 팀원들의 기대와 상사의 기대 사이에서 균형을 유지하는 것이라고 한다.

이러한 갈등이 왜 발생하는지를 이해한다면, 여기에 발목이 잡히는 것을 피할 수 있고, 또 그 사이에서 균형을 유지하는 방법을 찾는데 도움이 될 것이다.

■ 딜레마를 이해한다.

팀장은 다음과 같은 어려운 딜레마에 부딪히게 된다. 팀원들을 동기유발시키고, 유능한 인재를 계속해서 유지하기 위해서는 팀원들의 기대를 만족시켜야 할 필요가 있다. 하지만 팀원들의 기대만을 충족시키다 보면, 팀장이 맡고 있는 또 다른 책임인 회사의 전략적인 방향을 지원하는데 문제가 생길 수 있다.

예를 들어, 팀원들이 고객 정보 분석을 도와줄 데이터베이스 전문가를 충원해 줄 것을 요구하고 있다고 하자. 그리고 팀장은 한 사람만을 충원할 수 있는 권한을 가지고 있다.

팀장은 팀원들에게 그 프로그램 사용법을 교육시켜 스스로 정보 분석을 하도록 하고, 새 팀원은 특정 분야의 전문가가 아닌 사람으로 충원하는 것이 더 낫다고 결정했다. 팀장은 이 해결책이 장기적으로 팀이 더 성장할 수 있도록 하는 동시에 팀원들의 기본 역량을 향상시킬 것이라고 생각했다.

이 경우에, 팀장은 팀원들의 요구와 회사의 전략 및 제약 사항 사이에서 균형을 잘 유지했다고 느끼겠지만, 팀원들은 충분한 지원을 받지 못하고 있다고 느낄 수 있을 것이다.

■ 팀장 역할에 대한 서로 다른 기대를 이해한다.

상사와 팀원들은 팀장의 행동, 우선순위, 필요 역량에 대해 서로 상이한 기대를 갖고 있고, 여기서 많은 충돌이 나타나게 된다.

아래 표에 그 예가 제시되어 있다.

이슈	팀원들이 팀장에게 기대하는 것	상사가 팀장에게 기대하는 것
기간 (장, 단기)	현재 업무를 수행하는데 필요한 자원을 제공해 줄 것을 기대함.	팀의 단기적인 요구를 처리하는 것 못지않게 장기적인 계획을 세우고 실행할 것을 기대함.
역량	업무에 대해 자신들보다 잘 알고 있어 문제가 발생했을 때 그 해결을 도와줄 것을 기대함.	실무자로서의 역량이 아닌 리더십 역량을 강화할 것을 기대함.
큰 그림	팀이 직면한 과제들과 그것을 풀어나가기 위한 전략들을 "큰 그림"으로 정의해 주기를 기대함.	회사가 직면하고 있는 경쟁 상황과 그것을 풀어나가기 위한 전략들에 대한 "큰 그림"을 정의하기를 기대함.
역량 개발	회사의 필요와 연관되어 있지 않은 것이라도 자신들의 개인적인 경력 개발을 지원해 주기를 기대함.	팀원들이 개인적으로 관심을 가지고 있는 것보다는 회사의 필요에 기여할 수 있는 역량의 개발을 우선적으로 지원할 것을 기대함.
네트워크 형성	자주 만나서 자신들의 문제 해결을 도와주고, 함께 새로운 아이디어의 가능성을 탐구하며, 스트레스를 받을 때 정신적인 지원을 해 줄 것을 기대함.	회사의 다른 팀들과 건설적인 협력 관계를 유지할 수 있도록 회사 내의 동료 팀장, 그리고 다른 중요한 구성원들과 네트워크를 쌓을 것을 기대함.
완충 역할	팀원들이 업무에 집중할 수 있도록, 주요 변화로부터 방패막이가 되어 주기를 기대함.	팀이 회사의 방향을 지원하는데 필요한 변화를 이루어 내도록 할 것을 기대함.
리더십	팀장이 팀원의 업무수행에 필요한 지식, 자원, 지원, 아이디어 등을 제공해 주는 것으로 "리더십"을 정의한다.	팀장이 회사 이익을 향상시키는 방향으로 목표를 설정하고, 그 결과에 대해 책임을 지는 것으로 "리더십"을 정의한다.

■ 상충되는 기대를 조율하기 위한 커뮤니케이션

이렇게 상충되는 기대를 어떻게 조율할 수 있을까?

모든 상황에 들어맞는 완벽한 해결책은 없다. 팀장은 상황에 따라 다르게 처리해야 한다. 하지만, 솔직한 커뮤니케이션을 통해서 이러한 충돌들을 상당 부분 이해하고 해결할 수 있다. 팀장이 내린 어떤 결정에 대해 팀원들이 싫어하는 것을 느꼈다면, 그들이 이 상황을 어떻게 보고 있는가를 물어본다. 그리고 왜 그러한 결정을 할 수밖에 없었는가를 설명한다. 아마도 그들이 받아들이고 있는 것과 실제 상황 사이에 중요한 차이가 존재하고 있다는 것을 알게 될 것이다.

예를 들어, 영업팀의 김대리는 고객과 논쟁에 휩싸이게 되어 팀장에게 중재를 요청했다. 팀장이 이 상황에 대해 좀 더 알아보겠다고만 하고 즉각적으로 개입하지 않자, 김대리는 크게 실망했다.

팀장이 김대리에게 이 상황을 어떻게 받아들이고 있는지를 묻자, 그는 팀장이 우유부단 하고, 필요한 지원을 해주지 않고 있는 것 같다고 말했다.

팀장은 김대리의 오해를 바로잡기 위해, 즉각적인 행동을 취하는 것이 반드시 결단력 있고 지원적인 것이 아니라고 설명한다. 실제로, 훌륭한 의사결정자들은 상황에 반응하기 전에 필요한 정보를 수집하기 위한 시간을 갖는다. 그리고, 고객과 접촉하기 전에 하루나 이틀 정도 기다림으로써, 김대리와 고객 모두에게 진정할 수 있는 시간을 주게 된다. 더 생산적으로 대화하기 위한 토대를 쌓는 것이다. 거기에 더해, 팀장은 김대리가 스스로 창의적인 해결책을 찾아낼 기회를 제공하고 있는 것이다.

인기가 없는 결정을 내리게 된 합리적인 이유를 넓은 맥락에서 설명하는 것은 언제나 유용하다. 예를 들어, 팀원들이 회사의 전략과 그 전략을 지원하는데 있어서의 팀 역할에 대해 더 많이 이해하고 있을수록, 표면적으로는 충분히 검토되지 않은 것처럼 보이는 결정도 이해하고 받아들일 수 있을 것이다.

■ 팀원들의 역량을 활용한다.

상충하는 모든 기대를 의사소통만으로 해결하기에는 부족하다. 팀장은 창조적으로 사고하는 역량을 키울 필요가 있다. 때로는 모든 사람들의 요구를 충족시킬 수 있는 해결책을 찾는데 팀원들을 참여시킬 수도 있을 것이다.

예를 들어, 팀 내 주문 처리 과정에서의 오류를 줄여야 한다고 하자. 하지만 관련 신기술에 대한 조사를 하기에는 예산이 부족하다.

냉철한 태도로 팀의 예산이 한정되어 있고, 그 예산은 회사의 장기적인 전략과 직접적으로 연관된 것에만 사용되어야 한다고 설명할 수도 있다. 하지만 한 발짝 더 나아가, 팀원들과 함께 적은 비용으로 주문 처리 과정의 오류를 줄일 수 있는 방법을 브레인스토밍으로 찾아 볼 수도 있을 것이다.

이러한 접근법을 통해, 팀장은 팀원들에게 창조적인 문제해결 역량을 활용할 기회를 주고, 기술적인 전문성을 끌어내며, 문제에 대한 해결책을 찾는 과정에 기꺼이 팀원들을 참여시킨다는 것을 보여줄 수 있다.

실천도구
:: 팀장 역할에 대한 상사와 팀원들의 기대 파악 ::

팀장은 상사와 팀원이 가지고 있는 서로 다른 (때로는 서로 충돌하는) 기대 사이에서 균형을 유지해야 한다. 상사와 팀원의 기대를 확인하고, 가능한 충돌을 파악하며, 그러한 충돌들을 중재할 수 있는 방법에 대해 브레인스토밍을 한다.

팀장 역할에 대한 상사와 팀원들 기대 사이의 균형 유지			
내 상사의 기대	팀원들의 기대	충돌 가능한 영역	중재를 위한 아이디어
			· · ·
			· · ·
			· · ·
			· · ·
			· · ·

5. 어떤 관리 스타일이 바람직한가?

관리 스타일(Management Style)의 선택

관리(Managing) vs. 감독(Supervising)
- 관리(Managing)는 정책을 결정하고, 기준을 설정하는 것과 같은 의사결정 활동들이 포함됨.
- 감독(Supervising)은 실행하는 것에 초점이 맞추어 짐.

팀원의 성숙도에 따라 관리 스타일 선택
- 지시 (Directive) - 숙련되지는 않았지만, 소속감이 강한 팀원.
- 코칭 (Coaching) - 능력은 있지만, 소속감이 낮은 팀원.
- 지원 (Supportive) - 경험도 풍부하고 유능하지만, 변덕스러운 소속감을 가진 팀원.
- 위임 (Delegating) - 매우 유능하고, 소속감도 강한 팀원.

팀장은 상황과 사람에 맞는 적절한 관리 스타일을 찾아서 적용해야 한다.

여기서는 감독(Supervising)과 관리(Managing) 활동 사이에서 균형을 유지하는 방법과, 팀원들의 능력에 기초하여 각자에게 적합한 관리 스타일을 찾는 방법에 대해 알아볼 것이다.

■ 관리(Managing) vs. 감독(Supervising)

대부분의 사람들은 관리와 감독이라는 말을 같은 의미로 사용한다. 하지만 이 두 가지는 서로 다른 목적을 가진 다른 활동이다. 일반적으로 관리는 정책을 결정하고, 기준을 설정하는 것과 같은 활동들을 말한다. 반면에 감독은 실행하는 것에 초점을 맞춘다.

예를 들면, "고객 서비스 향상이라는 회사의 목표를 달성하기 위해 주문 처리 과정의 오류를 줄인다"와 같은 팀 목표를 설정으로써 팀 전체를 **관리(managing)**할 수 있을 것이다. 그리고 팀 목표를 달성해 가는 과정을 정기적으로 평가함으로써 팀 전체를 **감독(supervising)**할 수 있을 것이다. 목표 달성이 지연되면, 성과를 향상시키기 위한 실행계획을 수립할 수도 있을 것이다.

또 다른 예로, 수립된 목표들에 대해 각각 성과 기준, 또는 달성 수준을 정의함으로써 팀원들을 **관리(managing)**할 수 있을 것이다.

예를 들면, "올해 연말까지 주문 처리 과정의 오류를 15% 감소시킨다"와 같은 것을 들 수 있을 것이다. 그리고는 오류에 대한 정보가 정확하게 보고되고, 빠른 시간 안에 처리되는지를 확인하기 위해 주문 처리 데이터가 기록되는 과정을 점검함으로써 **감독(supervising)**할 수 있다.

관리(managing)와 감독(supervising)에 각각 어느 정도의 시간을 들여야 하는지에 대해 정해진 공식이 없기 때문에, 이 둘 사이에서 적절한 균형점을 찾는 것은 어려운 문제이다. 위험이 높은 프로젝트와 경험이 적은 팀원들은 위험이 적은 프로젝트와 고도로 숙련된 팀원들에 비해 더 많은 감독(supervising)이 필요할 것이다. 또한 팀장의 상사의 스타일에 따라 팀원들에 대한 감독(supervising)의 수준이 달라지기도 한다.

적용과 경험만이 가장 좋은 선생이며, 이 둘 사이에서 적절한 균형을 유지할 수 있도록 도와줄 것이다.

■ 팀원의 성숙도에 따른 관리 스타일 선택

팀장은 팀원 개개인의 성숙도에 따라 알맞은 관리 스타일을 찾아야 한다.

사람과 상황에 따라 관리 스타일을 맞추는 것이 과학적이거나 정확할 수는 없다. 사실, 동일한 팀원이라도 업무에 따라 다른 관리 스타일을 필요로 할 수 있다.

예를 들어, 몇 일 동안이나 업무와 관련된 문제로 씨름하는 팀원이 있다고 하자. 그 문제에 매달리면 매달릴수록 그는 더욱 더 좌절하게 되었다. 이런 경우에는 관리 스타일 중 코칭을 활용하여 그 팀원이 문제를 이해하고 해결할 수 있도록 도와줄 수 있을 것이다. 일단 문제가 해결되어 그 팀원의 좌절감이 해소된 후에는, 지원적인 관리 스타일을 적용할 수 있을 것이다.

상황에 따라 대하는 방법을 다르게 함으로써, 팀원들이 특정 업무나 목표에 대해 최고의 성과를 낼 수 있도록 도와 줄 수 있다. 결과적으로 이것은 조직의 효율성을 현저히 높여주게 된다.

아래 표에 그 예가 제시되어 있다.

팀원의 성숙도 수준	상 황	적합한 관리 스타일
숙련되지는 않았지만, 소속감이 강한 팀원	□ 신입사원이나 다른 팀에서 전입된 열성적인 팀원 예) 사회 생활을 막 시작한 팀원 또는 새로운 업무를 맡게 된 팀원	**지시(Directive)**: 그 팀원을 세심하게 관찰하고, 명확한 지침을 제공한다.
능력은 있지만, 소속감이 낮은 팀원	□ 업무 경험은 있지만, 자신의 업무 또는 조직에 대한 소속감이 적거나 동기 유발 되지 않은 팀원 예) 업무 수행 과정에서 부딪히는 어려움에 대해 짜증스러워하는 팀원들	**코칭(Coaching)**: 그 팀원의 관심사와 애로사항을 파악해서 그것을 해결하기 위해 함께 노력하거나 실행계획을 만든다.
경험이 많고 유능하지만, 변덕스러운 소속감을 가진 팀원	□ 필요한 역량을 가지고 있지만, 그 역량을 적용하는데 확신이 없는 팀원 예) 갈등 해결 방법에 대한 교육 과정을 수료했지만, 까다로운 동료와의 갈등해결을 회피하는 팀원. 습득한 기술의 실제 사용 경험이 없어서 자신감이 결여된 경우.	**지원(Supportive)**: 그 팀원이 자신의 강점을 파악하고 강화할 수 있도록 함으로써, 더 복잡한 도전을 받아들이고 극복할 수 있도록 독려한다.
매우 유능하고, 소속감도 강한 팀원	□ 높은 성과를 내고 있고, 관리가 거의 필요하지 않으며, 조직에 대한 충성심이 강하고, 스스로 경력과 역량을 개발하는데 적극적인 팀원 예) 자신의 업무를 통해 어떻게 단위 조직과 회사를 지원할 수 있는지 깊이 이해하고 있고, 열정적으로 목표를 달성하는 팀원	**위임(Delegating)**: 그 팀원에게 주요한 업무에 대한 책임과 의사결정 권한 또는 자율권과 신뢰를 부여한다.

실천과제 3

팀원들의 성과창출 지원

팀원들이 목표를 설정할 수 있도록 돕는 것은 팀장이 팀원을 육성하고 리드하는데 있어 가장 중요한 부분 중의 하나이다. 또한 팀장은 팀원들이 자기 업무에서 최대한의 역량을 발휘할 수 있도록 업무를 위임하고, 건설적인 피드백을 하며, 코칭, 성과평가, 그리고 역량개발 계획을 세워야 한다. 팀장에게 이러한 것들은 결코 쉬운 일이 아니다.

이번 "실천과제 3"에 대한 학습을 통해 성과창출 지원 프로세스를 이해하고, 팀원들의 역량개발 지원에 필요한 스킬과 공식적인 성과평가 방법에 대해 살펴보도록 하자.

성과창출 지원에 대한 나의 생각은?

많은 팀장들이 팀원들을 육성하고 리드하는 것에 대해 부정확한 생각을 가지고 업무를 시작한다. 다음의 질문을 통해 팀원들을 육성하고 리드하는 것에 대해 자신이 가지고 있는 생각을 알아보자.

※ 아래의 각 문항을 읽고, 동의하면 "그렇다", 동의하지 않는다면 "아니다"를 선택한다. **처음** 떠오르는 생각에 따라 응답하도록 한다.

팀원들의 성과창출을 지원하는 것에 대하여, 나는 이렇게 생각한다.	그렇다	아니다
1. 팀장으로서 새로운 역할을 시작하게 되면, 전임 팀장이 팀원들과 함께 설정해 둔 목표를 변경하여 팀원들이 새로운 업무를 즉시 수행할 수 있도록 한다.		
2. 목표를 달성하기 위해 새로운 스킬을 습득해야 하는 경우, 그 팀원이 절대로 실수하지 않도록 더욱 주의할 필요가 있다.		
3. 상사로부터 받은 특별 프로젝트는 팀원들에게 위임할 좋은 기회가 된다.		
4. 위임 받은 업무를 성공적으로 수행할 수 있는 역량을 갖춘 팀원에게만 업무를 위임하는 것이 가장 안전하다.		
5. 팀원에 대한 피드백은 공식적인 성과평가 시간에만 해야 한다.		
6. 팀원에게 코치로서 자신이 얼마나 효과적이었는가에 대한 피드백을 요청할 때에는, 왜 그러한 코칭 기술을 사용하는지 그 이유를 설명해 주는 것이 좋다.		
7. 코칭은 주로 성과 문제를 해결하기 위해서만 사용되어야 한다.		
8. 팀원에 대한 코칭은 정해진 코칭 시간에 이루어질 수도 있고, 매일 팀원과 부딪히는 과정에서 일어날 수도 있다.		
9. 성과평가를 하기 전에 그 팀원이 담당하는 고객이나, 업무적으로 연관된 사람들의 피드백을 수집하는 것이 중요하다.		
10. 공식적인 성과평가에서 팀원이 자신의 성과를 스스로 평가하도록 해서는 안 된다.		
11. 팀장은 팀의 목표 달성만을 위해서 팀원들의 역량개발 계획을 수립해야 한다.		
12. 팀장은 "이 역량개발 계획이 성공적으로 수행된다면, 당신이나 회사에 어떤 혜택이 있을까요?" 와 같은 질문을 함으로써, 그 팀원이 그 역량개발 계획에 얼마나 열성적인지 알아 볼 수 있다.		

▶ 응답결과에 대한 피드백은 다음 페이지에서 확인할 수 있다.

성과창출 지원에 대한 나의 생각과 현실

많은 팀장들이 팀원들을 육성하고 리드하는 것에 대해 부정확한 생각을 가지고 업무를 시작한다. 앞에서 제시된 질문은 팀장이 가지고 있는 잘못된 개념들을 바로잡을 수 있도록 도와줄 것이다. 혹시 내가 가지고 있는 생각이 실제 현실과 일치되지 않는 부분이 있다면, 그 부분에 대해 현재 잘못된 개념을 가지고 있다는 것을 의미한다.

팀원들의 성과창출을 지원하는 것에 대해, 나는 이렇게 생각한다	팀원들 성과창출 지원에 있어서의 현실
1. 팀장으로서 새로운 역할을 시작하게 되면, 전임 팀장이 팀원들과 함께 설정해 둔 목표를 변경하여 팀원들이 새로운 업무를 즉시 수행할 수 있도록 한다.	**아니다.** 팀장으로서 새로운 역할을 시작할 때, 팀원들이 설정해 놓은 기존 목표를 변경하는 것은 현명하지 못하다. 그 평가 기간에는 기존 목표에 근거하여 성과를 평가하고, 다음 기간의 목표를 설정하도록 한다. 새로운 목표를 정할 때에는, 그 과정에 팀원들을 참여시키도록 한다.
2. 목표를 달성하기 위해 새로운 스킬을 습득해야 하는 경우, 그 팀원이 절대로 실수하지 않도록 더욱 주의할 필요가 있다.	**아니다.** 새로운 스킬의 습득이 필요하거나 새로운 책임을 맡게 되는 목표를 설정할 때에는, 그 팀원이 실수할 수 있는 여지를 주어야 한다. 목표를 추진해 가는 동안 그 팀원에게 지속적인 피드백을 하고, 실수를 학습 경험으로 바꿀 수 있도록 코칭을 한다. 이를 통해 그 팀원의 전체적인 성과를 극대화할 수 있을 것이다.
3. 상사로부터 받은 특별 프로젝트는 팀원들에게 위임할 좋은 기회가 된다.	**그렇다.** 상사가 새로운 장비 도입의 비용절감 효과를 분석하도록 요청했다고 하더라도, 팀장 혼자 모든 정보를 수집하고 분석하라는 것은 아닐 것이다. 그 프로젝트가 비밀리에 진행되어야 할 것이 아니라면, 상사의 요청을 완료하는데 팀원들의 도움을 받도록 한다. 복잡한 프로젝트이면, 단위 별로 쪼개어 여러 팀원들에게 위임할 수 있을 것이다.
4. 위임 받은 업무를 성공적으로 수행할 수 있는 역량을 갖춘 팀원에게만 업무를 위임하는 것이 가장 안전하다.	**아니다.** 모든 팀원들에게 위임을 할 수 있도록 노력한다. 성과가 좋은 팀원을 신뢰하고 있다고 하더라도, 그 기대가 그 팀원에게는 부담이 될 수 있다. 또한 일부 팀원에게만 위임을 함으로써 팀 내 다른 팀원의 역량을 개발시킬 기회를 놓치게 될 수도 있다. 어떤 업무를 할당할 때, 먼저 지원자가 있는지 물어보는 것도 좋다.
5. 팀원에 대한 피드백은 공식적인 성과평가 시간에만 해야 한다.	**아니다.** 공식적인 성과평가 시간과는 분리하여 피드백을 하도록 한다. 피드백은 필요할 때마다 해야 되고, 정기적인 회의시간 또는 팀원들과의 매일의 상호작용 중에 할 수 있다. 반면에 성과평가는 1년에 몇 번 정도 하게 되고, 이것은 팀원들과 이미 협의한 이슈들에 대해 공식적으로 확인하는 절차이다.
6. 팀원에게 코치로서 자신이 얼마나 효과적이었는지에 대한 피드백을 요청할 때에는, 왜 그러한 코칭 기술을 사용하는지 그 이유를 설명해 주는 것이 좋다.	**아니다.** 사용한 코칭 기술에 대해 설명을 함으로써 자신을 합리화하기 보다는, "그 대화가 도움이 되었나요?" 또는 "내가 어떻게 했으면, 더 효과적이었을까요?"와 같은 개방형 질문을 한다. 이러한 질문들은 팀장이 학습과 자신의 행동변화에 개방적이라는 것을 보여 준다. 또한 피드백을 받는데 있어서의 본보기가 된다.

7. 코칭은 주로 성과 문제를 해결하기 위해서만 사용되어야 한다.	**아니다.** 코칭은 팀원들에게 역량개발이 필요한 영역을 찾고, 목표를 명확히 하며, 이러한 목표에 도달하기 위해 앞으로 나아갈 수 있도록 하는 상호간의 과정이다. 코칭을 통해 팀원들은 전문가로서 성장하고, 성과와 관련된 과제들을 처리하며, 팀과 회사의 성공에 최대로 공헌할 수 있게 된다. 팀장은 또한 계속적인 학습문화를 구축하고, 조직의 현재 그리고 미래의 요구에 부합되도록 팀원들의 역량을 향상시킬 수 있다.	
8. 팀원에 대한 코칭은 정해진 코칭 시간에 이루어질 수도 있고, 매일 팀원과 부딪히는 과정에서 일어날 수도 있다.	**그렇다.** 코칭과 피드백은 매일 팀원과의 상호작용 속에서 (예: 팀원이 프로젝트 또는 프레젠테이션을 완료한 후의 대화) 또는 정해진 시간에 (예: 주간 업무 회의) 행해질 수 있다.	
9. 성과평가를 하기 전에 그 팀원이 담당하는 고객이나, 업무적으로 연관된 사람들의 피드백을 수집하는 것이 중요하다.	**그렇다.** 성과평가를 준비할 때, 그 팀원의 고객, 동료, 그리고 그와 함께 일하는 다른 사람들로부터의 피드백을 수집하는 것이 매우 중요하다. 좋은 성과이건 부진한 성과이건, 이에 대한 상세한 예시는 팀장의 평가를 지원해 주고, 의미 있는 피드백이 가능하도록 해 준다.	
10. 공식적인 성과평가에서 팀원이 자신의 성과를 스스로 평가하도록 해서는 안 된다.	**아니다.** 성과평가를 위해 팀원과 면담을 하기 전에 팀원에게 자기평가를 요청한다. 이 자기평가에서는 팀원이 목표 대비 자신의 성과를 평가하고, 성과를 저해하거나 지지하는 요소를 찾아 내기도 한다. 팀원은 자신의 업적과 과거 및 미래 역량개발에 필요한 자원을 요약 할 수 있다. 형식은 다양하여 공식적인 자기 평가서도 있고, 비공식적으로 사용하는 "메모지"도 있다. 중요한 것은 팀원의 관점을 파악하는 것이다.	
11. 팀장은 팀의 목표 달성만을 위해서 팀원들의 역량개발 계획을 수립해야 한다.	**아니다.** 팀원과 역량개발 계획수립 면담을 하기 전에, 팀원에게 자신의 역량개발 필요와 그러한 필요를 충족시킬 수 있는 방법에 대해 미리 생각해 보도록 요청한다. 팀장 역시, 해당 팀원의 필요에 대한 자신의 분석에 근거하여 역량개발 계획 초안을 준비할 수 있을 것이다. 가장 중요한 것은, 계획 과정에 팀원이 적극적으로 참여하고 공감하도록 하는 것이다. 그러므로 팀장이 제안한 어떤 계획도 초안일 뿐이며, 팀원과 함께 최종적으로 협의하여 결정할 것이라는 것을 명확히 한다.	
12. 팀장은 "이 역량개발 계획이 성공적으로 수행된다면, 당신이나 회사에 어떤 혜택이 있을까요?" 와 같은 질문을 함으로써, 그 팀원이 그 역량개발 계획에 얼마나 열성적인지 알아 볼 수 있다.	**그렇다.** 팀원과 함께 역량개발 계획을 세울 때, 팀원이 계획을 열성적으로 수행해 나갈 것인지를 알아 보기 위해, "목표에 도달함으로써 얻게 될 혜택에는 어떤 것이 있는지 확인해 보자", "목표를 성공적으로 달성하게 되면 본인과 회사에 어떤 혜택이 돌아 올 것 같은가?"와 같은 질문을 한다.	

학습목표

- 성과창출 지원은 팀원들과의 일상적인 상호작용 속에서 이루어진다는 것을 이해한다.
- 팀원들과 기대를 명확히 하고, 목표를 설정하는 방법에 대해 학습한다.
- 위임의 중요성과 효과적인 위임 방법에 대해 살펴본다.
- 효과적인 피드백 방법에 대해 학습한다.
- 코칭 프로세스를 이해하고, 팀원들의 성과와 역량을 향상시키는 코칭 스킬을 습득한다.
- 성과창출 지원 프로세스 속에서 성과평가 방법에 대해 알아본다.
- 팀원별 역량개발 계획수립과 추적관리(follow-up) 방법을 습득한다.

☞ 팀원들의 성과창출을 지원하는 데 있어서의 어려움은 무엇인가?

1. 팀원들의 성과창출 지원 프로세스

> **"성과 창출 지원은 팀장의 일상적인 활동이다!"**
>
> ♣ 성과 창출 지원 프로세스
> - 팀원들의 개인별 목표 설정
> - 목표에 따라 업무 위임
> - 업무 수행 과정에서 피드백
> - 팀원들에 대한 코칭
> - 성과 평가 및 차기 목표 설정
> - 팀원들 역량개발 계획 수립

성과창출 지원과 팀원 역량개발은 팀원 개인의 목표와 조직목표를 일치시키고, 팀원들의 의욕과 참여를 높이며, 역량개발을 돕는 팀장의 중요한 활동이다.

대부분의 회사에서는 다음 활동 중 일부 또는 전부를 팀원 성과창출 지원 프로세스로 설정해 놓고 있다.

- □ 팀원 개인별 목표를 설정한다.
- □ 성과 목표에 따라 업무를 위임한다.
- □ 팀원들의 행동에 대한 피드백과 팀원들의 애로사항을 듣는다.
- □ 팀원들의 성과 향상과 새로운 스킬 개발을 위해 코칭한다.
- □ 팀원들의 목표 달성 여부 평가한다.
- □ 팀원들의 전문성을 높이기 위한 육성계획을 수립한다.

대부분의 조직에서 팀장은 1년에 몇 차례 공식적인 성과평가를 한다. 이 평가 결과는 팀원의 급여 인상, 상여금 또는 승진에 영향을 미칠 수 있다.

따라서 성과평가는 성과창출 지원에 있어서 중요한 역할을 한다. 그러나 성과평가는 전체 성과창출 지원 프로세스의 한 부분에 불과하다. 성과창출 지원은 여러 가지 리더십 역량이 요구되는 지속적인 업무라고 할 수 있다.

팀원들의 목표를 설정하고, 달성 과정에서 피드백과 코칭을 하며, 달성 결과에 대해 평가를 하고, 팀원들의 역량개발 계획을 수립하는 활동을 어떻게 할 것인가에 대해 살펴 보도록 하자.

2. 목표 설정 어떻게 할 것인가?

　새로운 팀에 부임하여 팀장 역할을 시작할 경우에는, 이미 전임 팀장과 함께 설정한 팀 목표와 팀원 각자의 목표를 가지고 있을 것이다. 그러나 그 다음 기간의 목표는 팀원들과 함께 설정해야 할 것이다.

　각 팀원들의 목표를 명확하게 설정하는 것은 성과창출 지원 과정에서 대단히 중요하다. 목표가 없다면, 팀원들은 자신이 일을 어느 정도 잘 하고 있는가를 알 수 없을 것이다. 그렇다면 어떻게 목표를 설정할 것인가? 다음의 절차가 도움이 될 것이다.

1. **팀의 현재 목표를 명확히 한다.**
   팀원과 개별적으로 만나서 전임 팀장과 설정한 개인별 목표를 설명해 달라고 요청한다. 팀원들에게 자신의 목표가 어떻게 팀 목표 및 자기개발 목표와 연결되는지 물어 본다.

   > 예를 들어, 상품개발팀장으로 승진했다고 하자. 회사의 전략은 시장 점유율을 높이는 것이고, 상품개발팀은 기존 제품에 새로운 기능을 추가하는 것과 아울러 혁신적인 신상품을 개발하는 책임을 맡고 있다.
   >
   > 이 목표를 달성하기 위해서 전임 팀장은 일부 팀원들에게는 기존 제품에 새로운 기능을 추가하는 업무를, 그리고 다른 팀원들에게는 완전히 새로운 제품을 개발하는 업무를 배정했을 것이다.

2. **변경할 필요가 있는지 결정한다.**
   회사 전략과 팀 목표에 대한 이해를 바탕으로 팀원들의 개인별 목표를 변경할 필요가 있는가 살펴 본다. 팀 목표 또는 팀원 역량개발 목표와 연결되지 않는 목표는 수정하거나 없애는 것을 검토한다.

   > 만약 회사가 신제품을 개발하는 것보다 기존 제품에 새로운 기능을 추가하는 것이 더욱 더 효율적이고, 보다 신속하게 시장점유율을 높일 것이라고 결정했다면, 신제품 개발 업무 보다는 기존 제품에 새로운 기능을 추가하는 업무에 인원을 더 배정해야 할 것이다.

3. **각 목표는 반드시 "SMART" 하게 한다.**
   "SMART"한 목표란 구체적이고(Specific), 측정 가능하며(Measurable), 달성 가능하고(Achievable), 결과 중심적이며(Results-oriented), 그리고 기한(Time-bouned)이 있는 것을 말한다. 아래에 몇 가지 예가 제시되어 있다.

   > - "금년 2/4분기 말까지, 고객주문 처리 과정에서의 실수를 10% 줄인다"
   > - "금년 말까지, 기존 5개 제품을 새 버전으로 업그레이드하여 출시한다"
   > - "6개월 이내에 모든 팀원들이 새로운 고객 DB를 활용할 수 있도록 교육한다"

   기존의 목표를 재확인 하는 것이든, 새로운 목표를 설정하는 것이든 간에, 모든 목표는 "SMART" 해야 한다.

4. **각 목표의 중요성을 설명한다.**
   개인별 목표가 그 팀원의 성과평가에 어떤 영향을 줄 것인가를 분명하게 알려준다. 예) "당신의 성과평가는 목표를 어느 정도 달성했는가에 따라 결정될 것입니다."

   그리고 팀원 개인별 목표가 팀 목표와 회사 목표 달성에 어떻게 기여하는가도 설명한다. 마지막으로 개인별 목표가 그 팀원의 역량개발 목표와 어떤 관련이 있는가도 알려준다. 만약 우선순위가 있다면, 어떤 목표가 더 중요한가도 알려주도록 한다.

   만약 목표와 이러한 기준(성과평가, 팀과 회사 목표, 역량개발 목표) 사이의 연관성을 찾아내지 못했다면, 그 목표가 해당 팀원에게 적절한지 여부를 다시 검토해야 한다.

5. **각 목표를 달성하는 데에 필요한 자원을 결정한다.**
   팀원들에게 설정한 개인 목표를 달성하는데 어떤 자원이 필요한가 물어 본다. 예를 들면, 새로운 장비가 필요한가? 사무실 공간이 추가로 필요한가? 교육이 필요한가? 지원해 줄 사람이 필요한가? 등이 있을 것이다.

   필요한 자원을 파악했으면, 이제 어떻게 그것을 확보할 것인지를 알아보아야 한다. 필요한 자원을 확보할 수 없는 경우에는, 팀원에게 그 이유를 설명하고, 다른 대안을 찾아보도록 한다.

■ 목표 설정을 위한 추가 팁

- 장기적인 목표는 작고, 측정 가능한 목표로 나눈다. 이를 통해 팀장과 팀원은 진행상황을 추적하고, 추가적인 역량개발이나 코칭의 필요성 여부를 판단할 수 있을 것이다.

- 새로운 기술을 습득해야 하거나, 새로운 책임을 맡아야 하는 목표를 설정할 때에는 팀원에게 실수할 수 있는 여지를 허용한다.

- 팀원이 현재 보유하고 있는 스킬을 강화시켜 주거나, 새로운 스킬을 습득할 필요가 있는 조금 어려운 과제를 찾는다. 이러한 목표에 대해서는 최소한의 달성기준과 바람직한 수준을 정해 둔다.

- 팀장과 팀원이 목표의 달성 여부를 언제 어떻게 판단할 것인가에 대해 반드시 사전에 합의를 해 둔다.

> 예) "김대리, 우리 팀의 모든 팀원이 김대리가 전파 교육한 새로운 소프트웨어를 사용해서 올바른 보고서를 만들 수 있을 때, 이 목표가 달성된 것으로 판단하는 것이 어떨까요"

실천도구
:: SMART 목표 설정 ::

이 실천도구를 활용하여 팀과 팀원들의 SMART한 목표를 설정하고, 우선순위를 결정하며, 목표 달성에 필요한 요소를 파악한다.

작성 방법
- 파트 I 에서는, 성과평가 기간 동안 달성할 목표를 기입한다. 그리고 각 목표의 우선순위를 결정하고 SMART 요건에 맞는지 평가한다.
- 파트 II 에서는, 그 목표와 우선순위에 대해 논의하고, 각 목표 달성에 필요한 요소들을 파악하도록 한다.

파트 1: SMART한 목표 기입

아래 난에 목표를 기입한다.	해당되는 항목에 체크(V) 표시한다.		우선순위
	구체적		
	측정가능		
	달성가능		
	결과 중심		
	기한이 있는		
	구체적		
	측정가능		
	달성가능		
	결과 중심		
	기한이 있는		
	구체적		
	측정가능		
	달성가능		
	결과 중심		
	기한이 있는		
	구체적		
	측정가능		
	달성가능		
	결과 중심		
	기한이 있는		
	구체적		
	측정가능		
	달성가능		
	결과 중심		
	기한이 있는		
	구체적		
	측정가능		
	달성가능		
	결과 중심		
	기한이 있는		

파트 II: 목표 달성에 필요한 요소 파악

목표:

어떤 자원이 필요한가?	
달성 과정에서의 점검 시점은?	
목표 미달 허용 수준은?	
반드시 받아야 하는 교육이나, 습득해야 하는 지식에는 어떤 것이 있는가?	
목표를 달성할 경우의 파급 효과는?	
목표를 달성하는데 있어서 예상되는 장애물은 무엇이며, 이러한 장애물을 최소화하기 위해서는 어떻게 해야 하는가?	
목표:	
어떤 자원이 필요한가?	
달성 과정에서의 점검 시점은?	
목표 미달 허용 수준은?	
반드시 받아야 하는 교육이나, 습득해야 하는 지식에는 어떤 것이 있는가?	
목표를 달성할 경우의 파급 효과는?	
목표를 달성하는데 있어서 예상되는 장애물은 무엇이며, 이러한 장애물을 최소화하기 위해서는 어떻게 해야 하는가?	
목표:	
어떤 자원이 필요한가?	
달성 과정에서의 점검 시점은?	
목표 미달 허용 수준은?	
반드시 받아야 하는 교육이나, 습득해야 하는 지식에는 어떤 것이 있는가?	
목표를 달성할 경우의 파급 효과는?	
목표를 달성하는데 있어서 예상되는 장애물은 무엇이며, 이러한 장애물을 최소화하기 위해서는 어떻게 해야 하는가?	
목표:	
어떤 자원이 필요한가?	
달성 과정에서의 점검 시점은?	
목표 미달 허용 수준은?	
반드시 받아야 하는 교육이나, 습득해야 하는 지식에는 어떤 것이 있는가?	
목표를 달성할 경우의 파급 효과는?	
목표를 달성하는데 있어서 예상되는 장애물은 무엇이며, 이러한 장애물을 최소화하기 위해서는 어떻게 해야 하는가?	

실천과제 3 팀원들의 성과 창출 지원

3. 위임 어떻게 할 것인가?

위임을 위한 프로세스

- 위임의 중요성 이해
- 위임할 업무/프로젝트 결정
- 기대 결과(수준) 명확화
- 위임할 적임자 선정
- 위임업무에 대한 협의
- 후속 조치(follow-up)
- 위임 결과에 대한 평가

팀장은 팀 목표를 혼자서 달성할 수가 없고, 다른 사람을 통해 달성해야 한다. 이것을 성공적으로 하기 위해서는 위임을 잘 할 수 있어야 한다. 그러나 위임은 생각날 때마다 그때 그때 업무를 주는 것이 아니다.

위임을 하기 위해서는 복잡한 판단 절차가 필요하다. 여기에는 팀원들에게 동기를 유발하고, 역량을 개발해야 한다는 것을 의미한다. 동시에 위임된 업무에 대한 팀장 자신의 책임을 전가해 버리지 않도록 조심해야 한다.

처음 팀장이 된 경우에 위임은 대단히 어려운 것일 수 있다. 팀장은 무엇을 위임하고, 위임할 업무를 어떻게 전달할 것인지, 그리고 추적관리 방법에 대해 학습할 필요가 있다.

위임에는 정서적인 요소 역시 동반된다. 팀원이 팀장 자신과는 다른 방법으로 위임한 업무를 수행할 때, 팀장은 통제권을 빼앗겼다고 느낄 수 있다. 의사결정권을 위임했다면, 팀장이 기대했던 것과 다른 결정이라도 받아들여야 할 것이다. 유능한 팀원에게 프로젝트를 위임할 경우, 팀장 자신의 공로를 인정받지 못할 것을 염려할 수도 있다.

■ 왜 위임이 중요한가?

위임을 함으로써, 팀장은 전략적인 생각을 하고, 인간관계를 구축하며, 팀원 성과창출을 지원하는 것과 같은 팀장으로서 위임할 수 없는 일에 더 많은 시간을 사용할 수 있게 된다. 따라서 위임을 통해,

- 각 팀원의 강점에 맞는 업무와 책임을 맡김으로써 좋은 성과를 낼 수 있다.
- 팀원들에게 동기를 유발함으로써 높은 생산성을 올릴 수 있다.
- 팀원이 특정한 스킬을 개발할 수 있도록 지원하거나, 새로운 분야에서 역량을 발휘할 수 있는 기회를 제공해 줄 수 있다.
- 경영환경 변화에 신속히 대처할 수 있는 역량을 증대시킬 수 있다.

■ 무엇을 위임할 것인가?

먼저 무엇을 위임하고, 무엇을 위임하지 않을 것인가를 결정해야 한다.

이것을 판단하는 한가지 방법은 계약 체결, 전략 수립, 제휴, 기준 설정 등과 같은 고차원적인 업무나 책임, 또는 팀장의 핵심 업무를 파악한 후에, 이것을 제외한 나머지 업무를 목록으로 작성하는 것이다.

이것은 단순 반복적이거나 따분한 일만 위임하고, 의미 있는 프로젝트는 위임하지 않는 실수를 방지하는데 도움이 될 것이다.

단순 반복적인 업무도 그때 그때 지시하는 것이 아니라, 가능한 공식 업무 분장에 포함시키도록 한다. 업무 실적에 대한 기록, 현황보고 자료작성, 회의 준비, 산업 동향 검색 등을 예로 들 수 있다.

업무 분장에 포함시키기 어려운 업무는 차례대로 돌아가면서 맡게 할 수도 있을 것이다.

특별 프로젝트가 생길 경우도 좋은 위임 대상이다. 만약 상사가 새로운 장비가 원가를 얼마나 절감시킬 수 있는가를 분석하라고 지시했다면, 팀장 혼자 정보를 수집하고 분석하라는 의미는 아닐 것이다. 특별히 보안을 유지해야 할 프로젝트가 아니라면, 다른 팀원에게 그 프로젝트의 일부를 위임할 수 있을 것이다. 좀 복잡한 프로젝트라면, 여러 팀원에게 나누어서 맡길 수도 있다.

어떻게 수행해야 할 것인지 잘 모르는 업무라면, 적절한 체크포인트 또는 관리 방법을 찾을 때까지는 위임을 하지 않는 것이 좋다.

만약 새로운 팀을 맡게 되었다면, 팀장이 자신이 업무를 파악할 수 있도록 팀원들의 지원을 요청하는 것에서부터 시작해야 할 것이다.

■ 기대하는 결과를 명확히 한다.

무엇을 위임할 것인가를 결정한 후에는, 달성하기를 원하는 구체적 결과(기준)를 정해야 한다.

예를 들어, 팀원에게 연체된 판매 대금의 수금 업무를 맡긴다면, "연체일이 60일이 넘는 대금의 30% 이상을 이달 말까지 받아야 한다" 와 같은 목표를 설정할 수 있을 것이다.

목표가 명확하게 정해진 업무는 위임하기 적합한 사람을 찾는데 도움이 된다. 예를 들어 목표가 연체금의 30% 이상을 수금하는 것이라면, 협상력이 뛰어난 팀원을 선정해야 할 것이다.

하지만 60일 이상 연체된 모든 고객들에게 전화를 하는 것이 목표라면, 이 업무는 전화 스킬이 있는 사람에게 맡겨야 할 것이다.

원하는 결과(기준)를 명확히 하면, 위임을 하기 위해서 어떤 추가적인 교육과 역량개발이 필요한가를 판단하는 데에도 도움이 된다.

위에서 든 수금업무 위임의 예를 이어서 설명해 보자. 팀원에게 수금 관리 업무를 맡기기 위해서는 그 팀원의 회계 지식, 전화 스킬, 협상 스킬 등을 개발해야 한다는 것을 깨달았다.

이런 경우에는 그 팀원의 경험이 쌓이는 것에 따라 단계적으로 위임할 필요가 있을 것이다.

■ 적임자를 선정한다.

새로운 업무를 맡길 팀원을 선정할 때에는 다음의 사항을 고려한다.

☐ **새로운 업무를 수행할 시간적 여유:** 그 팀원에게 이 업무를 수행할 시간적 여유가 있는가? 또는 기존 업무보다 새로운 업무를 우선적으로 수행할 수 있는가?

☐ **새로운 업무를 성공적으로 수행할 역량:** 이 업무를 수행하는데 요구되는 역량과 그 팀원이 가진 강점과 경험이 어떻게 부합되고 있는가? 모든 일을 처음부터 잘 하기는 어렵다는 것을 기억한다. 때문에 팀원이 익숙하지 못한 스킬을 연습하고, 실수와 경험을 통해서 배울 수 있는 기회를 갖도록 약간의 여유를 가지고 업무에 접근해야 할 것이다.

☐ **새로운 업무에 대한 흥미:** 그 업무의 어떤 면이 팀원들의 흥미를 유발시킬 것인가? 새롭고 높은 수준의 스킬을 활용할 수 있는 기회가 있는가? 아니면 경영층에게 얼굴을 알릴 기회가 있는가? 팀원들이 특정 업무에 흥미를 갖는 이유를 안다면, 그들을 동기유발하는 방법을 찾는데 도움이 될 것이다.

☐ **역량개발 필요성 파악:** 팀원들이 특정 스킬을 개발하는 것을 돕거나, 다른 업무를 하는데 필요한 역량을 보유하고 있는가를 평가해 보기 위해 위임을 할 수 있다.

위임할 팀원에게 스킬과 경험이 부족하다면, 업무를 수행해 가는 과정에서 추가적인 코칭을 하거나, 경험 있는 팀원에게 코칭을 부탁해야 한다. 그리고 그 팀원이 업무를 제대로 수행하지 못할 경우에 대한 대비책을 마련한다.

유능한 팀원 한 두 명에게 집중적으로 업무를 위임하기 보다는 여러 팀원들에게 업무를 나누어 주어야 한다. 우수한 팀원에게 더 큰 신뢰가 가겠지만, 그 팀원은 너무 과도한 업무를 맡게 되고, 다른 팀원들은 역량을 개발할 기회를 잃게 될 것이다. 업무를 위임하기 전에, 먼저 지원자가 있는지 물어보도록 한다.

실천도구
:: 위임 계획 수립 ::

팀원들이 업무를 수행하고, 역량을 개발하도록 하기 위해서는 위임이 필수적이다. 이 실천도구는 어떤 업무를 누구에게 위임할 것인가를 결정하는 데 도움이 될 것이다.

위임 계획 수립

위임할 업무 또는 프로젝트	필요한 역량	위임 후보자	업무와 위임 후보자 간의 적합성 (낮음, 중간, 높음)		
			시간적 여유	역량	관심도
·					
·					
·					
·					

각각의 업무에 대해서, 각 후보 팀원들의 시간적 여유, 역량, 관심도, 그리고 경력 개발을 고려했을 때 가장 적합한 사람은 누구이며, 그 이유는 무엇인가?

■ 위임업무에 대해 협의한다.

새로운 업무를 맡길 때에는, 팀원에게 다음의 내용을 이해시켜야 한다.

- 팀장이 기대하는 목표 수준
- 그 업무가 팀과 회사에 어떤 기여를 하는가?
- 그 업무를 함으로써 그 팀원에게는 어떤 도움이 되는가?
- 일정 계획
- 진척 상황 확인 방법
- 어떤 교육이나 지원을 해 줄 것인가?
- 그 업무를 완수하는데 있어서 지켜야 할 제약 사항
- 성공 여부 평가 방법

담당 팀원의 책임이 무엇인가, 즉 달성해야 할 구체적 결과와 시기를 문서로 요약하도록 한다. 중요한 업무라면, 그 팀원의 공식 업무 목표에 추가해야 할 것이다.

그리고 그 업무를 완수하는데 있어서 중요한 제약 사항이 있는가도 파악하도록 한다.

예를 들면, 부실 채권 회수 업무를 위임함에 있어서 고객에게 협박을 해서는 안 된다는 조건을 부여할 수도 있을 것이다.

실천도구
:: 기대의 명확화 ::

기대, 목표, 그리고 추적관리 방법에 대한 커뮤니케이션이 명확할 때, 뛰어난 성과를 창출하기가 더 쉬워진다. 이 도구를 활용하여 위임 업무를 명확히 하고, 필요한 추적관리 절차를 문서화하자.

업무기대 명확화	
업무 또는 프로젝트 명	
목표	
목표 달성 측정 기준	
회사/팀에 주는 주요 혜택	
참가한 사람들이 성공 또는 실패했을 경우에 받을 영향	
업무를 완료하는데 있어서의 한계 또는 제약사항	
필요한 추가 교육/자원	
예상되는 장애요인	
비상 계획(contingency plan): 완료기한에 융통성이 있는가? 이 업무를 진행함에 있어 가장 중요한 시점은 언제인가? 중요한 시점까지 계획대로 진행되지 못한 경우에 취해야 할 조치는?	

진행상항 점검 항목(예비 보고서, 데이터 평가, 진척률 등)	언제

업무/프로젝트의 유형과 규모 그리고 진행상황에 따라 추가적인 점검 항목이 필요할 수 있다.
(점검 항목을 많이 설정해 놓으면, 팀원의 자율권을 빼앗게 될 수 있다는 것을 기억하자.)

■ 위임에 대한 후속조치를 한다.

후속 조치에는 위임 받은 팀원이 추가 업무를 담당하게 될 것이라는 것을 다른 팀원들에게 알려주고, 적절한 자원과 권한을 부여하는 것이 포함된다.

위임한 업무에 대한 최종적인 책임은 팀장에게 있기 때문에 후속 조치에는 업무의 진척 상황을 파악하는 것도 포함된다. 진행 현황을 정기적으로 보고하도록 하거나, 진행상황 및 애로사항을 파악하기 위해 주기적으로 회의를 할 수도 있다.

업무를 수행하는데 문제가 있다면, 팀장이 해결책을 제시하기 전에 팀원 스스로 문제를 해결할 시간을 준다. 팀장이 문제해결에 즉각적으로 뛰어든다면, 팀원들은 자신감을 잃게 되고, 궁극적으로는 업무 수행에 필요한 역량을 키울 수 없게 될 것이다. 직접적인 경험을 통해서만 습득이 가능한 역량들이 있기 때문이다. 팀원이 도움을 요청한다면, 그 업무를 되돌려 받거나 대신해 주는 것이 아니라, 건설적인 방법으로 지원해 준다.

■ 위임 결과에 대해 평가를 한다.

위임 업무가 완료 되면, 추가적인 후속조치가 이루어져야 한다. 그 팀원이 위임 과정에 대해 어떻게 생각하고 있는지 알아 본다. 위임 업무를 하면서 좋았던 점, 힘들었던 점은 무엇인가? 앞으로 어떤 점이 개선되었으면 좋겠는가?

위임이 성공적이었는가를 평가할 때에는 팀장 자신의 경험과 팀원의 견해 모두를 고려하도록 한다. 업무를 완료한 팀원을 축하해 주고, 다른 팀원들 역시 그 팀원의 성공적인 업무 수행을 인정해주도록 독려한다.

4. 업무 수행 과정에서의 피드백

업무 수행 과정에서의 피드백

- 피드백은 성과 창출 지원 활동의 핵심
- 업무 수행 과정에서의 피드백
  - 주간회의 등과 같이 일상적인 대화시간 동안
  - 승진, 급여 등에 영향 주지 않음 → 개방 가능성
- 업무 수행 과정에서의 피드백 가이드라인
  1. 업무수행 과정에서 피드백 한다.
  2. 잘 수행된 것에 대해 먼저 인정한다.
  3. 비판적인 피드백은 효과적으로 한다.
  4. 팀장의 피드백에 대해 팀원에게 피드백을 요청한다.

업무 수행 과정에서 피드백을 하는 것은 팀원 성과창출 지원에 있어서 핵심적인 부분이다. 팀장 역할을 수행함에 있어서, 업무 결과에 문제가 있을 때만이 아니라, 수행 중인 업무에 대해서도 피드백을 할 필요가 있다.

수행 과정의 피드백은 공식적 성과평가 면담과는 여러 가지 측면에서 다르다.

☐ 수행 과정의 피드백은 주간 회의와 같이 정해진 시간과 프레젠테이션 완료 후와 같이 팀원과의 일상적인 대화시간 동안에 행해질 수가 있다. 반면 성과평가 면담은 1년에 많으면 4번 정도 이루어지게 된다.

☐ 공식적인 성과평가 면담과는 달리, 수행 과정의 피드백이나 대화는 팀원의 급여나 승진에 영향을 주지 않는다. 이와 같은 차이점을 이해한다면, 팀원들은 팀장으로부터의 업무 수행 과정의 피드백을 더 개방적으로 받아들이게 될 것이다. 그리고 문서로 기록을 남기는 측면에서도 차이가 있다.

많은 전문가들이 공식적 성과평가 면담은 팀장과 팀원간에 이미 논의된 이슈들을 다시 한번 확인하는 것이어야 한다고 주장한다.

가장 바람직한 방식으로는, 공식적인 성과평가 면담 시간에 팀원들이 사전에 전혀 모르고 있었던 새로운 이슈가 제기되어서는 안된다는 것이다.

■ 피드백 가이드라인

1. **업무수행 과정에서 피드백 한다.** 진행 중인 프로젝트와 업무에 대한 가이드를 제공하기 위해, 매주 또는 매월 팀원들과 개별적으로 현황 파악을 위한 미팅을 하는 것을 고려한다.

   미팅을 할 때에는, 일이 어떻게 진행되고 있는지, 그 업무를 완수하기 위해 어떤 도움이 필요한지를 물어보고, 그 업무에 대한 새로운 아이디어가 있으면 함께 논의한다. 또한, 업무 개선, 일정 단축, 또는 팀원의 전문성을 개발하는 것과 같은 더 큰 목표를 추구하는 방법을 모색해 볼 수 있을 것이다.

2. **잘 수행한 것을 인정해 준다.** 많은 팀장들이 팀원들이 잘 수행한 일에 대해 긍정적인 피드백을 하는 것을 소홀히 하곤 한다. 피드백 면담 때 외에도 일상적인 만남에서 그 팀원이 이루어낸 것을 인정하고 칭찬하는 것을 잊지 말자. 대부분의 팀원들은 긍정적인 피드백이 없으면, 부정적인 피드백으로 받아 들인다.

   긍정적인 피드백은 진심을 가지고, 구체적으로 하도록 한다. 예를 들면, "오늘 아침 자네가 고객 불만을 처리하는 방법은 아주 좋았네. 자네는 그 고객에게 우리가 서비스 품질에 신경을 쓰고 있다는 것을 보여 주었고, 그 고객의 문제를 해결할 좋은 방법도 제시해 주었어. 그와 같은 창의적 문제해결 방법은 고객 충성도를 높이는데 있어 대단히 중요해"

3. **비판적 피드백은 효과적으로 한다.** 현재 진행하고 있는 업무에 대한 가이드를 팀원에게 제공하거나, 행동 상의 문제를 해결하기 위해 피드백을 제공하는 것은, 팀원을 리드하고 육성하는데 있어 핵심요소라고 할 수 있다. 이러한 피드백을 효과적으로 할 때, 팀원의 성과를 높이고 팀에 더 크게 기여하도록 할 수 있다.

   비판적 피드백(critical feedback)을 할 때는 다음의 원칙을 지키도록 한다.
   - 행동에 문제가 있음을 파악했다면, 가능한 빨리 피드백 한다.
   - 문제의 팀원을 개별적으로 만나서 피드백 한다.
   - 그 팀원의 인격이나 동기가 아닌, 행동에 대해서 피드백 한다.
   - 그 팀원의 행동이 본인의 목표 달성에 미치는 영향과, 팀 전체에 미치는 영향에 대해 설명한다.
   - 문제를 해결하기 위해서는 그 팀원의 행동이 어떻게 바뀌어야 할지를 명확하게 한다.
   - 팀원의 행동 변화를 도울 것을 약속한다.

4. **팀장이 했던 피드백에 대해 팀원으로부터 피드백을 받는다.** 업무진행 중에 피드백을 한 후 "이 피드백이 도움이 되었나요?" "어떻게 하면, 더 효과적일까요?" 와 같은 간단한 질문을 한다.

   피드백을 요청함으로써, 팀장은 자신이 학습과 변화에 개방적임을 보여주게 되고, 피드백을 받는데 있어서 본보기가 된다. 어떠한 답변을 듣게 되든지 긍정적으로 반응하도록 한다. 어떠한 비판에도 변명하지 말고, 적극적으로 경청한다.

   예를 들면, 정확하게 들었는지를 확인하기 위해서 상대방의 말을 그대로 반복해서 말한다든가, 좀 더 명확하게 이야기해 달라고 요청한다. 그리고 대화했던 내용을 주기적으로 요약한다. 합리화, 변명, 설명과 같이 방어적인 방법으로 대응하는 것을 피한다. 방어적인 대응을 하면, 팀원들이 이후에는 피드백 하는 것을 꺼리게 될 것이다.

실천도구
:: 피드백을 위한 준비 ::

긍정적인 피드백을 포함하여 팀원들에게 피드백을 하는 것은 대단히 중요하다. 정기적인 피드백 역시 팀원들이 자신을 향상시키기 위한 방법을 파악하는데 도움이 될 것이다. 이 실천도구를 활용하여, 긍정적 또는 건설적 피드백(positive or constructive feedback)을 팀원에게 할 수 있도록 준비한다.

활용 방법

피드백을 해야 하는 행동과 그 행동이 팀에 미치는 영향을 설명한다. 그리고 원하는 결과를 생각해 본다.
이 피드백이 1) 긍정적인 행동 강화 2) 팀원의 스킬 향상 지원 3) 문제 해결 중 어느 것을 목적으로 하는가를 결정한다. 또한 이 피드백이 미래의 업무 성과에 영향을 미칠 것인가에 대해서도 고려한다. 그렇지 않다면, 이 문제는 언급하지 말고 그냥 내버려 두는 것이 더 나을 수도 있을 것이다.

피드백 준비

피드백 하기를 원하는 행동이나 상황이 무엇인가?

그 행동 또는 상황이 팀에 미치는 영향은 무엇인가?

피드백을 통해 얻기를 원하는 결과는 무엇인가?

목표달성을 지원해 주려면, 어떠한 방법으로 피드백을 해야 하는가? 혹시 연관된 새로운 목표가 필요하지는 않는가?

팀원이 피드백을 긍정적으로 받아들일 가능성이 가장 높은 때는 언제인가?

피드백을 받아들이는 데 장애가 될 만한 것은 무엇인가? 그 장애를 어떻게 극복할 수 있겠는가?

이 피드백을 하기에 가장 적합한 사람은 누구인가?

5. 팀원들 코칭 어떻게 할 것인가?

팀원들에 대한 코칭

팀원들의 행동 관찰
- 팀원들의 행동을 관찰한다.
- 관찰한 행동이 팀 목표 달성에 주는 영향을 정리한다.
- 인격에 대해 판단하거나, 동기에 대해 추측하지 않는다.
- 필요한 경우 다른 사람이 관찰한 내용과 비교한다.
- 문제행동의 원인이 팀장 자신이 아닌가에 대해 생각해 본다.

코칭 프로세스
1. 코칭 대화 준비
2. 코칭 미팅 실시
3. 합의에 대한 사후 관리

코칭 스킬
- 효과적 질문
- 적극적 경청
- 피드백
- 실행 계획 합의

성과 부진자에 대한 코칭

팀장 역할을 수행하면서, 어떤 팀원이 계속해서 성의 없이 보고서를 작성하여 제출하거나, 최근 프로젝트에 대한 진행 현황을 팀에 알리기 위한 프레젠테이션을 하고자 하거나, 또는 한 팀원이 브레인스토밍 시간에 발언을 독점함으로써 다른 참석자들이 의견을 내지 못하는 것을 발견했다고 하자.

이러한 행동은 종종 해당 팀원에 대한 코칭이 필요하다는 신호가 된다. 코칭이란 팀원이 개선해야 하거나 성장이 필요한 영역을 파악하고, 목표를 설정하며, 이러한 목표를 달성해 가는 과정을 팀장이 도와주는 상호간의 과정이다.

코칭을 통해 팀원이 전문가로 성장해 나가고, 행동 문제를 해결하며, 팀과 회사에 최대한 기여할 수 있도록 팀장은 돕게 된다. 또한 회사의 현재와 미래의 요구를 충족시킬 수 있도록 지속적인 학습과 팀원들의 역량을 높여 가는 조직문화를 형성하게 된다.

코칭에는 행동을 관찰하고, 질문을 하며, 경청하고, 피드백하며, 변화를 위한 실행계획에 합의하는 것과 같은 스킬이 요구된다. 각각의 스킬에 대해서 다음 페이지에 좀 더 자세하게 설명되어 있다.

■ 팀원들의 행동을 관찰한다.

문제가 되는 팀원의 행동을 면밀히 관찰한다. 그리고 관찰한 행동이 팀 목표 달성에 어떤 영향을 미칠 것인지를 명확하게 정리해 본다. 그 팀원의 인격에 대한 판단을 하거나, 동기를 추측하는 것은 피하도록 한다.

다음은 효과적인 관찰과 비효과적인 관찰을 비교한 표이다.

관찰한 행동을	
아래와 같이 추측하기 보다는	다음과 같이 정리한다
"서대리는 조심성이 없고, 업무 품질에 대해서는 신경을 쓰지 않는다"	"서대리는 각 페이지마다 실수가 있는 보고서를 두 개 제출했다. 그 보고서를 읽어 보았으나, 무슨 뜻인지 잘 몰라서 서대리한테 명확히 해 달라고 다시 요청하느라 보고서 완성이 늦어졌다."
"조대리는 너무나 소심해서 다른 팀원들에게 도움을 주지 못하고 있다"	"조대리한테 자기 프로젝트에 대해 프레젠테이션을 하라고 두 번이나 요청했는데, 그렇게 하지 못하는 이유만 가지고 왔다. 결과적으로 다른 팀원들은 자신의 업무를 수행하는데 필요한 정보를 얻지 못하고 있다."
"안대리는 브레인스토밍에서 다른 사람의 의견을 무시하고, 지나치게 자기 주장만을 내세운다."	"안대리는 지난 브레인스토밍 시간에 일곱 번이나 다른 사람의 의견제시를 방해했다. 그래서 참석자 10명중 단지 2명만이 아이디어를 제시했다."

필요하다면, 팀장이 관찰한 내용을 다른 사람과 비교해 본다. 이 때 그 팀원의 익명성을 보장하도록 한다.

위의 예에서 안대리 이외의 다른 팀원들에게 브레인스토밍 시간에 어떻게 느꼈는지를 물어 본다. 또 팀장 자신이 고의는 아니지만, 그러한 문제가 발생하는데 기여하지는 않았는가 생각해 본다. 일례로, 자기 역시 지난 브레인스토밍 세션에서 발언을 독점함으로써 협력을 중요하게 여기지 않는다는 이미지를 주지는 않았는지 생각해 본다.

■ 코칭 프로세스를 이해한다.

코칭 시간을 별도로 정해서 특정 문제에 대해서 논의할 수도 있지만, 팀원들과의 일상적인 교류를 통해서도 코칭을 할 수 있다. 어떠한 경우이든 코칭은 3단계 과정으로 이루어지게 된다.

1. **코칭 대화 준비:**

   팀원과 필요한 변화에 대한 대화를 하기 전에, 대화 계획을 세운다. 먼저 "조대리가 성공적인 프레젠테이션을 할 수 있도록 준비"와 같이 대화 목적을 기록하는 것에서부터 시작한다. 그리고 "조대리는 프리젠테이션 교육에 참석할 필요가 있다"와 같이 필요한 항목들을 메모한다. "만약 조대리가 자신이 진행하고 있는 프로젝트 현황에 대한 정보를 다른 사람들에게 제공하지 않는다면, 다른 팀원들이 업무를 수행하기가 어렵다"와 같은 위험요인도 기록한다. 그리고 "다음 달부터 조대리는 매주 프로젝트 현황에 대한 프레젠테이션을 할 것이다"와 같은 바람직한 결과도 열거해 둔다.

2. **코칭 대화 실시:**

   팀원과 만나서, 그 팀원의 행동이나 성과에 왜 변화가 필요한지, 그 목적과 그 중요성에 대해 설명한다. 팀원이 이 코칭을 하는 이유를 이해했는가를 질문을 통해 확인한다. 현재의 문제 행동이 팀 전체에 미치는 바람직하지 않은 영향에 대해서 구체적으로 설명한다. 팀원으로 하여금 대책을 생각해 내도록 격려함과 아울러 팀장도 아이디어를 내면서 현재 상황을 타개할 방법을 찾는다.

   그런 다음, 팀장과 팀원 모두가 원하는 결과와 실행계획에 대해서 합의를 한다. 팀원이 제시하는 아이디어를 충분히 받아 들인다. 실행계획에는 일정과 진척도의 측정기준을 반드시 포함시킨다.

3. **합의 사항에 대한 추적관리:**

    팀원이 합의된 실행계획 실천을 시작하면, 그 진척도를 점검하기 위한 면담 일정을 한 번 이상 잡도록 한다. 이 면담 시간에 팀장은 코칭 스킬을 활용해서 팀원이 개선이 필요한 부분을 계속해서 개선해 나갈 수 있도록 지원한다. 예를 들어, 조대리는 프레젠테이션에 도표를 사용하는 등 많이 개선되었지만, 마지막에 자신의 생각을 요약하는 부분에서는 더 개선이 필요할 수 있다.

    성실하게 실천할 때, 코칭은 팀원이 자기 업무에 최선을 다하도록 돕게 된다. 코칭에는 상당한 노력이 요구되지만, 그러한 노력의 가치가 충분히 있을 것이다.

이상의 3단계 과정은 일반적으로 며칠 또는 몇 주일에 걸쳐 완료된다. 하지만 이러한 단계를 거치지 않고, 즉각적으로 코칭이 이루어져야 하는 경우도 있다.

예를 들어, 팀원이 업무 진행 방향을 잘못 잡은 것을 알게 되었다면, 즉각적인 교정과 함께 향후 스스로 올바른 방향을 잡을 수 있도록 바로 코칭 대화를 시작해야 할 것이다.

실천도구
:: 코칭 대화 계획 ::

이 실천도구를 활용하여 코칭을 통해 성취하기를 원하는 결과와 그 결과를 얻기에 가장 효과적인 접근법을 찾기 위한 코칭 계획을 세우도록 하자.

활용 방법

팀원의 행동이 다른 사람들과 팀 목표를 달성하는데 미치는 영향을 관찰한 대로 기입한다. 팀원이 그러한 행동을 하는 이유에 대한 가설을 세우고, 그것을 검증해 볼 방법을 찾는다. 이러한 방법에는 관찰을 더 하거나, 동료들과 기밀유지를 전제로 상담해 보는 것 등이 있을 것이다. 그리고 최종적으로 그 팀원과 대화를 한다. 또한 팀장 자신이 이러한 문제의 발생에 기여하지는 않았는지 생각해 본다.

코칭 대화 계획

1. 관찰된 행동	
· 팀에 미치는 영향	
· 그렇게 행동하는 이유	
· 그 이유에 대한 검증 방법	
· 그 행동을 하는데, 내가 기여한 것	
2. 관찰된 행동	
· 팀에 미치는 영향	
· 그렇게 행동하는 이유	
· 그 이유에 대한 검증 방법	
· 그 행동을 하는데, 내가 기여한 것	
3. 관찰된 행동	
· 팀에 미치는 영향	
· 그렇게 행동하는 이유	
· 그 이유에 대한 검증 방법	
· 그 행동을 하는데, 내가 기여한 것	

■ 코칭 스킬을 연마한다.

코칭을 효과적으로 하기 위해서는 다음과 같은 스킬을 개발할 필요가 있다.

☐ **효과적 질문**: 현재의 상황을 팀원은 어떻게 보고 있는가를 파악하기 위해서 질문을 한다. "예", "아니오"의 폐쇄형 질문이 아닌, 개방형 질문이 도움이 된다.

> 예를 들어,
> - "서대리, 잘 작성된 보고서의 가장 중요한 특징은 무엇이라고 생각하나요?"
> - "조대리, 다음 주간회의 때 현재 추진하고 있는 프로젝트에 관해 간단한 프레젠테이션을 한다면, 그 영향이 어떨 것이라고 생각하나요?"
> - "안대리, 브레인스토밍 시간에 모든 팀원들이 적극적으로 아이디어를 내도록 하기 위해서는 어떻게 했으면 좋겠어요?"

개방형 질문을 함으로써 팀원들이 대화에 적극적으로 참여하도록 독려할 수 있다. 그리고 문제 행동을 개선하기 위한 아이디어도 창출하게 된다.

☐ **적극적 경청**: 코칭 대화를 할 때에는 그 팀원의 아이디어나 염려사항뿐만아니라, 그 사람에 대해서도 관심이 있다는 것을 보여 주기 위해 적극적인 경청을 해야 한다.

적극적 경청을 하기 위해서, 코칭 대화를 하는 동안에는 다른 일에 방해 받지 않도록 한다. 팀원의 눈을 쳐다보고, 미소를 지으며, 팀원이 말하는 중에 끼어들지 않는다. 편안한 자세를 하고, 친근감 있는 목소리로 말하며, 중간 중간 맞장구를 침으로써 경청하고 있다는 것을 보여준다.

상대방의 이야기를 정확하게 이해했는가를 확인하기 위해서 때때로 상대방의 이야기를 그대로 다시 반복해서 말한다.

> 예를 들면, "조대리, 사람들 앞에서 말하는 것을 불안하게 느끼는가?"

또는 "서대리, 새로운 보고서 작성 소프트웨어를 습득할 시간이 없었다고 말했는데, 맞는가?"

☐ **효과적 피드백**: 관찰한 문제 행동에 대해 당사자에게 설명한다. 인격이나 동기가 아닌, 그 사람의 행동과 그 행동이 팀에 미치는 영향을 이야기 한다. 행동을 구체적으로 묘사하고, 그 팀원의 바람직한 행동이나 업적에 대해서는 칭찬을 하도록 한다.

> 예를 들면, "서대리, 보고서에 실수가 있으면, 다른 팀원들은 그것을 확인하기 위해 자네를 찾아가야 하네. 그렇게 되면 업무 수행이 늦어지게 되네. 자네는 보고서 작성시 분석하고 요약하는 것은 잘 하는데, 실수만 줄인다면 훌륭한 보고서가 될 것이야. 그렇게 되면, 다른 팀원들의 업무도 더 신속하고 정확한 것이 될 걸세."

피드백을 솔직하고, 객관적이고 공정하게 할 때, 팀장은 팀원들로부터 신뢰를 얻을 수 있다.

☐ **합의**: 질문을 하고, 적극적 경청과 피드백을 하는 것은 팀장과 팀원이 새로운 목표와 실행계획에 합의할 수 있도록 도와준다.

> 예를 들면, 코칭 면담시의 대화를 통해 조대리는 프리젠테이션 스킬을 강화할 필요가 있다는 것에 합의할 수 있을 것이다. 그리고 프레젠테이션에 관한 교육을 받고, 한 달 내에 팀원들을 대상으로 프레젠테이션을 하겠다는 목표를 세울 수 있을 것이다.
>
> 만약 조대리가 피드백을 비난으로 받아들인다면, 프레젠테이션 스킬의 중요성을 강조하고, 사람들 앞에서도 위축되지 않고 말을 잘 할 수 있는 스킬을 습득할 수 있을 것이라는 팀장의 믿음을 표현한다. 그리고 팀에 대한 조대리의 기여를 팀장이 얼마나 가치 있게 생각하고 있는가를 강조한다.

■ 성과 부진자에 대한 코칭

계속해서 목표를 달성하지 못하는 성과 부진자에 대해 코칭을 할 때, 팀장은 보다 지시적으로 할 필요가 있다.

예를 들어, 조대리가 피드백에 대해 반응이 없고, 자신의 행동을 바꾸려고 하지 않는 것 같이 보이면, 그의 스킬을 왜, 어떻게 향상시켜야 하는지에 대해 차분하고 분명하게 설명한다.

지원적인 태도를 취하되, 바뀌지 않았을 때의 결과를 설명해 준다. "자네의 프레젠테이션 스킬이 향상될 때까지, 승진이나 급여 인상은 어려울 것이네."

계속해서 성과가 부진한 팀원에 대해서는 인사팀과 상의해서 회사의 방침에 따라 성과향상 계획을 수립하도록 한다. 이러한 계획은 해당 팀원이 반드시 도달해야 하는 구체적 성과 기준을 가지고 코칭을 하게 된다.

6. 성과평가 어떻게 할 것인가?

성과 평가 방법

성과 평가 준비
- 성과 평가 준비 자료
- 긍정적인 성과와 문제 있는 성과에 대한 구체적인 예
- 불만족스러운 성과를 가져온 요인들에 대해 검토
- 면담 절차에 대해 미리 개략적으로 알려준다.

평가 면담 실시
- 팀원 자신의 생각을 들을 수 있도록 질문하면서 시작하도록 한다.
- 상당한 개선이 요구되거나 직접적으로 이야기하지 않아서 실패한 경우에는 바로 평가에 대한 이야기로 시작한다.
- 팀원의 인격이나 동기가 아닌 성과에 초점을 맞춘다.

문제 있는 성과에 대한 논의

공식적인 성과평가 면담 때, 팀장은 팀원에게 업무 성과에 대한 구체적인 정보를 주고, 차기 성과 목표를 명확히 하며, 역량개발 목표, 즉 특정 스킬과 역량을 향상하기 위한 목표를 수립하게 된다.

이번 장에서는 성과평가 면담을 준비하는 방법과 평가면담 때 적용할 전략들에 대해 알아보고, 다음 장에서는 성과평가 후 팀원의 역량개발 계획을 수립하는 방법에 대해 알아볼 것이다.

■ **성과평가를 준비한다.**

성과평가 면담을 하기 전에, 다음 자료들을 살펴보면서 준비한다.

- 회사의 성과평가 지침과 양식
- 팀원의 직무 기술서
- 팀원의 금년 목표 및 성과 자료
- 팀원의 보유 역량, 이수한 교육, 그리고 과거 업무 성과를 포함한 업무 기록
- 업무 수행 관찰 결과에 대해 팀장이 기록해 둔 것
- 팀원과 함께 일하는 동료나 고객들로부터 받은 피드백 자료
- 팀원의 자기 평가서

이러한 자료를 검토하면서, 팀원 평가의 근거가 되고, 의미 있는 피드백을 할 수 있도록 긍정적인 성과와 문제가 되는 성과의 구체적인 예를 기록해 둔다.

팀원의 성과가 기대에 못 미치는 경우에는, 불명확한 목표, 자원 부족, 불충분한 교육, 모호한 지시 등과 같이 영향을 미친 원인들을 찾아본다. 만약 팀장이 팀원의 업무 수행 과정에서 피드백을 했다면, 이 면담에서 특별히 놀랄 일은 없을 것이다.

사전에 면담 목적을 이야기해줌으로써, 팀원 역시 면담을 준비할 수 있도록 한다. 그리고 면담 절차에 대해 개략적으로 알려준다.

예를 들어 면담 시작 시 다음과 같은 정보를 제공한다. "먼저 김과장이 제출한 자기 평가서를 검토하고, 그 다음에 차기 목표에 대해 이야기하고, 마지막으로 역량개발 계획을 수립할 것입니다."

■ **평가 면담을 실시한다.**

성과평가 면담의 실시방법은 팀원의 경험 정도와 부정적 피드백에 대한 반응, 그리고 목표에 따라 달라지게 된다.

일반적으로 일이 어떻게 진행되었는지에 대한 팀원의 생각을 물어보는 질문으로 시작하는 것이 좋다. 이렇게 하면 팀원의 견해를 이해할 수 있고, 처음부터 팀장이 너무 많은 이야기를 하는 것을 방지할 수 있다. 만약 팀원이 언급하지 않은 성과 문제가 있다면, 그 문제에 대한 팀원의 생각을 물어보도록 한다.

경우에 따라, 팀원의 성과에 대한 평가와 개선방법에 관한 이야기로 면담을 시작할 수도 있다. 이 방법은 팀원의 성과에 상당한 개선이 요구되거나, 이 문제에 대해 직접적으로 이야기를 하지 않아서 실패했던 경우에 도움이 될 수 있다. 또 경험은 있지만 새로운 업무를 맡았거나, 명확하게 지시를 원하는 팀원에게도 이 방법이 적절할 수 있다.

성과평가 면담의 목적은 좋은 성과는 격려하고, 부진한 성과는 개선하는데 있다. 두 가지 경우 모두, 팀원의 목표 대비 구체적 실적을 가지고 대화를 하도록 한다. 팀원의 인격이나 동기가 아니라, 성과에 초점을 맞춘다. 이 시간은 팀원이 자신의 업무에 대해 이해하고 있는가와, 그 업무를 수행할 역량과 자원을 가지고 있는지를 확인하는 시간이 되기도 한다.

■ 문제 있는 성과에 대해 논의한다.

성과 문제를 개선하기 위해 피드백을 하는 것을 불편하게 느끼는 팀장도 있다. 하지만 이러한 피드백은 팀원의 성과 향상에 있어 필수적이라는 것을 꼭 기억해야 한다.

먼저 팀원의 목표와 실적간의 차이를 설명하는 것에서 시작한다.

예: "지난 5개월 동안 월 평균 5곳의 신규 고객을 만들기로 했었는데, 실제로는 월 평균 3곳 밖에 안 되는군"

그리고 팀원의 성과 향상이 어떻게 회사 목표 달성과 연관되는가를 설명한다.

예: "신규 고객을 더 많이 개척함으로써, 우리 회사의 시장 점유율을 더욱 넓힐 수 있다네."

또 팀원 자신의 경력 관리 측면에서도 성과향상이 중요하다는 것을 강조한다.

예: "이 목표를 달성해야만, 승진 대상자에 포함될 것일세."

성과 향상이 중요하다는 것에 대해 팀원의 동의를 얻는 것은 매우 중요하다.

이를 위해 다음의 전략을 따른다면, 효과적인 피드백을 하는데 도움이 될 것이다.

- 팀원에게 이의가 있을 때는 그것을 분명하게 제기하도록 독려한다.
- 피드백은 문제해결과 행동에 초점을 맞춘다. 팀원으로 하여금 문제에 대한 책임의식을 갖도록 하고, 그 해결책도 팀원이 먼저 내도록 한다.
- 주관적인 판단을 피한다.
  예) "당신은 팀장이 아니야." 또는 "이 일을 제대로 할 생각이 없군."
- 일반화를 피한다.
  예를 들어 "당신은 자신의 업무에 관심이 없어 보이는군요."와 같이 일반화하여 말하기보다는 "지난 서비스 개선 회의 때는 아무런 의견도 내지 않더군요. 이유가 뭔가요?"와 같이 구체적으로 제시한다.
- 수집한 데이터는 선별해서 말한다. 모든 문제를 언급할 필요는 없다.
- 의미 있는 비판과 함께 진심으로 칭찬한다.
- 팀원의 행동이 가져올 결과나 영향을 명확히 설명한다.
  사람들은 자신의 행동이 다른 사람에게 어떤 영향을 미치는가를 이해할 때 바뀔 수 있고, 또 바뀐다.

성과에 대한 논의를 끝냈다면, 이제는 목표 달성과 역량 향상을 지원하기 위한 전략적인 역량개발 계획을 수립해야 한다.

7. 팀원들 역량개발 계획 수립

팀원들 역량개발 계획 수립

- ↳ **역량개발 계획 수립을 위한 면담**
  - 팀원에게 역량개발 필요성과 그 개발방법을 생각해 오도록 요청.
  - 면담 시 포함되어야 하는 질문
    - 역량개발 목표는?
    - 역량개발 기간은?
    - 역량개발 방법은?
    - 기대하는 결과는?
    - 필요 지원은?
  - 목표와 실행계획에 대해 팀장과 팀원이 반드시 합의한다.
- ↳ **역량개발 계획의 문서화**
- ↳ **후속 조치(follow-up)**
  - 계획대로 잘 진행되고 있는가를 정기적으로 확인.
  - 필요한 경우 피드백, 코칭, 아이디어와 격려를 한다.
  - 공식적인 것과 비공식적인 조치를 병행하도록 한다.

 팀원들이 자신의 역량개발 계획을 수립하도록 돕는 것 역시 성과창출 지원 프로세스의 중요한 요소 중의 하나이다. 이러한 역량개발 계획에는 팀원들이 개선하고자 하는 역량 또는 행동과 함께, 이러한 개선을 이루어내기 위한 단계들이 포함되게 된다.

 연간 역량개발 계획 수립을 성과창출 지원 프로세스에 포함시키거나, 이것이 공식적인 성과평가의 한 부분인 조직도 있다. 반면에 팀원 성과평가 기능과 육성 지원 기능을 구분하기 위해서, 성과평가 면담과 육성계획 면담을 분리해서 하도록 권장하고 있는 조직도 있다. 어떤 방식으로 운영되건, 역량개발 계획을 수립하는 목적은 팀원들이 조직에서 성장하기 위해 필요한 역량을 습득하고, 전문가로서의 경력을 개발하는 것을 돕기 위한 것이다.

 또는 코칭의 일환으로 역량개발 계획이 수립되기도 한다.

■ 역량개발 계획수립을 위한 면담

역량개발 계획을 수립하기 위해 팀원을 만나기 전에, 그 팀원에게 자신의 역량개발 필요와 그 개발 방법에 대해서 미리 생각해 오도록 요청한다. 팀장 역시 자신이 분석한 것을 바탕으로 초안을 만들 수 있을 것이다.

중요한 것은, 대상이 되는 팀원을 역량개발 계획수립 과정에 적극적으로 참여시킴으로써, 그것을 자기 것으로 받아들이도록 하는 것이다. 따라서 팀장의 계획은 어디까지나 하나의 안으로 제시되어야 하며, 팀원과 팀장이 함께 살펴보고 최종안을 결정지어야 한다.

면담 때, 팀장은 아래의 표에 있는 질문에 대해 팀원과 함께 논의해야 한다.

질 문	면담 내용
역량개발 목표 "당신이 달성하고자 하는 목표가 무엇인가?"	박대리는 최근 회사에서 설치한 신규고객 DB 사용법을 배우길 원한다. 박대리가 여기에 관심을 갖고 있다는 것은 팀으로서는 좋은 일이다. 왜냐하면 팀원들이 이 시스템에 익숙해질수록, 보다 신속하게 업무를 처리할 수 있기 때문이다. 또 박대리는 자신의 프레젠테이션 스킬을 향상시키고 싶어한다. 소심함과 자신감 부족 때문에, 자신이 추진하고 있는 프로젝트의 진행 현황을 동료들에게 효과적으로 전달하지 못하고 있다고 생각하기 때문이다.
역량개발 기간 "합의된 목표를 언제까지 달성할 것인가"	박대리는 지금부터 3개월 이내에 새로운 DB 사용법을 습득하기 위해 노력할 것이다. 또한 지금부터 2개월 이내에 프로젝트 진행 현황을 동료들에게 효과적으로 전달하는 것을 목표로 할 것이다.
역량개발 방법 "계획을 실행하기 위해서는 어떤 단계를 밟아야 하는가?"	IT 스킬을 개발하기 위해, 박대리는 새로운 DB 소프트웨어 회사에서 제공하는 온라인 교육을 받아야 한다. 프레젠테이션 스킬을 향상시키기 위해서는 대중 스피치에 관한 자료를 읽고, 프레젠테이션 교육을 받으며, 효과적인 프레젠테이션 장면을 몇 번 관찰한다.
역량개발 결과 "팀원과 팀장이 바라는 결과는 무엇인가"	IT 스킬과 관련된 결과물은, 박대리가 고객 데이터베이스에 실수 없이 자료를 입력하고, 올바른 형식의 보고서를 만드는 것이다. 프레젠테이션 스킬과 관련된 결과물은, 박대리가 자신의 프로젝트 진행 현황을 매주 또는 매월 동료들에게 효과적으로 전달하는 것이다.
역량개발 지원 "계획한 대로 목표가 달성되기 위해서는 어떤 도움이 필요한가?"	데이터베이스 스킬 향상 목표와 관련해서, 박대리에게는 새로운 DB 사용에 익숙해지기 위한 시간이 필요할 것이다. 안과장으로부터 IT 스킬에 대한 코칭을 받는 것도 도움이 될 것이다. 프레젠테이션 스킬 향상 목표와 관련해서, 박대리는 동료를 대상으로 프레젠테이션 연습을 하고, 피드백을 요청해야 할 것이다. 실제로 프레젠테이션을 한 후에는 팀장으로부터의 피드백도 도움이 될 것이다.

역량개발 계획을 수립할 때, 팀장은 반드시 그 목표와 실행계획에 대해 해당 팀원의 합의를 얻어내야 한다. 그리고 팀원이 그 계획을 실천할 의지를 가지고 있는가도 확인해 보아야 한다. 유용한 방법 중의 하나는, 팀원에게 이 목표를 달성함으로써 자신이 얻을 수 있는 혜택을 말해 보도록 요청하는 것이다.

팀장이 기대하는 답변의 예를 들면 다음과 같다. "데이터베이스 사용법을 배우게 되면, 더 나은 고객 서비스 제공을 위한 아이디어를 얻을 수 있을 것 같습니다. 그리고 프레젠테이션 기술이 향상된다면, 다른 사람드과의 업무 협력을 보다 잘 할 수 있을 것이라고 생각합니다."

실천도구
:: 팀원 역량개발 계획 수립 ::

팀원을 위한 역량개발 계획에는 팀원들이 역량을 개발하고, 향상시키기 위해 취해야 하는 행동 절차와 경력 목표를 파악하고, 팀원에게 필요한 지원, 자원과 교육 프로그램의 리스트를 만드는 것이 포함된다. 이 실천도구를 활용하여 팀원과 함께 그들의 역량개발 계획을 수립한다.

활용 방법

- □ 파트I 에서는, 팀원이 현재의 업무에서 뛰어난 성과를 성취하거나 승진하기 위해 개발하고자 하는 역량 목표를 기입한다. 이러한 역량개발 목표는 공식적인 성과평가를 통해 수립된 성과 목표와는 다르다. 그리고 목표의 달성여부를 측정할 방법과 달성기한을 기입한다. 그 다음에는 목표를 성공적으로 달성하기 위한 실행계획을 수립한다.
- □ 파트II 에서는, 전체적인 경력개발의 일환으로 성취하고자 하는 목표와 그것을 달성하기 위한 실행계획을 기입한다.

파트 I : 현재 업무 목표달성을 위한 역량개발 목표

역량개발 목표	목표 달성여부 측정 방법	달성 기한

목표 달성을 위한 실행계획

파트 II: 미래의 경력 개발을 위한 목표

경력개발 목표	목표 달성여부 측정 방법	달성 기한

목표 달성을 위한 실행계획

■ 역량개발 계획을 문서화한다.

팀장과 팀원이 역량개발 계획을 확정한 후에는 그 팀원 관련 기록부에 남겨두어야 한다. 면담 과정에서 팀장이 관찰했던 내용도 함께 기록해 둔다.

팀장이 팀원의 성과부진 문제를 처리할 때, 법적인 문제를 고려해야 하는 경우도 있다. 팀원의 성과기록과 관련된 회사의 절차를 잘 모른다면, 인사팀이나 법무팀에 자문을 구한다.

팀원의 성과부진 문제를 해결하기 위해 역량개발 계획을 수립했다면, 함께 나눈 모든 정보와 결정을 이해할 수 있도록 가능한 한 사실적으로 기록해 두는 것이 중요하다.

■ 추적관리(follow-up)를 한다.

계획을 수립한 후에는, 추적관리하는 것을 잊어서는 안 된다. 추적관리란 팀원과 함께 계획서에 명시된 단계와 일정대로 잘 진행되고 있는가를 정기적으로 점검하는 것을 의미한다.

이러한 점검을 할 때, 팀장은 필요에 따라 피드백, 코칭, 아이디어를 제공해 주고 격려해 준다. 예를 들어, 박대리가 안과장으로부터 멘토링을 받은 후 복도에서 박대리를 만났다면, 팀장은 다음과 같은 코칭 스킬을 사용해서 대화를 할 수 있을 것이다.

코칭 스킬	대화
팀원과 함께 추적관리	팀장: 박대리, 안과장과의 멘토링 시간은 어땠었나? 박대리: 좋았습니다. 많이 배웠고요. 그런데 데이터베이스의 보고서 작성 기능이 조금 복잡했습니다.
문제해결을 지원하기 위한 질문	팀장: 어떻게 하면 그 기능을 익히는데 도움이 되겠는가? 박대리: 글쎄요, 안과장님께 몇 번 더 교육을 받아보겠습니다. 그리고 매뉴얼도 다시 한번 보고요.
팀원을 지원해주고, 아이디어를 제안하며, 중간목표 설정	팀장: 좋은 생각이군. 일정을 정해서 알려 주게. 그리고 안 과장한테 데이터베이스의 기능을 연습할 시간을 추가로 요청해 보는 건 어떤가. 박대리: 예, 그렇게 하겠습니다.
칭찬과 격려	팀장: 박대리, 잘하고 있네. 자네의 자신감과 실천의지에 감탄했네.

공식적일 일정에 따라 진행 상황을 점검하는 것과 아울러 그 팀원과의 일상적인 만남 때 비공식적인 질문을 할 수도 있을 것이다.

팀원의 역량개발 계획수립과 그 목표 달성을 지원하는 것은 팀장의 업무에서 가장 중요한 부분 중 하나이다. 위에서 설명한 내용들을 실천함으로써, 팀장은 팀원들이 성과를 높이고, 팀과 회사에 더욱 가치 있는 공헌을 하도록 할 수 있다.

실천과제 4

회의 및 시간의 효율적 관리

    누구도 흥미 없는 일을 하고 싶어하지는 않지만, "아니요"라고 말할 수 있는 사람은 드물다. 특히 상사의 요청을 거절하기는 더 어렵다. 그래서 때때로 사람들은 자기가 할 수 있는 것 이상의 일을 떠맡게 된다. 그러나 팀장 역할을 시작하게 되면, 업무 현장에서의 자신의 성향을 이해하고, 취약점을 파악하는 것이 중요하다.

    "실천과제 4"에서는 팀장 역할에 수반되는 다양한 행정업무에 대한 책임(administrative responsibilities)을 효과적으로 수행할 수 있도록 도와주고, 회의 및 시간관리 능력을 향상시킬 수 있는 방안을 찾는데 도움이 될 것이다.

나는 어떤 시간관리 성향을 갖고 있는가?

팀장으로서 자신이 시간을 낭비하는 경향을 가지고 있는가를 파악하고, 만약 그렇다면 시간을 더 생산적으로 사용할 수 있는 방법을 찾아야 한다. 아래 질문을 통해 업무 현장에서의 내 시간관리 성향을 파악해 보자.

실천과제 4 회의 및 시간의 효율적 관리

※ 나 자신의 업무 수행 성향에 대해 생각해 보고, 각 문항에 대해 어느 정도 동의하는가, 또는 동의하지 않는가를 표시해 보자.

업무를 하면서, 나는 이러한 경향이 있다.	전혀 동의하지 않음				매우 동의함
1. 흥미 없는 업무는 미루거나 열심히 하지 않는다.	1	2	3	4	5
2. 감당할 수 있는 것보다 더 많은 일을 맡거나 책임지곤 한다.	1	2	3	4	5
3. 팀원들이 할 수 있는 일을 내가 직접 수행하곤 한다.	1	2	3	4	5
4. 팀원 스스로 해결할 수 있는 문제도 내가 대신 해결해 주곤 한다.	1	2	3	4	5
5. 참석할 필요가 없는 미팅에 참석하곤 한다.	1	2	3	4	5
6. 긴급하지 않거나, 불필요한 E-mail 확인과 응답에 지나치게 많은 시간을 보내곤 한다.	1	2	3	4	5
7. 업무를 하던 중에 다른 업무를 했다가 다시 원래의 업무로 돌아오는 것을 자주 반복한다.	1	2	3	4	5

▶ 응답결과에 대한 피드백은 다음 페이지에서 확인할 수 있다.

나는 어떤 시간관리 성향을 갖고 있는가?

팀장으로서 자신이 시간을 낭비하는 경향을 가지고 있는지를 파악하고, 만약 그렇다면 시간을 더 생산적으로 사용할 수 있는 방법을 찾아야 한다.

아래 표에 팀장들이 시간을 현명하게 사용하는 것을 방해하는 일반적인 함정들이 있다. 앞에서 진단한 나의 시간관리 성향과 맞는 부분이 있다면, **해당 항목은 내가 시간을 잘 관리하지 못하고 있는 영역**을 나타낸다.

시간관리에 대한 바람직한 습관을 가지고 있다고 하더라도, 향후 잘못된 습관을 가지게 되는 것을 예방하기 위해, 오른쪽 열에 제시되어 있는 시간 낭비에 대해 알아보도록 하자.

업무를 하면서, 나는 이러한 경향이 있다.	성향 판단
흥미 없는 업무는 미루거나 열심히 하지 않는다.	이 응답은 **일을 지연시키는 경향**이 있다는 것을 나타낸다. 사람들은 종종 흥미가 없거나, 즐겁지 않은 업무를 미루게 된다. 도전을 받아들일 각오가 되어 있지 않거나, 또는 그 업무 자체에 압도되었을 수도 있다.
감당할 수 있는 것보다 더 많은 일을 맡거나 책임지곤 한다.	이 응답은 **감당할 수 있는 것 이상의 업무를 맡는 경향**을 나타낸다. 대부분의 사람들은 다른 사람에게 "아니요"라고 말하는 것을 어려워한다. 그 대상이 상사인 경우에는 특히 그렇다.
팀원들이 할 수 있는 일을 내가 직접 수행하곤 한다.	이 응답은 **효과적으로 위임을 하지 못하고 있을 가능성**을 나타낸다. 팀장은 직접 업무를 하기 보다는 업무위임 계획을 세우고, 팀원들에게 자원을 배분하며, 팀원들이 필요로 하는 코칭을 하는데 더 많은 시간을 보내야 한다.
팀원 스스로 해결할 수 있는 문제도 내가 대신 해결해 주곤 한다.	이 응답은 **팀원이 해결할 문제를 팀장이 떠맡는 경향**을 나타낸다. 많은 팀장들이 팀원이 스스로 문제를 해결할 수 있도록 도와주기 보다는, 그 문제를 대신 떠맡아 버리곤 한다.
참석할 필요가 없는 미팅에 참석하곤 한다.	이 응답은 **불필요한 회의에 참석하는 경향**이 있다는 것을 나타낸다. 많은 팀장들이 업무 시간의 대부분을 차지하는 요인으로 회의를 지목한다. 참석할 회의의 수와 자신이 주관하는 회의의 내용, 그리고 진행 방법을 효과적으로 관리함으로써 시간을 절약할 수 있을 것이다.
긴급하지 않거나, 불필요한 E-mail 확인과 응답에 지나치게 많은 시간을 보내곤 한다.	이 응답은 **자신의 시간을 체계적으로 사용하고 관리하기 보다는 e-mail이 업무 시간을 장악하도록 허용하는 경향**이 있다는 것을 나타낸다. 시간을 더 효율적으로 사용하기 위해서는, 하루 중 일정한 시간을 정해서 급하거나 중요한 메일을 처리하도록 한다. 급하지 않거나 불필요한 메일들은 한 폴더에 모아두었다가 나중에 처리하거나 한꺼번에 삭제하도록 한다.
업무를 하던 중에 다른 업무를 했다가 다시 원래의 업무로 돌아오는 것을 자주 반복한다.	이 응답은 우선순위를 정하여 중요한 업무에 초점을 맞추는 대신 **모든 요청에 즉각적으로 응답하는 경향**이 있다는 것을 나타낸다. 업무 사이에서 왔다 갔다 하는 것은 원래 업무로 다시 돌아가 집중하는데 시간이 걸리기 때문에 비효율적이다. 연구결과에 의하면, 다른 업무를 했다가 본래의 업무로 돌아오는 것은 업무 효율성을 20~40% 정도 감소시킨다고 한다.

학습목표

- 행정업무를 효율적으로 수행하는 것의 중요성을 이해하고, 이를 위해 필요한 역량과 자원들을 파악한다.
- 대면 회의가 필요한 경우와 대면 회의 대신에 다른 의사소통 방법을 사용할 수 있는 경우를 구분하는 방법에 대해 살펴본다.
- 생산적인 회의 진행방법에 대해 학습한다.
- 시간이 소중한 자원이라는 것을 알고, 효율적인 시간관리 방법에 대해 학습한다.

☞ 팀장으로서 해야 하는 행정업무, 회의, 시간관리에 있어서 겪는 어려움은 무엇인가?

_____
_____
_____
_____
_____
_____

1. 행정업무 책임자로서의 역할

행정 업무 책임자로서의 역할

▲ 행정 업무의 중요성
- 팀원과 공급자, 고객, 주주까지 공정하게 대응하는데 도움이 됨
- 문서화 및 팀에서 적절한 절차를 따르고 있다는 것을 보여줌

▲ 행정 업무의 종류
- 팀 운영에 필요한 비용 지출 관리
- 팀원관계, 충원, 성과 관리, 윤리 정책과 일치하도록 문서화
- 회사가 속한 특정 산업 분야와 관련된 규제에 대해 문서화
- 회사 기밀 보호

▲ 행정 업무 수행의 참고 자료
- 회사 편람
- 회사 인트라넷
- 교육 프로그램
- 인사팀, 재무팀, 법무팀

팀장 역할에서 행정책임자(administrator)로서의 업무는 중요한 부분을 차지한다. 행정업무를 수행함으로써, 팀장은 회사의 가치와 법적, 규정상의 요구를 지키면서 회사가 원하는 결과를 달성할 수 있도록 한다.

팀장의 행정업무에는 다음과 같은 것들이 포함된다.

- 팀 운영비 및 예산 지출을 기록 관리한다.
- 팀원 근태 및 고충 관리, 성과관리, 그리고 직장 윤리와 관련해 회사의 정책을 따르고 있는가를 기록 관리한다.
- 회사가 속한 특정 산업 분야에 대한 정부 규제를 따르고 있는가를 기록 관리한다.
- 회사의 기밀을 보호한다.

■ 행정업무가 왜 중요성한가?

어떤 팀장들은 행정업무를 자기의 "실제" 업무를 하지 못하게 하는 방해물로 보기도 한다. 하지만 이러한 책임을 다함으로써, 팀장은 팀원, 공급자, 고객, 그리고 주주에 이르기까지 공정하게 대우할 수 있도록 돕게 된다. 또한 지속적인 기록과 문서 관리를 통해, 팀장은 자기 팀이 적합한 절차를 따르고 있다는 것을 보여주게 된다.

행정업무를 제대로 수행하지 않는다면, 나중에 문제가 될 수 있다. 예를 들어, 팀장이 팀원의 저조한 성과에 대한 기록을 남기지 않았다고 하자. 성과가 개선되지 않는다면, 결국 그 팀원을 해고시켜야 할 경우도 있다. 이런 경우, 그 팀원은 회사를 부당 해고로 고소할지도 모른다. 만약 팀장이 그 팀원의 저조한 성과를 문서로 기록해 두지 않았다면, 이를 증명할 증거자료를 제시하지 못할 것이다.

팀원 근태관리, 지출 결의서 승인, 구매 주문서 승인, 그리고 활동 보고서를 평가하는 것과 같이 비교적 쉬운 업무도 있다. 이러한 업무는 일간 또는 주간 업무에 포함시킨다.

만약 어떤 행정업무를 해야 하는지 잘 모르겠다면, "기록과 보관" 실천도구를 활용하여 팀장이 수행해야 하는 주요 행정업무들과, 각 업무에 대한 핵심 정보를 파악하도록 한다.

이러한 일상적인 업무 이외에, 팀장은 회사의 정책과 절차에 더 세밀한 주의를 요하는 상황들을 만나게 될 것이다. 아래의 사례들을 읽어보자.

- 어떤 팀원이 성희롱을 당했지만, 이것을 인사팀에 알리는 것이 두렵다고 말한다. 팀장은 이것을 인사팀에 보고할 법적인 책임이 자기에게 있는지 확신할 수가 없다. 이러한 경우에 회사 규정은 그 팀원을 보호하고, 팀장을 위험에 처하지 않게 하면서 이 일을 처리할 수 있는 방법을 제시해 줄 것이다.

- 팀장이 팀원을 채용할 경우에 윤리적 또는 남녀고용 평등법과 같은 법적인 문제가 발생할 수 있다. 이러한 상황을 피하기 위해, 팀장은 회사의 채용 절차를 따르고, 인력을 충원하는 것과 관련된 모든 활동을 인사팀과 긴밀하게 협조하여 진행해야 한다.

회사의 규정은 이러한 상황을 적절하게 처리할 수 있도록 돕기 위해 만들어진 것이다. 신임팀장은 이러한 상황에서 자신의 재량에 따라 행동할 것인지, 아니면 회사의 규정을 철저하게 지켜야 할지를 판단하는데 어려움을 겪을 수 있다.

어떻게 해야 할 것인지 확신이 서지 않는 상황에서는 항상 조심하고, 해당 분야의 전문가에게 자문을 받는 것이 좋다.

■ 행정업무의 종류

아래에는 팀장이 수행해야 하는 가장 일반적인 행정업무들이 열거되어 있다.

업무	구체적인 책임
팀원 충원	· 직무 명세서 작성 · 충원 공고 · 인터뷰 수행 · 공식적인 충원 제의
급여, 교육, 복리후생	· 급여 결정 및 평가 · 휴가 요청 및 교육 지원과 관련된 승인
팀원 관리	· 팀원 고충 처리 · 근로계약 이행 · 팀원 복장, 성희롱, 직장윤리 등에 관한 규정 집행
성과 관리	· 팀원들에 대한 공식적인 성과평가 실시 · 저조한 성과에 대한 문서화 및 구두 경고와 만족스럽지 못한 성과에 대한 평가서 전달
산업 관련 법규 이행	· 외부 공급자, 유통 채널 파트너, 그리고 고객과의 관계에 대한 문서화 · 품질관리 기준 설정 · 환경, 안전 기준 준수 등 해당 산업에 관련된 사항 기록 보관
예산 및 지출	· 구매 주문과 비용 보고서 평가 · 예산과 실제 집행 결과를 비교 검토하고, 일치되지 않는 것이 있는지 조사 · 다음 해의 예산안 준비
문서 관리	· 계약서, 보고서, 감사 기록, 전화 기록, 법률 보고서 등의 중요한 문서 기록 보관 · 만약 회사가 가이드라인을 제공하지 않는 경우, 주요 문서를 보관하는 가장 좋은 방법 개발
기밀 유지	· 고객 정보의 비밀유지 · 저작권 유지 또는 거래 비밀 유지 · 팀원 신상 기록에 대한 비밀 유지
응급상황 대비	· 응급상황 발생시 중단 없이 고객 서비스를 제공하기 위한 절차를 포함한 응급상황 처리 절차를 최신의 것으로 유지. · 대부분의 조직에서는 책임자를 지정하여 이러한 계획을 관리하도록 한다. 책임자는 팀장이 계획을 수립할 수 있도록 양식을 보내주고, 이러한 계획들을 최신 것으로 유지해야 한다.
공급자/계약자 관계	· 공급자 및 계약자와 공정한 관계를 유지; 예를 들면, 사전에 승인된 공급자 리스트에 있는 공급자와만 거래한다. · 기존의 또는 미래의 공급자로부터의 선물은 받지 않는다.
자료 보안과 적절한 사용	· 팀원들의 인터넷 및 email 사용과 관련된 정책 시행. · 내부 웹 사이트 등에 대한 비밀번호 관리.

실천도구
:: 기록과 보관 ::

많은 팀장들이 "기록과 보관"을 중요하지 않은 일이라고 생각한다. 하지만 기록을 남기는 것이야말로 팀장의 핵심 업무 중의 하나라고 볼 수 있다. 이 실천도구를 활용하여 문서화 해야 하거나, 기록해야 할 내용의 윤곽을 잡는다. 이 도구를 완성하기 위해서는 HR팀 또는 상사의 도움이 필요할 수도 있다.

내가 기록 관리해야 할 책임이 있는 것		
영 역	해야 할 일	빈 도
팀원 충원	·	
급여, 교육, 복리후생	·	
팀원 관리	·	
성과 관리	·	
산업 관련 법규 이행	·	
예산 및 지출	·	
문서 관리	·	
기밀 유지	·	
응급상황 대비	·	
공급자/계약자 관계	·	
자료 보안과 적절한 사용	·	

실천과제 4 회의 및 시간의 효율적 관리

■ 행정업무 수행에 대한 참고자료

팀장이 수행해야 하는 행정업무에 대해 완전하게 이해하기 위해서는 조직 내 다른 사람의 도움이 필요할 것이다. 회사에서도 이와 관련된 교육을 해 줄 것이다. 아울러 다음 자료가 도움이 될 것이다.

☐ **회사 편람:**
회사 편람은 회사 정책에 대한 많은 정보를 담고 있다. 팀장으로서의 새로운 업무를 시작할 때, 회사 정책과 절차 안내서를 받아 보았을 것이다. 행정적인 문제를 어떻게 처리해야 할지 모르는 경우에는, 먼저 이 책들을 찾아본다.

☐ **회사 인트라넷:**
회사는 팀장이 충원과 같은 행정적인 절차를 수행하는 것을 돕기 위해 인트라넷 사이트를 운영하고 있을 것이다.

예를 들어, 팀 내 공석이 생겼다면, 팀장은 이 사이트에서 구인 공고를 하고, 지원한 후보자들의 이력서를 살펴볼 수 있을 것이다. 이 사이트는 인사관리와 관련된 질문들에 답을 제공해 주고, 여러 가지 행정업무를 처리하는데 필요한 서식을 제공해 줄 것이다.

☐ **교육 프로그램:**
회사에서 팀장을 위한 교육을 제공한다면, 반드시 받도록 한다. 만약 회사가 팀장을 위한 공식적인 교육을 제공하지 않는다면, 상사 또는 HR팀과 함께 자신이 수행해야 할 행정업무에 대해 명확하게 이해하고 있는가를 점검해 본다.

행정업무를 수행함에 있어, 그 업무 뒤에 숨어있는 원리를 이해하기 위해 노력한다. 이것은 왜 그 업무를 사전에 정해진 방법대로 수행해야 하는가를 이해할 수 있도록 도와줄 것이다.

예를 들어, 직무기술서에 근거해서 급여 수준을 정하도록 한 회사의 보상 기준을 모르고 있었다면, 적정 수준보다 높거나 낮은 급여가 결정되도록 업무를 기술할 수도 있을 것이다.

☐ **인사팀, 재무팀, 법무팀:**
대부분의 회사는 인적자원, 재무관련 이슈, 그리고 법률적인 문제를 담당하는 팀 또는 담당자를 두고 있다.

인사관리, 재무관리, 그리고 법률 또는 규제와 관련된 문제에 대해서는, 이들에게 도움을 요청하도록 한다.

실천도구
:: 팀 행정업무 관련 연락처 ::

팀 운영 관련 행정업무에 도움을 줄 수 있는 사람들을 파악함으로써, 관련 질문에 대한 답을 빠르게 받을 수 있다. 이 실천도구를 활용하여 팀 운영에 관한 질문이 있을 때 접촉할 수 있는 사람과 자원을 파악한다.

팀 운영 관련 연락처

사람/팀	연락방법	관련 사항
		· ·
		· ·
		· ·
		· ·
		· ·
		· ·
		· ·
		· ·
		· ·

2. 회의 어떻게 생산적으로 할 것인가?

생산적인 회의 운영

회의 필요성
- 정보 공유
- 의사 결정
- 문제 해결
- 혁신 촉진

회의 준비
- 회의 목표 명확화
- 회의 안건(agenda)
- 사전에 주요 이해관계자들의 의견 타진
- 참석자 결정
- 시간과 장소와 같은 세부 사항 결정
- 회의 관련 자료 미리 배포

회의 운영
- 정시에 시작
- 시작할 때에 회의의 목적을 다시 한번 언급
- 서기를 지정 : 플립 차트나 화이트보드에 핵심 포인트를 기록
- 대화가 주제를 벗어나지 않도록 하고, 모든 사람이 참여
- 실천 중심적인 회의
- 남아있는 주제와 관련없는 사람들은 회의 장소를 떠날 수 있도록 배려
- 결정사항을 정리

잘 진행된 회의는 팀의 결집된 역량을 통해 어려운 의사결정을 하거나, 혁신적인 새 전략을 수립할 수 있도록 한다.

반면, 잘 진행되지 않은 회의는 시간과 비용만 낭비시킨다.

팀장이 주관하는 회의가 가치 있고, 생산적으로 되기 위해서는 어떻게 해야 할까? 먼저 회의의 필요성을 판단하는 것에서부터 시작하자.

■ 왜 회의가 필요한가?

많은 팀장들이 e-mail이나 문자 메시지, 또는 문서 등과 같은 방법을 통해서 충분히 커뮤니케이션할 수 있는 일에도 회의를 하곤 한다. 회의 일정을 잡기 전에, 달성하고자 하는 목표가 무엇인지 생각해 보고 그 목표를 달성하기 위해 반드시 직접 만날 필요가 있는가, 자신에게 물어본다.

회의를 하는 목적은 다음과 같다.

- □ **정보 공유:** 새로운 소식 전달, 당면 문제에 대한 설명, 참석자들에게 질문, 질문에 답변, 기획, 동기 유발, 협동과 신뢰 구축 등
- □ **의사 결정:** 최선의 선택을 하기 위해 참석자들이 가지고 있는 다양한 경험, 스타일, 관점 등을 활용
- □ **문제 해결:** 참가자들이 가지고 있는 다양한 전문지식을 활용하여 어려운 문제에 대한 창조적인 해결책 개발
- □ **혁신 촉진:** 업무 프로세스를 개선하거나, 신제품을 개발하기 위해 상호간에 독려

많은 경우에, 회의를 하지 않고도 위와 같은 목적을 달성하는 것이 가능하다.

핵심은 이러한 목적을 달성하는데 있어, 회의를 하는 것이 가장 좋은 방법인가를 판단하는 것이다.

일반적으로, 회의를 하는 이유는 참석자들간에 대화를 하기 위해서다. 예를 들어, 팀장이 새로운 회사 정책을 팀원들에게 전달하기를 원한다고 하자. 다수의 질문과 우려가 예상된다면, 이러한 질문과 우려에 즉각적으로 응답할 수 있도록 회의를 하는 것이 좋을 것이다. 하지만, 그 내용을 일방적으로 전달하고자 한다면, e-mail이나 문서를 활용하는 것이 더 나은 선택일 것이다.

회의는 얼굴과 얼굴을 맞대고 이루어지기 때문에, 팀 전체 동기유발을 하거나 활력을 주고 싶을 때, 또는 자신의 관점에 동의하도록 팀원들을 설득하고자 할 때 가장 효과적이다. 그리고 혼자 책상에 앉아 결정하기 보다는 팀원들과 함께 의논할 때 더 나은 결정과 창조적인 해결책을 찾을 가능성이 높다. 그러므로 회의는 의사 결정이나 브레인스토밍을 하는데 효과적이다.

실천도구
:: 회의 필요성에 대한 평가 ::

회의를 하지 않고도, 목표를 달성할 수 있는 경우가 있다. 목표달성을 위해 회의를 하는 것이 가장 효과적인가를 파악하는 것 자체가 큰 어려움이 될 수 있다. 이 실천도구를 활용하여 회의 소집 여부를 결정한다. 만약 회의를 하기로 결정했다면, 가능한 짧게 하고, 목표를 달성하는데 초점을 맞춘다.

회의 목적
회의 목적은 무엇인가?

-
-
-
-

회의 목적 평가

다음의 질문에 응답함으로써, 회의 목표에 대해 생각해 보자.	예	아니오
1. 회의로부터 도출될 명확한 실천 사항이나 결론이 있겠는가? (예, 회의가 자유토론 그 이상이겠는가?)		
2. 개별적으로 만나는 것보다 그룹으로 만나는 것이 더 효과적인가? (한 방에 10명이 모여 한 시간 동안 회의를 하는 것과 10명을 각각 만나 10분씩 이야기하는 것 중 어느 쪽이 비용이 더 많이 발생하는가 생각해 본다.)		
3. 얼굴을 맞대고 회의를 하는 것에 이점이 있는가? (예, 다른 사람이 말하는 것에 따라 대응해야 하거나, 즉시 답변되어야 할 질문이 있겠는가?)		
4. 회의의 결과물이 서로의 아이디어에 대해 토의하고, 제안하는 것을 통해 산출되겠는가? (예: 평가인가? 브레인스토밍인가?)		

위의 질문들에 "예"라고 응답했다면, 만나서 회의를 하는 것이 좋을 것이다. 최종 결정을 하기 전에 아래의 사항들에 대해서도 생각해 보자.

- 참석자들에게 질문할 수 있는 기회를 제공하고 싶을 때를 제외하고는 정보제공 성격의 회의는 대부분 불필요하다. 자료를 사전에 배포하고, 회의시간을 문제를 해결하고 질문에 응답하는 시간으로 활용하면 더 짧게 끝낼 수 있다.
- 다양한 배경과 관심사를 가지고 있는 사람들이 함께 모일 때 더욱 창조적인 아이디어를 내거나, 더 나은 결정을 하는 경향이 있다. 주요 결정 과정에 다양한 사람들을 참여시키려고 할 때에는, 회의가 효과적이라고 할 수 있다.
- 회의는 그것이 비록 일방적인 커뮤니케이션으로 진행될지라도, 사람들에게 동기를 유발하는 좋은 방법이다. 그러나 이런 회의는 반드시 짧게 끝내고, 고무적으로 될 수 있도록 한다.
- 일상적인 회의(동일한 사람들과 동일한 시간에 이루어지는)는 대개의 경우 불필요하거나, 최소한 더 효과적이 될 필요가 있다.
- 회의를 해야 효과적인 경우도 있다. (예, 만약 사람들이 의사 결정에서 소외되고 있다고 느끼고 있다는 이야기를 듣게 된 경우에는, 회의를 통해서 그들의 신뢰를 다시 찾을 수 있을 것이다.)

■ 회의 준비를 한다.

회의를 하는 것이 좋겠다고 판단했다면, 그 회의를 효과적으로 준비하고 운영하는 절차 역시 필요하다.

중요한 업무를 수행할 때와 똑같은 정도의 노력을 기울여서 회의에 접근할 필요가 있다. 회의를 통해 달성하고자 하는 것과 참석자들에게 기대하는 것이 무엇인지를 명확하게 하는 것에서부터 시작한다.

일단 회의 목적을 파악했으면, 아래의 절차를 따름으로써 그 목적을 달성하기 위한 토대를 만들어 둔다.

1. **회의 목표를 명확하게 한다:** 회의 시간에 달성하고자 하는 것과 회의가 끝난 후에 사람들이 무엇을 해 주기를 바라는가?

   예) 회의 목표는 회사 신제품을 더 많이 알릴 수 있는 방법을 브레인스토밍 하는 것이다. 그리고 회의가 끝난 후에는 참가자들이 낸 아이디어 중 실현 가능성이 높은 아이디어의 목록을 작성하고자 한다.

2. **안건(agenda)을 만든다:** 목표를 달성하기 위해, 회의 안건을 어떻게 구성할 것인가를 정한다.

   예) 신제품에 대해 10분 정도 프레젠테이션 한 후에 적절한 판매 방법을 찾기 위한 브레인스토밍 세션을 가진다.

3. **주요 이해관계자들의 의견을 미리 타진한다:** 회의를 시작하기 전에 주요 이해 관계자들이 회의의 중요 안건에 대해 어떻게 생각하고 있는지를 안다면, 회의 준비를 더 잘 할 수 있을 것이다. 회의 시간에 그들이 우려하는 바를 이해하고 처리한다면, 원하는 결과를 달성할 가능성이 더 높아지게 된다.

4. **참석할 사람을 결정한다:** 회의의 목표를 달성하는데 공헌할 수 있는 사람만 초대한다. 예를 들어 이 사람이 중요한 이해관계자인가, 아니면 제품을 판매하는데 필요한 가치 있는 관점을 가지고 있는 사람인가를 판단해 보자.

   참석자가 많을수록 토의에 소요되는 시간이 길어질 것이다. 반면에, 참석자가 너무 적으면 다양한 이해관계 및 관점을 제공하지 못할 것이다.

5. **시간, 장소와 같은 세부 사항을 결정한다:** 모든 안건을 처리하는 데 어느 정도의 시간이 소요될 것인지 계산해 본다. 또 어디에서 만날 것인지도 생각한다.

   창의성을 활용하고자 할 때, 평상시에 사용하는 회의실은 적합한 장소가 아닐 것이다. 색다른 장소에서 회의를 한다면, 일상적인 사고 틀에서 벗어나서 생각할 수 있도록 도와줄 것이다.

6. **회의 관련 자료를 사전에 배포한다:** 사전에 회의 안건과 자료들을 배포하여, 참석자들이 미리 검토할 수 있도록 한다. 참석자들이 사전 조사를 해 오거나, 아이디어 목록을 가져오기를 원한다면 반드시 미리 알려준다.

실천도구
:: 회의 준비 ::

목표를 달성하는데, 회의를 하는 것이 가장 좋은 방법이라고 결정하였다면, 이 실천도구를 활용하여 회의를 준비하도록 한다.

회의 안건 준비

회의 목적을 감안하여, 회의 안건을 도출하고, 각 안건을 어떻게 관리할 것인가에 대한 계획을 세운다. 회의의 안건은 5개 이하로 제한하도록 한다.

안 건	목 적	책임자	소요시간	참가자의 사전 준비 사항 (필요한 경우)

회의 참가자

회의 안건을 기준으로, 누가 회의에 참석해야 하는가와 그 이유를 적는다. (예: 김 대리는 이 결정에 의해 가장 큰 영향을 받게 될 고객을 관리하고 있다.) 중요한 이해 관계자들은 모두 포함시키도록 한다. 만약 의사결정을 하거나 혁신을 원한다면, 다양한 관점과 전문성을 가진 사람들을 선택하도록 한다.

이 름	왜 이 사람이 참석해야 하는가?

회의 일시

- 하나의 안건을 처리하는데 필요한 시간을 예측하여 회의 시간을 정한다. (예. 1시간)
- 하루 중 언제 만나는 것이 효과적인가 생각해 본다. (예, 대부분의 사람들은 아침에 더 창조적이다.)
- 참석 가능 여부를 확인한다. 모든 사람의 일정에 맞추기 위해 회의 시간을 복수로 할 수도 있다.

회의 장소

- 어디에서 만날 것인가?
- 만날 장소를 선택할 때, 달성하고자 하는 바를 고려한다. (예컨대 사각 테이블은 자유로운 상호작용에는 좋지 않고, 원탁 테이블은 개방된 대화에 적합한 자유로운 환경을 만든다.)
- 원하는 시간에 그 공간을 사용할 수 있는가?

실천도구
:: 회의 안건 ::

모든 회의는 안건으로부터 시작된다. 이 실천도구를 활용하여 효율적이고, 생산적인 회의를 할 수 있도록 안건을 도출한다.

회의 안건 작성	
회의 주제	
회의 일시	
회의 장소	
참가자	
회의 목적	
회의 시작 전에 완료할 사항	
검토를 위해 사전에 배포할 자료	

안건 및 종류 (프리젠테이션, 브레인스토밍, 평가, 의사결정)	담당자	소요 시간

실천과제 4 회의 및 시간의 효율적 관리

팀장의 8가지 실천과제

■ 회의를 진행한다.

생산적인 회의를 위해 세심하게 준비하였다면, 이제 회의를 진행하면서 참석자들로부터 최대한의 것을 이끌어 내야 한다. 아래 사항들이 도움이 될 것이다.

☐ **정시에 시작한다:** 회의를 늦게 시작하면, 정시에 도착한 사람들의 시간을 낭비하고, 늦게 참석한 사람들에게 보상하는 결과가 된다.

☐ **시작할 때에 회의 목적을 다시 한번 말한다:** 참석자들에게 회의를 통해 달성하고자 하는 바를 다시 한번 알려준다. 예를 들어, 브레인스토밍을 원하는가, 아니면 특정 아이디어에 대한 찬성과 반대 토론을 원하는가?

☐ **서기를 지정하여 플립 차트나 화이트 보드에 핵심 사항을 기록하도록 한다:** 이것은 참석자들이 계속해서 집중할 수 있도록 하고, 회의 진행 중에 달성한 것을 시각적으로 보여 준다.

☐ **대화가 주제를 벗어나지 않도록 하고, 모든 사람이 참여하도록 한다:** 주제에서 벗어난 아이디어는 기록해 놓고, 별도의 시간을 내어 처리하자고 제안한다. 한 사람이 대화를 장악하고 있다면 정중하게 중단시키고, 침묵을 지키고 있는 참석자가 이야기 할 수 있도록 독려한다.

☐ **실천 중심적인 회의가 되게 한다:** 목표를 달성하기 위한 실천방안에 초점을 맞추도록 한다.

☐ **남아있는 안건과 관련없는 사람들은 회의 도중에 나갈 수 있도록 배려한다:** 예를 들어, 남아 있는 회의 안건이 소프트웨어 데모 만들기이라면, 광고 기획자는 회의에 계속 참가할 필요가 없을 것이다.

☐ **결정된 사항을 정리한다:** 회의를 끝낼 때, 플립 차트나 화이트보드에 기록된 내용을 다시 한번 읽어 주고, 참석자 모두가 여기에 동의하는지 확인한다. 각 결정 항목에 대해 책임지고 추진할 지원자가 있는지 물어 본다. 각 결정항목을 완수하는데 필요한 기간을 정하고, 전체 일정을 문서화하도록 한다.

☐ **종료시간을 정확히 지킨다:** 회의를 정시에 끝내도록 한다. 한 가지 이슈 때문에 회의가 진척이 되지 않는 경우에는 과감하게 다음 주제로 넘어가도록 한다. 필요한 경우 해결되지 않은 이슈는 별도 회의에서 처리하도록 한다.

■ 후속조치(follow-up)를 한다.

회의가 끝나고 회의실에서 걸어 나오는 것으로 모든 일이 끝난 것은 아니다. 회의에서 결정된 것들이 실행되도록 하기 위해서는

☐ **회의가 종료된 후에 회의내용을 정리하여 참석자들에게 전달한다:** 플립 차트에 기록된 내용과 "회의 종료 후의 커뮤니케이션" 실천도구를 활용하여, 짧은 감사의 말과 함께 회의에서 결정된 사항에 대한 전체적인 요약과 실행할 사항, 그리고 일정을 정리해서 보내도록 한다. 실행할 사항을 완수하기 위해 필요한 정보가 있다면, 함께 포함시키도록 한다.

회의 때 토론에 동참하지 않았거나, 결과에 만족하지 못하는 사람들은 개인적으로 만나 설명하도록 한다. 이러한 과정을 통해 가치 있는 피드백을 수집하고, 회의 내용을 바탕으로 팀장이 내린 결정에 대해 다른 사람의 동의를 얻을 수 있을 것이다.

☐ **필요하다면, 추가 회의 일정을 잡는다:** 추가 회의 필요성 여부를 검토한다. 목표를 달성하는데 있어, 추가 회의를 하는 것이 가장 적합한 방법인가? 그렇다면, 사람들이 이번 회의에서 책임 맡은 업무를 완료하는데 어느 정도의 시간이 걸릴지 예측해 보고, 그에 따라 다음 번 회의 일정을 잡도록 한다.

■ 생산적인 회의를 위한 지침

회의는 팀장이 수행해야 하는 중요한 책임 중의 하나이다.

팀장들은 너무 많은 시간을 회의에 참석하고, 회의를 주재하며, 회의를 준비하고 후속조치를 하는데 사용한다고 한다. 그리고 자신이 참석한 회의의 상당 부분을 불필요한 것으로 생각한다고 한다.

아래에 회의를 생산적으로 관리하기 위한 지침들이 있다.

1. 시간을 들여 준비한다:
   즉흥적으로 회의를 진행하기 보다는, 사전에 계획을 세워 진행하는 것이 더 생산적이다. 회의 한 시간당 한 시간 이상 준비하는 것이 적절하다.

2. 모든 회의는 4가지 기능을 가져야 한다:
   참석, 진행 관리, 정보 관리, 그리고 의사 결정. 회의 참석자와 팀장이 각 기능이 어떻게 관리되어야 할 것인가를 의식적으로 선택할 때, 그 회의는 가장 효과적이게 된다.

3. 회의를 하는데 있어 핵심은 합의에 도달하도록 하는 스킬이다.
   참가자가 합의에 도달할 수 있도록 함으로써, 협력을 위한 확고한 기초를 다지게 된다.

4. 회의에 참석한 모두는 회의를 성공시키는 데에 어떤 역할이든 반드시 기여하여야 한다.

5. 그룹 활동을 원활하게 하기 위해 사용하는 회의 도구(tool kit)를 모든 참석자가 함께 사용해야 된다.
   회의에 참석한 모든 사람이 이 도구를 사용할 수 있어야 하고, 서로를 이해하고 합의에 도달하는 데에는 다양한 방법이 있다는 것을 알아야 한다.

6. 회의에서 무엇을 기대해야 할 것인가를 공유함으로써 한 방향으로 나아가고, 성공에 대한 책임을 함께 갖도록 한다.

7. 성공적인 회의는 최소한 다음 요소를 가지고 있어야 한다.
   - 회의 성공에 대한 공동의 책임감, 회의 참석자 모두의 협조적인 자세, 전략적인 사고, 유연한 행동.

8. 모든 회의에는 "원하는 결과"를 분명하게 갖고 있어야 한다.
   원하는 결과는 그 회의가 달성하고자 하는 목표, 즉 예상 결과를 말한다. 원하는 결과는 "이 회의가 끝날 때, 무엇을 가지고 나와야 하는가"라는 질문에 대한 답변이다.

9. 안건은 회의의 로드맵으로써, 원하는 결과를 달성해 나가면서 필요에 따라 수정될 수 있어야 한다.

10. 안건에 대해 사전에 동의를 구하는 것은, 협력을 용이하게 하는 좋은 습관 중의 하나다.

실천도구
:: 회의 종료 후의 커뮤니케이션 ::

생산적으로 진행된 회의는 결정된 사항에 대한 요약과 실행계획의 문서화로 마무리된다. 이 실천도구를 활용하여 회의에서 했던 주요 결정들을 파악하고, 회의 목표를 달성하기 위해 해야 할 다음 단계에 대해 알아 본다.

회의 요약 및 후속조치			
회의 주제			
회의 일시			
참석자			
회의 목표			
결정된 사항	· · · ·		
실행 사항		책임자	완료일
다음 회의 날짜			

3. 시간관리 어떻게 효율적으로 할 것인가?

효율적인 시간 활용

시간 사용 지침
- 우선순위가 가장 높은 목표 추진에 시간을 먼저 배분
- 전화응대나 다른 사람의 방해를 받지 않는 혼자만의 집중시간을 매일 확보
- 하루 중 가장 에너지 수준이 높은 때와 가장 낮은 때를 파악
- 긴급하거나 예상 밖의 일에 대처할 수 있는 예비 시간 확보
- E-mail 응답, 문서작업, 전화 걸기와 같은 업무는 모아서 한꺼번에 처리

시간 관리에 있어서의 일반적인 함정
- 업무를 미룸
- 지나친 업무 확장 - 스스로 감당할 수 있는 이상의 업무
- 위임 실패 - 팀원들이 처리할 수 있는 업무를 스스로 처리
- 팀원들이 자기 문제를 팀장에게 넘기는 것을 허용 - 스스로 해결을 도와줌
- 불필요한 출장 - 전화 또는 화상회의로 대체
- 불필요한 회의 참석 - 다른 사람이 참석하거나, email 또는 서류로 대체

  일을 하면서 쫓기는 기분이 자주 들거나, 중요한 일이나 사람들에게 원하는 만큼의 시간을 사용하지 못하고 있다는 느낌이 든다면, 시간관리 역량을 향상시킬 필요가 있는 것이다.

  서두르거나 대응적인 업무 스타일은 계획한 대로 시간을 사용하지 못하게 하고, 처리되어야만 하는 중요한 업무로부터 멀어지게 할 것이다.

  효과적인 팀장들은 주어진 모든 이슈들에 즉각적으로 대응하지 않는다. 또 그들은 e-mail, 회의, 그리고 예상치 못한 상황들이 목표 달성을 방해하도록 내버려두지도 않는다. 그들은 우선순위가 높은 것에 초점을 맞출 수 있도록 시간을 잘 관리한다.

■ 목적에 맞게 시간을 사용한다.

목표를 설정함으로써, 팀장이 해야 하는 많은 활동 중에서 우선순위를 정하고, 시간을 목적에 맞게 사용하기 위한 전략을 개발할 수 있게 된다.

팀장은 아래에 열거된 몇 가지 업무 카테고리에, 달성하고자 하는 목표를 가지고 있을 것이다.

- **사업 성장과 개선**(business growth and improvement): 새로운 판매 전략을 수립한다든가, 비용 절감을 주도적으로 이끌어가기 위한 프로젝트에 참여한다.
- **인간관계 관리**(managing relationships): 팀원, 동료, 상사, 고객과의 관계 형성을 위해 사용하는 시간과 팀원을 코칭하기 위한 시간
- **행정업무 처리**(administrative responsibilities): 현황파악 회의, 예산 수립, 결산 등과 관련된 활동
- **일상적 관리**(daily responsibilities): 품질 관리, 문제 해결, 생산 목표 등 점검
- **자기 개발**(self-development): 자기 역량을 강화시키거나, 새로운 역량을 개발하기 위한 활동

앞에 열거된 업무 카테고리별로 목표를 수립하고, 우선순위를 정하는 것에서부터 시작한다.

장기적이며, 큰 목표는 관리 가능한 작은 업무로 쪼갠다. 큰 목표를 한번에 수행하는 것 보다는 작게 쪼갠 후 추진 일정을 정하여 완료하는 것이 더 쉽다.

각 카테고리에 몇 퍼센트의 시간을 사용하고자 하는가를 생각해 본다. 일단 이러한 비율을 정한 후에는, 그것들을 시간 단위로 환산한다. (예를 들면, 1주일에 25%인 10시간을 사업 성장 관련 업무에 사용하겠다.)

그 다음에, 자신이 가진 시간과 우선순위를 고려했을 때, 각 카테고리별로 합리적으로 추구할 수 있는 목표를 정하도록 한다.

선택한 목표와 그에 대한 시간 배분이 현실적이고, 회사의 우선순위와 부합되고 있는가를 확인하기 위해 상사 또는 멘토와 만나 의논해 본다. 급변하는 경영환경에 대응하기 위해 분기별, 월별, 주별로 목표를 다시 평가하고, 우선순위를 변경해야 할 수도 있다.

■ 주간 계획을 수립하고, 실천한다.

일단 목표를 정하고, 시간 배분 계획을 세웠다면, 주간 계획을 세우도록 한다. 방법은 중요하지 않다. 사람마다 각자 자신에게 맞는 일정관리 도구가 있다.

간단한 달력에서부터 복잡한 소프트웨어 프로그램에 이르기까지 자신에게 가장 잘 맞는 도구를 선택하여 활용한다.

주간 계획을 세울 때에는, 중요한 업무를 완수하기 위한 시간과 함께 예상하지 못한 일이나 방문자, 그리고 회의를 위한 시간도 따로 확보하도록 한다.

다음의 지침을 참고한다.

☐ **우선순위가 가장 높은 목표를 추진할 시간을 먼저 정한다.**

이러한 습관은 팀장이 가장 중요한 업무를 수행하는데 필요한 시간을 확보할 수 있도록 도와 준다.

예를 들어, 만약 특정 날짜까지 팀원들의 성과평가를 완료해야 한다면, 매일 두세 시간씩 그 업무를 위한 시간을 할당한다. 만약 회사에서 회의 일정을 관리하기 위해 일정관리 소프트웨어를 사용하고 있다면, 이 프로그램에서 이 시간을 가능 시간에서 제외시킨다. 다른 사람들에게 자신의 시간계획을 존중해 달라고 부탁한다.

☐ **전화응대나 다른 사람들로부터 방해를 받지 않는 혼자만의 집중 시간을 매일 정한다.**

이 시간에 우선순위가 가장 높은 업무를 한다. 필요하다면 자기 사무실이 아닌, 다른 공간에서 업무를 한다. 업무를 완료하기에 충분한 시간을 확보하도록 한다. 이 일에 몇 분, 저 일에 몇 분씩과 같은 시간 분산은 원하는 결과를 달성하지 못하도록 한다.

☐ **하루 중 에너지 수준이 가장 높은 때와 가장 낮은 때를 파악한다.**

에너지가 넘치는 시간에 어려운 업무를 할 수 있도록 한다. 예를 들어 오후보다 이른 아침에 더 생산적이고 창의적이라면, 전략 회의 일정은 오전에 잡고, e-mail에 응답하는 것 같은 반복적인 업무는 오후에 한다.

☐ **긴급하거나, 예상 밖의 일을 처리하기 위한 예비시간을 확보해 둔다.**

미래에 발생할 모든 일들을 사전에 예측할 수는 없다. 융통성 있게 일정을 잡되, 시간을 낭비하지 않도록 주의한다. 이러한 예비시간이 필요 없게 되는 경우를 대비하여 e-mail 응답, 비용지출 보고서 완성과 같이 이 시간에 할 수 있는 업무 리스트를 미리 만들어 둔다. 여기에는 신속하게 처리할 수 있는 업무와 시간이 어느 정도 요구되는 업무 모두를 포함시키도록 한다. 이 방법을 통해, 빈 시간을 적절하게 활용할 수 있게 되고, 해야 할 일을 찾는데 시간을 낭비하는 것을 피할 수 있다.

☐ **특별한 경우를 제외하고는 E-mail 응답, 문서 작업, 전화 걸기와 같은 업무는 모아서 한꺼번에 처리한다.**

연구결과에 의하면 한 업무에서 다른 업무로 전환했다가 다시 본래의 업무로 돌아가는 것의 반복은 업무 효율을 20%~40% 정도 떨어뜨린다고 한다. 이러한 업무들을 모아서 처리함으로써 새로운 업무를 시작하고 전환하는데 소비되는 시간을 줄일 수 있다.

실천도구
:: 주간 업무 목표와 시간 배분 계획 ::

업무에 우선순위를 정하고, 시간을 조직적으로 사용하는 팀장은 자기가 맡은 책임을 더 쉽게 완료할 수 있다. 이 실천도구를 활용하여 업무의 우선순위를 정하고, 시간을 효율적으로 사용하기 위한 전략을 수립하도록 한다.

활용 방법

업무를 특성 별로 구분하고, 이번 주에 해야 할 업무들의 우선순위를 정한다. 그리고 각 업무 특성 별로 어느 정도의 시간을 할당하여 수행할 것인가를 백분율로 정하고, 그것을 시간으로 환산한다.

예상하지 못한 방해 요인을 처리할 수 있도록, 매일 예비시간을 정해 놓는 것을 잊지 않는다. 한 주의 총 업무 시간에 도달할 때까지 이 목록을 가지고 균형을 유지한다.

주간 업무 목표와 시간 배분 계획 (예시)

업무 카테고리	업무 목표와 우선순위	이 카테고리에 사용할 %/시간	나의 일정에 맞춘 계획					
			월	화	수	목	금	계
사업 성장과 개선(전략) 업무	1. 새로운 영업 전략 수립 (브레인스토밍 회의 포함)	25%/10시간	2	2			1	5
	2. 비용 절감 계획 수립		1	1		2	1	5
인간관계 관리 업무	1. 팀원 코칭	25%/10시간	2			1	2	5
	2. 고객과의 회의				2			2
	3. 팀장 회의					1	2	3
행정 업무	1. 예산 수립	25%/10시간		3	3	1		7
	2. 현황 공유 회의		1				1	2
	3. 비용지출 보고서 검토						1	1
기타 업무	1. 품질 관리 점검	25%/10시간	1	1	1	1	1	5
	2. 예비 시간		1	1	1	1	1	5
총계			8	8	8	8	8	40

주간 업무 목표와 시간 배분 계획

특성에 따른 업무 구분	업무 목표와 우선순위	이 카테고리에 사용할 %/시간	나의 일정에 맞춘 계획					
			월	화	수	목	금	계
사업 성장과 개선(전략) 업무								

인간관계 관리 업무							
행정 업무							
기타 업무							
총계							

■ 시간 사용 내역을 점검한다.

시간관리를 잘 하기 위해서는 많은 연습과 노력을 필요로 한다. 일정 기간 동안, "주간 시간 활용 계획의 실천 결과 평가" 실천도구를 활용하여 시간을 어떻게 사용하였는지를 평가해 보자.

예를 들어, 만약 우선순위가 높은 업무를 정해진 일정에 맞추어 완료하지 못하였다면, 왜 그렇게 되었는가, 그 원인을 찾아 보자. 그 업무를 완료하는데 필요한 시간을 실제보다 적게 계산하지는 않았는가, 아니면 예상치 못한 문제들을 처리하는데 너무 많은 시간을 사용한 것은 아닌가?

주간 활동을 되돌아 보면, 계획대로 실천하기 힘든 경우도 있었을 것이다. 예를 들어, 동료가 아파서 그가 진행하기로 한 회의를 대신 진행했어야 할 수도 있다. 하지만 일반적인 시간관리 문제들을 겪고 있는지를 찾아봄으로써, 자신의 시간을 최대한 효과적으로 사용할 수 있게 될 것이다.

다음의 일반적인 시간관리 함정에 대해 생각해 보자.

- **업무를 미룸:** 업무를 미루는 가장 일반적인 이유는, 그 업무에 흥미가 없거나 재미가 없는 경우, 업무가 어려워서 감당하지 못할 것을 두려워하거나, 그 업무에 압도당해서이다.
- **지나친 업무 확장** (스스로 감당할 수 있는 것 이상의 업무를 떠맡는 것): 특히 상사가 요청하는 경우에는 거절이 어려워 업무 부담이 커지게 된다. 야근을 해도 감당하기 어려울 정도로 지나치게 많은 업무를 맡고 있다면, 상사에게 업무 우선순위를 정하는 것을 도와 달라고 부탁한다.
- **위임 실패** (팀원들이 처리할 수 있는 업무를 스스로 처리하는 것): 팀장은 직접 업무를 하기 보다는, 업무배분 계획을 세우고, 팀원들에게 자원을 배분하며, 도움이 필요한 사람을 코칭하는데 더 많은 시간을 보내야 한다.
- **팀원들이 자기들 문제를 팀장에게 떠넘기는 것을 허용함:** 팀장의 역할은 팀원들이 스스로 문제를 해결할 수 있도록 도와주는 것이다.
- **불필요한 출장** (전화 또는 화상 회의를 통해 참석할 수 있는 회의에 직접 참석하는 것): 회의에 직접 참석하는 것은 시간 활용을 잘 하는 것이 될 수도 있지만, 이동하는데 긴 시간이 소요된다면, 회의에 직접 참석하는 효과를 감소시킬 것이다.
- **불필요한 회의에 참석:** 다른 사람이 참석해도 되거나, e-mail이나 메모에 의해 처리될 수 있는 이슈에 대해 회의인가를 검토한다.

지난 주의 시간 계획과 실제 사용 내역 간에 차이점이 있는지를 정기적으로 평가해 보고, 계속해서 나타나는 패턴이 있는지 찾아본다.

일단 목표 달성을 방해하는 요인을 찾았다면, 이를 반영하여 다음 시간 계획을 수립한다. 예를 들어, 예측하지 못한 이슈들을 처리하기 위한 예비 시간을 더 확보해야 될 수도 있을 것이다. 그리고 정기적으로 진행상황을 평가해서 추가적으로 개선되어야 할 부분이 있는지 파악한다.

이러한 평가를 통해 파악한 사실을 바탕으로, 어떻게 시간을 더욱 더 잘 활용할 수 있을가를 동료나 상사에게 물어보는 것도 고려한다.

실천도구
:: 주간 시간활용 계획의 실천 결과 평가 ::

시간을 어떻게 사용할 것인지 계획하는 것도 중요하지만, 그 실천 결과를 평가하고, 개선시킬 방법을 찾는 것 또한 대단히 중요하다.

이 실천도구를 활용하여 시간 활용 계획과 실천 결과를 매 주 평가해 보자. 이번 주에 실제 사용했던 시간을 기록해 보자.

주간 목표와 실제 사용 시간 작성

업무 카테고리	업무 목표와 우선순위	실제 사용된 시간					
		월	화	수	목	금	계
사업 성장과 개선 업무							
인간 관계 관리 업무							
행정 업무							
기타 업무							
새롭게 추가된 업무 (계획에 포함되어 있지 않은 업무 등)							
총계							

계획된 시간 vs. 실제 사용시간 평가

"주간 업무 목표와 시간 배분 계획" 실천도구를 활용해서 계획한 시간과 실제 사용한 시간을 비교해 보자. 어디에서 계획했던 것보다 더 많은 시간을 사용하였는가?

→

팀장의 8가지 실천과제

시간관리 방법 개선을 위한 전략

아래의 질문에 대해 생각해 보고, 자신의 시간을 더욱 더 잘 관리하기 위한 전략을 세우자.

질 문	개선을 위한 전략
이번 주, 언제 가장 생산적이었나? 그 이유는? 생산적인 시간을 늘리기 위해서는 시간 계획을 어떻게 변경해야 할까?	· · ·
매일 예비시간을 따로 정해 놓는가? 이 시간이 매일 평균적으로 어느 정도 되는가? 이 시간을 어떻게 사용하는가?	· · ·
지루하거나 재미가 없어서 미루고 있는 업무가 있는가? 만약 있다면, 어떠한 업무들이 그러한가?	· · ·
업무를 완료하는데 소요되는 시간을 부족하게 예측하였는가? 그러한 업무는 어떤 업무인가?	· · ·
어떤 프로젝트에 대해 압도당하는 기분이 들어 그 프로젝트와 관련된 업무를 피하고 있는가?	· · ·
이번 주, 목표와는 관계없는 예상하지 못한 일이 발생하여 대부분의 시간을 차지하는 경우가 있었는가? 만약 그렇다면, 그러한 업무는 어떤 것이며, 그 업무를 수행하는데 어느 정도의 시간이 걸렸는가?	· · ·
하던 업무에서 다른 업무로 전환하느라고 많은 시간을 허비해 버렸는가?	· · ·
이번 주, 불필요하다고 생각된 회의에 참석했는가? 참석했다면, 그 이유는?	· · ·

실천과제 5
팀 조직의 효과적 운영

많은 팀장들이 개인을 관리하는 것과 팀을 관리하는 것을 동일하게 생각하는 실수를 한다. 그리고 처음 팀을 맡게 되었을 때, 팀원들이 하나의 팀으로 활동하지 않는 것에 놀라게 된다.

"실천과제 5"에서는 팀원들간의 상호 의존도 평가, 바람직한 행동규범과 업무 프로세스 확립, 팀원간의 갈등관리 등 팀 조직 운영 방법을 학습하게 된다. 이 실천과제를 학습하고 실천함으로써 언제 하나의 팀으로 접근하는 것이 필요한가를 분석하고, 팀워크를 장려하는 프로세스를 구축하며, 팀워크에 도움이 되는 행동을 독려하는 방법을 이해할 수 있을 것이다.

팀 운영에 있어서 나의 성향은?

새로 팀을 맡을 경우, 그 팀을 어떻게 운영할 것인가에 대한 기대를 가지고 있을 것이다. 다음 질문을 통해, 팀 운영에 대해 어떤 성향을 갖고 있는가를 살펴보자.

실천과제 5 팀 조직의 효과적 운영

※ 팀원들이 하나의 팀으로 일하도록 어떻게 장려할 수 있을 것인가에 대해 생각해 보자. 아래 각 문장을 읽고, 처음 떠오르는 생각대로 답변하도록 한다.

팀워크를 높이기 위해서, 나는 이렇게 할 것이다:	예	아니오
1. 기회 있을 때마다, 팀원들이 화합하고 협력할 수 있는 방법을 찾는다.		
2. 바꿔야 할 행동을 파악하기 위해 팀원들의 행동을 관찰한다. (예를 들어, 누가 대화를 주도하는 경향이 있는가, 또는 누가 사회성이 좋은가 등)		
3. 의사 결정 과정에 팀원들을 어느 정도 참여시킬 것인가는 상황에 따라(case-by-case)결정한다.		
4. 팀원 개인의 포부가 희생되더라도, 팀 목표를 달성하는데 초점을 맞춘다.		
5. 팀원들의 상호관계에 대해, 내가 기대하는 지침을 명확하게 제시한다.		
6. 팀원들간의 논쟁이나 갈등은 가능한 빨리 해결한다.		
7. 강력한 팀을 만들기 위해, 팀원 각자와 친밀한 유대 관계를 형성하는데 초점을 맞춘다.		
8. 사무실 공간을 재정비 하거나, 공동으로 사용하는 공간의 구조를 바꾸는 것을 고려한다.		
9. 팀원들간의 상호의존 정도를 평가한다.		
10. 개인 성과와 팀 성과 모두를 반영하는 보상 체계를 개발한다.		

▶ 응답결과에 대한 피드백은 다음 페이지에서 확인할 수 있다.

팀 운영에 있어서 나의 성향 파악

유능한 팀원들로 구성된 팀은 자연히 탁월한 팀이 될 것이라는 생각을 많은 사람들이 갖고 있다. 하지만 역량이 있는 팀원들은 함께 일하는 데 서투를 수가 있다. 팀장은 팀 전체의 성과가 팀원들의 개인 성과를 단순히 합한 것보다 훨씬 크도록 만들어야 한다. 이를 위해서 팀장은 팀원들과 개인적인 관계를 구축하는 것을 넘어, 긍정적인 집단 역학(group dynamics)을 만들기 위해 노력해야 한다.

팀 운영에 대한 또 다른 오해는, 의견 충돌이 없는 것이 팀이 잘 운영되고 있음을 보여주는 것이라고 생각하는 것이다. 팀의 분위기가 지나치게 화목할 경우, 보다 창조적이 되는 것과 다양한 제안의 개발을 방해할 수 있다. 소수의 아이디어가 더 나은 해결책을 찾는데 기여할 수도 있음을 알아야 한다.

아래에 효과적인 팀 운영 방법을 이해하기 위한 추가 설명이 제시되어있다. 앞에서 진단한 내 응답 결과와 얼마나 일치하는지 읽어보도록 하자.

팀워크를 높이기 위해서 나는 이렇게 한다:	팀 운영에 있어서의 현실
1. 기회 있을 때마다, 팀원들이 화합하고 협력할 수 있는 방법을 찾는다.	**아니다.** 팀원들이 서로를 존중하고 지원하기를 원하겠지만, 언제나 서로에게 동의하기만을 원하지는 않을 것이다. 브레인스토밍이나 문제의 해결책을 찾을 때와 같이 의견 차이가 있는 것이 좋을 때도 있고, 팀원들이 가지고 있는 서로 다른 경험과 배경 그리고 생각의 차이를 활용하기 위해 논쟁을 장려해야 하는 상황도 있을 것이다. 이러한 갈등을 "통제된 갈등 (controlled conflict)"이라고 한다.
2. 바꿔야 할 행동을 파악하기 위해 팀원들의 행동을 관찰한다. (예를 들어, 누가 대화를 주도하는 경향이 있는지, 또는 누가 사회성이 좋은지 등)	**그렇다.** 행동규범, 즉 팀원들이 서로 기대하는 행동 패턴은 팀의 효과적인 운영에 있어 매우 중요하다. 팀원들의 행동과 상호 관계를 관찰함으로써, 팀워크를 방해하는 행동들을 파악할 수 있을 것이다. 팀의 행동규범을 일시에 바꾸기는 어렵겠지만, 솔선수범함으로써, 그리고 바람직한 행동을 격려함으로써 영향을 줄 수 있을 것이다. 예를 들면, 팀원의 참여를 촉진하기 위해 프레젠테이션을 맡는 것과 같이 특정한 기여를 하도록 요청할 수 있을 것이다.
3. 의사 결정 과정에 팀원들을 어느 정도 참여시킬 것인가는 상황에 따라(case-by-case) 결정한다.	**아니다.** 팀이 어떻게 함께 일할 것인가에 대한 프로세스를 수립하는 것도 긍정적인 팀 환경을 구축하고 장려하는데 도움이 된다. 의사결정 프로세스는 가능한 조기에 확립되어야 한다. 자신의 역할이 분명하지 않다고 생각될 때, 팀원들은 불만을 느끼고 짜증스러워하게 된다. 모든 상황을 예측할 수 없고, 의사결정 과정에 누구를 참여시킬 것인지가 명확하지 않더라도, 일반적인 상황에서의 가이드라인을 만들어 두는 것이 현명하다. 예를 들면, 전략관련 결정에는 팀원들을 참여시키고, 인사 관련결정은 혼자서 하기로 계획을 세울 수 있을 것이다.
4. 팀원 개인의 포부가 희생되더라도, 팀의 목표를 달성하는데 초점을 맞춘다.	**아니다.** 팀 조직 운영에는 균형이 필요하다. 팀장은 팀 전체 관리와 팀원 개인관리, 둘 다에 주의를 기울여야 한다. 아주 효과적인 팀은 업무 목표의 달성뿐만이 아니라, 개인의 성장과 업무 만족도를 함께 고려한다. 팀장은 팀 목표를 달성하는 것이 개인의 행복과 성장보다 더 중요하다고 생각하는 함정에 빠지기 쉽다. 팀의 목표달성도 중요하지만, 팀원들이 새로운 역량을 개발하고 전문가로서 성장할 수 있도록 도와 주는 것도 마찬가지로 중요하다.

5.	팀원들의 상호관계에 대해, 내가 기대하는 지침을 명확하게 제시한다.	**그렇다.** 팀장은 '갈등을 건전한 상태로 유지한다'와 같이 허용되는 행동들을 명확하게 정의해야 한다. 또한 새로운 아이디어에 대한 개방적인 토론도 장려해야 한다. 토론 시 개인의 인격보다는 문제에 초점을 맞추도록 하는 것과 같이 건전한 행동규범을 설정함으로써, 팀장은 팀원들 사이에 신뢰를 구축하고, 팀 정체성을 확립할 수 있을 것이다.
6.	팀원들간의 논쟁 또는 갈등은 가능한 빨리 해결한다.	**아니다.** 팀원들이 서로 동의하지 못할 때에는, 대개의 경우 한 발 뒤로 물러서서 이 상황을 그들 스스로 처리할 수 있도록 하는 것이 가장 좋다. 팀원들이 문제를 스스로 해결할 수 있도록 함으로써, 팀장은 그들이 함께 일할 수 있도록 하고, 더 원활한 의사소통을 할 수 있도록 도와주며, 문제 해결 능력을 강화시킬 수 있는 기회를 주게 된다. 하지만 이 불화가 개인의 업무 수행을 방해하거나, 팀을 분열시키거나, 다른 팀원들이 추가로 개입되거나, 회사의 정책에 위반된다면, 즉시 개입하여 중재해야 한다.
7.	강력한 팀을 만들기 위해, 팀원 각자와 친밀한 유대 관계를 형성하는데 초점을 맞춘다.	**아니다.** 팀장들은 집단역학보다 팀원 개인과의 관계에 지나치게 중점을 두는 실수를 하기 쉽다. 이러한 함정에 빠지는 것을 피하기 위해서는, 효과적인 팀의 특성을 파악하고, 원활한 의사소통과 협동을 장려할 수 있는 프로세스와 모범적인 행동규범을 구축하는 방법에 대해 잘 이해할 필요가 있다.
8.	사무실 공간을 재정비하거나, 공동으로 사용하는 공간의 구조를 바꾸는 것을 고려한다.	**그렇다.** 팀장들은 팀워크를 촉진하는데 있어서 물리적인 환경의 역할을 간과하는 경향이 있다. 연구 결과에 의하면, 팀원들의 자리가 가까이 있을 때, 협동이 더욱 잘 되는 경향이 있다고 한다. 필요하다면, 팀원들이 더 가까이 위치할 수 있도록 자리 배치를 변경하거나, 대화와 팀워크를 장려하기 위해 휴게실과 같은 공동의 공간을 제공하는 것을 고려한다.
9.	팀원들간의 상호의존 정도를 평가한다.	**그렇다.** 모든 팀이 팀 목표를 달성하기 위해 협력을 필요로 하는 것은 아니다. 팀원들간의 상호 의존 정도는 팀워크를 향상하기 위해 팀장이 어느 정도 노력해야 하는지를 알려주는 척도이다. 하지만 협력 필요성이 그다지 높지 않은 경우에도, 브레인스토밍이나 문제 해결과 같이, 필요한 경우에 서로간의 의사소통을 원활히 할 수 있도록 긍정적인 팀 환경을 조성하기를 원할 수도 있을 것이다.
10.	개인 성과와 팀 성과 모두를 반영하는 보상 체계를 개발한다.	**그렇다.** 팀워크를 활성화시키기 위해서는 팀 성과뿐만이 아니라, 개인의 성과에 대해 보상하는 것을 함께 고려해야 한다. 팀원들에 대한 보상 방법을 결정하는 것은 어려운 일이다. 개인적으로 인정받기를 원하는 것은 인간의 본성이기 때문에, 팀 성과에만 초점을 맞추어서는 안 될 것이다. 그리고, 만약 모든 보상이 팀 성과에 의해서만 결정된다면, 일부 팀원들은 팀 목표를 달성하는데 있어 자기 역할을 수행하는데 대한 동기 유발이 잘 안될 수도 있을 것이다. 동시에, 만약 개인의 성과에 의해서만 보상이 결정된다면, 다른 팀원들을 도와주는 행동에 대해 어떠한 인센티브도 제공해 주지 못할 것이다.

학습목표

- 팀 조직을 관리하는 것과 팀원 개인을 관리하는 것의 차이점을 이해한다.
- 팀 조직 운영 프로세스를 확립하는 것의 중요성을 깨닫는다.
- 행동규범이 팀 성과에 미치는 영향을 이해하고, 바람직한 행동규범을 만드는 방법에 대해 살펴 본다.
- 팀원간에 갈등이 발생하는 요인들을 이해하고, 팀의 성과를 향상시키는 방향으로 갈등을 관리하는 방법에 대해 알아 본다.
- 전략적인 팀원 충원을 통해 팀을 어떻게 강화시킬 수 있는지 이해한다.
- 팀 활동을 지원하는 업무환경을 만드는 방법에 대해 알아본다.

☞ 팀을 운영하면서 겪는 어려움은 무엇이며, 고성과 팀이 되는 것의 장애요소는 무엇인가?

_____
_____
_____
_____
_____

1. 개인관리와 조직관리의 차이점

팀원 개인 관리 vs. 팀 전체 관리

팀의 목표 달성을 위해서는 팀원들간의 상호 의존도를 이해하고, 무엇이 팀을 효과적으로 만들어주는지 파악하며, 집단 역학을 관리할 수 있어야 한다.

★ 팀 운영 전략

- 팀 운영 프로세스의 확립 - 상호 협력 장려, 상호 기대 명확화를 위한 의사 결정 및 의사 소통 프로세스 확립
- 집단 역학의 관리 - 팀원 간 행동 방법을 포함한 팀 행동 규범 제정
- 갈등 관리 - 창의력과 문제 해결 능력 강화를 위한 건설적 갈등 관리
- 팀원 충원 - 목표 달성을 위해 필요한 핵심 역량 확보
- 지원적인 근무환경 제공 - 상호 협력과 의사 소통을 원활하게 하는 물리적 및 정서적 업무 환경 지원

  팀을 어떻게 이끌어 갈 것인가는 팀장이 부딪히게 되는 가장 중요한 어려움 중에 하나이다. 담당 팀 조직을 관리하는 것이건, 동료들로 구성된 TF팀을 관리하는 것이건, 팀장의 역할은 상호 협력을 장려하고, 공동 목표를 달성하는데 있어 개인의 역량이 서로 상승 작용할 수 있는 환경을 만드는 것이다.

  처음 팀장이 되면, 팀원들 개인관리에만 초점을 맞추고, 팀 전체의 성과 창출에는 소홀히 하는 실수를 하기 쉽다. 팀 목표를 달성하기 위해서는 팀원들간의 상호 의존도를 이해하고, 무엇이 팀을 효과적으로 만드는가를 파악하며, 집단 역학(group dynamics)을 관리할 수 있어야 한다.

■ 팀원간의 상호 의존도를 평가한다.

만약 팀원들이 자신의 업무를 완료하기 위해 다른 팀원에게 의존해야 한다면, 팀워크를 강화시킴으로써 팀 성과를 향상시킬 수 있을 것이다.

업무를 완료하기 위해 팀원들간의 협동이 요구되거나, 업무를 나누어서 하는 팀의 경우, 일상활동에서 팀워크는 필수 요인이다.

반면에, 개인이 독립적으로 일하거나, 업무간의 연관성이 적은 팀의 경우에는 팀워크의 필요성이 그다지 높지 않을 것이다.

팀에 어느 정도의 팀워크가 적절한가를 알아보기 위해 "팀원들의 업무 의존도 평가" 실천도구를 활용하여 팀원들의 상호 의존도를 분석해 보자.

상호 의존도가 높을수록, 팀이 하나가 되어 서로 협력하는 것이 중요해 진다.

실천도구
:: 팀원들의 업무 의존도 평가 ::

팀원간 업무 의존도는 팀워크를 어느 정도 장려해야 하는가와 팀워크를 통해 얻을 수 있는 혜택을 결정한다.
이 실천도구를 활용해서, 팀원들의 업무 수행에 있어서 어느 정도의 팀워크가 적절한가를 평가해 보자.

팀원들의 업무 의존도 평가

업 무				
	각 업무에 대해 다음 사항을 평가한다.	예	아니오	상호 의존 유형
1.	팀원들이 하나의 프로젝트를 서로 나누어서 수행한 후, 나중에 이것들을 합쳐야 하는가?			집합적
2.	팀원들이 독립적으로 일하지만, 자기가 맡은 부분을 완료하기 위해 다른 부분의 내용이나 진행 상황을 이해할 필요가 있는가?			집합적
3.	팀원들이 업무를 수행하는 과정에서 저마다 서로 다른 전문 기술이나 지식을 통해 기여하는가?			순차적 또는 상호교환적
4.	팀원들이 때때로 서로의 업무를 완료하기 위해 협동해야 할 때가 있는가?			집합적
5.	한 팀원이 맡고 있는 부분이 끝나야 다른 팀원이 일을 시작할 수 있는가? (생산 라인에서와 같이)			순차적
6.	대부분의 프로젝트가 팀원들이 동시에 일하면서 서로 자료를 제공해야 하는가?			상호교환적
7.	팀원들이 정기적으로 만나야 하는가?			상호교환적
8.	팀원들이 자주 한 방에서 함께 일하는 것이 필요한가?			상호교환적
9.	팀원들이 많은 양의 업무를 서로 나누어서 완료하는가?			집합적
10.	정기적으로 새로운 아이디어로 어려운 문제를 풀어야 하는가?			집합적, 순차적 또는 상호교환적

"예"라고 응답한 질문이 많을수록, 팀원간의 업무 의존도는 높아진다. 이러한 경우 팀워크를 장려할수록, 더 많은 혜택을 얻을 수 있을 것이다. 아래 내용을 참고하자.

- 만약 모든 질문에 "아니오" 라고 응답했다면, 팀워크를 장려하기 위한 노력을 가끔 발생하는 문제 해결이나 브레인스토밍 활동에만 제한한다.
- 만약 "집합적" 유형의 질문에만 "예"라고 답변했다면, 팀원들은 혼자서 완료할 수 있는 독립적인 업무를 하는 경향이 있다. 일일 진행 보고서 또는 주간 현황 보고 회의 같은 것만으로도 이러한 업무 활동들을 조율하는 데는 충분할 것이다.
- 순차적인(Sequential) 의존 유형에는 팀원들간에 잦은 커뮤니케이션이 요구된다.
- 상호교환적인(Reciprocal) 의존 유형에는 가장 높은 수준의 상호 작용이 요구된다. 팀원들은 결정해야 될 사항에 대해 협의하고, 타협을 위한 상호 교환을 하고, 연관된 업무에서 발생하는 문제들을 해결할 수 있어야 한다. 이러한 팀은 가장 높은 수준의 팀워크를 필요로 하며, 이를 촉진하는 공식적 그리고 비공식적인 노력으로부터 가장 많은 혜택을 받게 된다.

■ 고성과(high-performing) 팀이란?

고성과 팀은:

□ **탁월한 성과 달성**: 팀 구성원들이 각자 달성할 수 있는 성과를 합한 것보다 하나의 팀으로써 달성한 성과가 훨씬 더 크다.

□ **개인의 성장과 높은 업무 만족도**: 팀 구성원들은 팀의 주요 목표를 달성하기 위해 노력한다. 그리고 그 과정에서 개인적인 만족감을 느끼고, 성장을 이루어낸다. 이를 위해서, 팀장은 팀 성과와 팀원들의 개인적인 성장과 만족감 사이에 균형을 유지할 수 있어야 한다.

> 예를 들어, 팀장이 달성하기 어려운 목표를 달성하도록 팀원들을 리드해야 한다고 가정해 보자. 팀장은 팀원들이 이미 알고 있는 업무를 오랜 시간 동안 하도록 하는 대신, 일부 팀원에게 새로운 역량 습득을 요하는 업무를 맡길 수 있을 것이다.
>
> 비록 그것이 팀 목표달성 일정을 약간 지연시킬지 모르지만, 팀원들은 개인적인 역량개발 목표를 달성할 기회를 가졌다고 느낄 것이다. 이를 통해, 팀장은 단기적인 성과 목표와 팀원의 만족도 사이에서 균형을 이룰 수 있게 된다.

□ **지속적인 학습**: 고성과 팀의 구성원들은 시간이 흐름에 따라, 더 효과적으로 협력하는 방법과 환경변화에 하나의 팀으로서 대응하는 방법을 지속적으로 학습한다.

이러한 유연성은 서로간의 업무 스타일과 서로 다른 상황에 대한 서로의 반응 성향에 익숙해짐으로써 가능하게 된다. 팀장은 팀원들이 개인의 강점이 팀 성공에 어떻게 기여하는지 더 잘 이해할 수 있도록 하고, 팀원들의 다양한 업무 스타일과 강점을 수용하는 업무 절차를 만듦으로써 그 과정을 지원하게 된다.

■ 팀 운영 전략(Team strategies)

이번 실천과제 5에서는 팀워크를 강화하고, 집단 역학을 관리하는 전략에 초점을 맞추고 있다.

□ **팀 운영 프로세스의 확립**: 상호 협력을 장려하고, 상하간의 기대를 명확히 하기 위해 의사결정 절차와 커뮤니케이션 절차를 명확하게 한다.

□ **집단 역학(group dynamics)의 관리**: 팀원들이 다른 팀원에 대해 어떻게 행동해야 하는지를 포함하는 팀의 행동규범(team norms)을 만든다.

□ **갈등 관리**: 팀의 창의력과 문제 해결 능력을 강화하기 위해 팀원 사이의 갈등을 건설적으로 관리한다.

□ **팀원 충원**: 팀 목표 달성을 위해 필요한 핵심 역량을 확보할 수 있도록 한다.

□ **지원적인 업무환경(supportive environment) 제공**: 상호 협력과 원활한 의사소통을 용이하게 하는 물리적인 환경을 만든다. 또, 팀이 필요로 하는 자원을 확보하기 위해 외부와 협상하고, 팀원들에게 감정적인 지원(emotional support)을 한다.

2. 팀 운영 프로세스의 확립

팀 운영 프로세스의 확립

- **현재의 프로세스 파악**
  - 어떻게 팀이 함께 일하고 있는지,
  - 어떤 프로세스가 개선되어야 하는지,
  - 새로운 프로세스를 결정하는 과정에 팀원들을 참여시킬지 여부 결정
  - 참여가 많을수록 스스로 권한이 있다고 느끼거나, 협조 가능성 높아짐

- **의사 결정 절차**
  - 다수결의 원칙
  - 합의
  - 한 사람 혹은 소수가 결정
  - 팀원들의 의견을 수렴하여 리더가 결정
  - 리더가 혼자 결정

- **커뮤니케이션**
  - 현황 정보
  - 팀 회의
  - E-mail과 메모 활용

- **상호 협력**
- **원거리 팀원 및 다국적 팀원에 대한 관심**

팀 운영 프로세스에는 의사결정 방법, 팀원 활동의 체계화, 팀 내 커뮤니케이션 절차 등이 포함된다.

팀 운영 프로세스를 명확하게 함으로써 팀 구성원간의 역할과 책임에 대한 불필요한 혼동을 없앨 수 있다.

■ 현재의 프로세스를 파악한다.

다음의 상황에 대해 생각해 보자: 새로운 팀을 담당하게 된 지 한 달 후, 서 팀장은 팀 조직을 재편하고, 팀원들의 역할을 바꾸기로 결정했다.

주간 회의에서 이 결정을 알렸을 때, 팀원들은 반발했고, 서 팀장은 팀원들의 반응에 깜짝 놀랐다. 서 팀장은 무언가 잘못되었다고 생각했는데, 나중에 전임자가 조직을 변경할 때에는 의사결정 과정에 모든 팀원들을 참여시켰다는 것을 알게 되었다.

서 팀장의 결정이 반드시 나쁜 것은 아니었다. 만약 서 팀장이 팀원들이 기대하는 바를 이해하고, 이러한 유형의 결정은 서 팀장 혼자서 할 계획이라고 미리 알려주었었다면, 팀원들의 불만이 그토록 크지는 않았을 것이다.

맡은 팀이 신설 팀이 아니라면, 이미 함께 일하는 방법에 대한 운영 프로세스가 확립되어 있는 경우가 대부분일 것이다.

먼저 기존의 운영 프로세스를 파악하는 것에서부터 시작한다. "팀 운영 프로세스에 대한 관찰" 실천도구를 활용하여 팀원들이 현재 함께 일하고 있는 프로세스를 기록한다. 그리고 개선해야 하는 프로세스를 파악하고, 새로운 프로세스를 만드는 과정에 팀원들을 어느 정도 참여시킬 것인가를 결정한다.

"팀 운영 프로세스의 개선" 실천도구를 활용하여 기존의 팀 운영 프로세스를 어떻게 바꿀 것인지 계획을 세운다. 이러한 운영 프로세스를 만드는데 팀원들의 참여를 많이 시킬수록 자신들에게 권한이 있다고 느끼거나, 새로운 운영 프로세스를 지지할 가능성이 높아지게 된다.

■ 의사결정 프로세스

팀을 맡게 된 초기에, 의사결정에 대한 기본 원칙을 정립하는 것이 중요하다. 팀장과 팀원들은 여러 가지 복잡하고, 중요한 결정들을 하게 된다.

예를 들면:
- 다음 주에 있을 고객과의 미팅에 누가 참석할 것인가?
- 고객 요구를 반영하기 위해 제품 디자인을 어떻게 변경해야 하는가?
- 다음 번 프로젝트에 어떤 회사와 계약을 맺을 것인가?

이러한 결정을 할 때에는 팀의 과거 경험과 선호하는 경향, 최선의 선택이 가능한 접근법, 편의성, 잘못된 결정을 했을 때의 위험 등을 고려한다. 또한 다른 사람에게 위임한 의사결정에 대한 최종 책임 역시 팀장에게 있다는 것을 기억한다.

아래에 일반적인 의사결정 방법이 제시되어 있다.

- □ **다수결 원칙**: 개인들이 모여 대안들에 대해 토론한 후에 투표를 한다. 가장 많은 사람이 찬성한 안이 채택된다.
- □ **만장 일치**: 개인들이 모여 토론하고, 모든 구성원이 동의하는 안으로 결정한다. 개인이 가장 선호하는 안과는 다를 수 있지만, 최종 결정은 모두가 받아들이기로 동의한 안이다.
- □ **소수의 팀원이 결정**: 경험이나 역량이 있는 팀원 중 한 사람이 결정하거나 소수가 결정을 내린다. 대부분의 경우 팀장이 제시한 기준 안에서 결정된다.
- □ **팀원들의 의견을 수렴하여 팀장이 결정**: 팀장이 여러 사람들의 의견을 들어보고 결정한다.
- □ **팀장이 혼자 결정**: 팀장이 자신의 경험과 지식에 기반하여 결정을 내린다. 자신의 팀과 관련된 다른 팀 팀장과 함께 결정을 내릴 수도 있다.

의사결정 과정에 많은 사람들이 참여했을 때, 그 결정은 더 광범위한 지지를 받게 된다. 하지만 의사결정 과정에 참여하는 사람이 많을 수록, 결정을 내리는데 더 많은 시간이 걸리게 된다. 때문에 이 방법은 일반적으로 팀 전체에 영향을 미치는 중요한 결정에 한해서 사용된다.

또 많은 사람이 참여한 결정이 가장 좋은 결정이라는 보장도 없다. 팀에 제한된 영향을 미치거나, 인사와 관련된 민감한 이슈들, 신속한 결정이 필요한 경우에는 팀장 혼자 결정하거나, 소수의 의견만 듣고 결정한다.

팀장이 결정할 필요가 없는 이슈들은 적절한 경험을 가지고 있는 팀원 또는 소수에게 위임하도록 한다.

■ 의사소통 프로세스

팀원들이 매일 서로 긴밀하게 협력해야 한다면, 자신만의 정보공유 방법을 가지고 있을 것이다. 실제로, 복도에서 대화하는 것과 같이 비공식적인 의사소통을 자주 하는 팀이 더 효과적인 경향이 있다.

비록 팀원들이 비공식적으로 의사소통을 잘 한다고 하더라도, 팀장은 팀원들에게 영향을 주는 결정과 이슈에 대한 정보를 확실하게 전달하는 방법을 가지고 있어야 한다.

공식적인 의사소통 프로세스는 팀원들에게 팀 밖의 중요한 정보를 제공해 줌과 동시에 팀 내의 활동들과 주요 이슈에 대한 정보를 공유하는 것을 도와준다. 의사소통 프로세스를 정할 때에는, 아래의 내용을 포함시키자:

- **현황 정보**: 이것은 매달, 매주와 같이 일정한 주기로 만들어진 요약 정보이다.
- **팀 회의**: 매주 또는 격주로 하는 팀 회의는 아직 해결되지 못한 이슈나 과제에 대한 토론의 장을 제공해 준다. 또한, 팀원들이 최근의 경험에서 배운 것을 공유할 수 있는 기회도 제공한다.

  어떤 팀원이 프로젝트를 완료하는데 걸리는 시간을 실제보다 적게 예측하였는가? 우리 팀이 고객 유지에 중점을 두는 것이 갖는 의미는 무엇인가?

  이와 같은 이슈에 대해 팀 회의를 하기로 결정했다면, 안건을 정하고 회의 결과를 전달하기 위한 프로세스를 수립하도록 한다.

- **E-mail과 메모 활용**: 언제, 왜, 누구에게 e-mail 또는 메모를 보내야 하는가? 팀원들은 업무를 수행하는데 영향을 끼치는 정보를 제공 받아야 한다. 그렇지만, 불필요한 사람에게까지 정보를 보내는 것은 좋지 않다.

■ 상호 협력 프로세스

상호 보완적인 역량을 가지고 있는 사람들이 팀 목표를 달성하기 위해 함께 일할 때, 협력이 필요하게 된다. 예를 들어, 팀의 연간 전략 회의를 위한 프리젠테이션을 준비하기 위해서는 전략적 사고 능력, 작문 능력, 디자인 능력을 가지고 있는 사람들이 필요하다.

협조적인 행동을 공식적으로 정하기는 어렵다. 이러한 행동은 자연적으로 발생하기도 하고, 사람에 따라 영향을 많이 받는다. 하지만 협조적인 행동을 아래와 같은 방법을 통해 장려할 수 있다.

- ☐ **협조적인 행동에 대해 보상**: 팀의 성공에 기여한 팀원에게 보상할 기회를 찾는다. 예를 들면, 다른 팀원의 목표 달성을 자발적으로 도와준 팀원에 대해 공개적으로 칭찬할 수 있을 것이다. 또한 팀원들이 협력을 통해 달성한 결과에 대한 팀 차원의 보상을 고려해 볼 수도 있을 것이다.

- ☐ **상황 공유**: 팀 목표 달성 진행 상황과 개인 업무량에 대해 공유함으로써, 팀원들이 협력의 기회를 찾는 것을 도와줄 수 있을 것이다. 너무 많은 업무를 맡고 있거나, 일정에 뒤쳐진 팀원의 업무를 조정해 주기 전에, 다른 팀원이 자발적으로 도와줄 때까지 기다려보거나, 그 팀원을 도와줄 지원자가 있는지 물어본다.

- ☐ **다양한 분야에 대한 교육**: 다른 팀원의 업무에 대한 교육을 받게 함으로써, 팀원들이 다양한 업무 능력을 갖출 수 있도록 한다. 이를 통해, 업무량이 많은 동료를 쉽게 지원해 줄 수 있을 것이다.

■ 원격 근무 및 다국적 팀원에 대한 관심

요즘에는, 팀원들이 물리적으로 떨어진 곳에서 근무하는 경우가 많아졌다. 그 중에는 다른 시간대 또는 다른 나라에 위치해 있는 경우도 있다. 다양한 국적을 가진 팀원들과 원거리에 위치한 팀원들이 팀을 이루어 함께 일할 때에는, 의사소통 자체가 큰 어려움이 될 수 있다.

아래에 이러한 원격 근무 팀원들과의 의사소통을 관리하기 위한 전략이 제시되어 있다.

- 팀원들간의 의사소통 채널을 지속적으로 열어 놓기 위해, 일주일에 한 번 또는 필요한 경우에는 매일 전화 회의 일정을 잡는다.
- 한 팀으로서 상호 협력과 토론을 위한 시간을 매일 따로 정해 놓는다.
- 시차로 인한 업무 시간대 차이를 어떻게 관리할 것인지를 정한다. 이를 통해 밤 늦게까지 기다리거나, 아침 일찍 업무를 시작하는 것을 공평하게 부담할 수 있도록 한다.

다국적 팀에는 추가적인 어려움이 따른다. 문화에 따라 업무 시간, 휴일, 휴가 일정, 의사소통 방법과 업무 스타일 또한 달라지게 되기 때문이다.

팀원들에게 동일한 성과 기준을 적용하되, 이질적인 문화에서 오는 차이점에 주의하도록 한다. 팀원들이 그들의 의견을 어떻게 공유할 것인지(예를 들어, 어떤 나라에서는 다른 사람의 의견에 드러내놓고 반대하는 것은 예의가 없는 것으로 간주된다), 팀장의 권한 범위와 같은 중요한 문제들은 반드시 정리되어 있어야 한다.

아래에 고려해야 할 이슈들이 있다.

- 어떤 언어를 사용할 것인가?
- 어떤 화폐 단위를 기준으로 할 것인가?
- 어떤 계량 단위를 사용할 것인가? (예, 미터 또는 피트, 킬로그램 또는 파운드, 섭씨 또는 화씨 등)
- 나라별로 서로 다른 국경일과 휴가는 어떻게 관리할 것인가?

이러한 프로세스를 공식적으로 정해둔다면, 팀원들이 서로 상호 작용하는데 도움이 될 것이다. 하지만, 비공식적인 프로세스도 그에 못지 않게 중요하다.

실천도구
:: 팀 운영 프로세스에 대한 관찰 ::

팀원들이 어떻게 함께 일하는가를 파악하기 위해, 우선 팀의 운영 프로세스를 관찰하는 것이 필요하다. 이 실천도구를 활용하여, 맡고 있는 팀의 현재 운영 프로세스와 기대에 대한 목록을 만들도록 하자. 이 정보는 바꾸어야 할 운영 절차를 파악하는데 도움이 될 것이다.

활용방법

몇 주 동안 팀을 관찰한다. 매주 팀 목표를 달성하는데 꼭 필요한 역량과 관련된 팀 운영 프로세스에 대한 관찰 결과를 기록한다. 여기에는 의사결정, 의사소통, 협력이 포함된다. 필요하다면 실천도구를 추가로 복사해서 활용한다. 그 후에 "팀 운영 프로세스의 개선" 실천도구를 활용하여, 팀 운영 프로세스를 어떻게 개선할 것인지 계획을 세우도록 한다.

팀 운영 프로세스에 대한 관찰

의사결정	관찰 결과
어떤 의사결정을 했는가?	
의사결정에 누가 참여했는가?	
최종 결정을 하기 전에 다양한 대안을 탐색해 보았는가? 아니라면 그 이유는?	
의사결정 방법은? (예, 다수결, 만장일치 등)	
의사결정을 하는데 있어서 팀장의 역할은?	
관찰한 것 중 기타 현상은?	
개선안 (만약 있다면)	

의사소통	관찰 결과
목적은?	
전달 방법은?	
모든 사람들이 적절한 시기에 필요한 정보를 받아보았는가?	
전달된 정보가 받은 사람들에게 의미가 있었는가?	
관찰한 것 중 기타 현상은?	
개선안(만약 있다면)	

상호 협력	관찰 결과
팀원들이 공동 목표를 달성해 가는 과정을 지속적으로 파악하고 있는가?	

팀원 개인의 업무량과 책임을 어떻게 지속적으로 파악하고 균형을 유지하고 있는가?	
필요한 경우 업무 완료를 위해 팀원들이 서로 협력하는가?	
업무가 많은 팀원을 돕도록 다른 팀원을 공식적으로 지정해 주는가? 아니면 그 팀원의 업무량을 조정해 주는가?	
어떤 팀원이 다른 팀원들을 더 많이 돕는가?	
관찰한 것 중 기타 현상은?	
개선안 (만약 있다면)	
기타 운영 프로세스:	관찰 결과
어떤 운영 프로세스인가?	
이 운영 프로세스에 관련되어 있는 사람은 누구인가?	
이 운영 프로세스의 결과는 무엇인가?	
이 운영 프로세스의 효율성에 높이는데 기여하는 활동에는 어떠한 것이 있는가?	
이 운영 프로세스에 있어서 팀장의 역할은 무엇인가?	
어떤 변화가 고려되어야 하는가?	
개선안(만약 있다면)	
기타 운영 프로세스:	관찰 결과
어떤 운영 프로세스인가?	
이 운영 프로세스에 관련되어 있는 사람은 누구인가?	
이 운영 프로세스의 결과는 무엇인가?	
이 운영 프로세스의 효율성에 높이는데 기여하는 활동에는 어떠한 것이 있는가?	
이 운영 프로세스에 있어서 팀장의 역할은 무엇인가?	
어떤 변화가 고려되어야 하는가?	
개선안(만약 있다면)	

실천도구
:: 팀 운영 프로세스의 개선 ::

팀에서 역할과 책임에 대한 혼란을 없애기 위해 운영 프로세스를 파악하고 비효율적인 부분을 개선해야 한다. 이 실천도구를 활용하여 팀의 의사결정, 협력 및 의사소통을 향상시킬 수 있도록, 현재 팀의 운영 프로세스를 개선하기 위한 계획을 세운다.

활용 방법

"팀 운영 프로세스에 대한 관찰" 실천도구에 기록한 팀의 현재 운영 프로세스와 기대 목록을 활용하여, 개선 계획을 세운다. 필요한 경우에는, 팀원들에게 어떻게 전달할 것인지도 함께 검토한다.

운영 프로세스 개선(작성 예시)

운영 프로세스 내용:	예: 고객 프리젠테이션 참석자 결정
현재 운영 프로세스에 개선이 필요한가?	예: 고객 지원 담당자가 개발팀의 협조를 받지 못해 화가 났다.
팀장 자신의 개선안은?	예: 고객 지원 담당자가 결정하도록 허용
운영 프로세스를 개선하는 방법을 파악하는데 팀원들을 참여시킬 것인가? 그렇다면 어떻게 참여시킬 것인가? 아니라면 참여에 대한 팀원들의 기대를 어떻게 관리할 것인가?	예: 아니다. 고객 지원 담당자는 이 프리젠테이션의 성공에 대한 책임이 있다. 그러므로 그들은 반드시 누가 참석할 것인지를 결정할 수 있는 권한을 가져야 한다.
새로운 프로세스를 팀원들한테 어떻게 전달할 것인가?	예: 주간 팀원 회의 때 새로운 프로세스에 대해 토론할 것이다.

운영 프로세스 개선

운영 프로세스 명:	
현재의 프로세스는 어떠한가?	
팀장 자신의 개선안은?	
운영 프로세스를 개선하는 방법을 파악하는데 팀원들을 참여시킬 것인가? 그렇다면, 어떻게 참여시킬 것인가? 아니라면, 참여에 대한 팀원들의 기대를 어떻게 관리할 것인가?	
새로운 운영 프로세스를 팀원들한테 어떻게 전달할 것인가?	
운영 프로세스 명:	
현재의 프로세스는 어떠한가?	
팀장 자신의 개선안은?	
운영 프로세스를 개선하는 방법을 파악하는데 팀원들을 참여시킬 것인가? 그렇다면, 어떻게 참여시킬 것인가? 아니라면, 참여에 대한 팀원들의 기대를 어떻게 관리할 것인가?	
새로운 운영 프로세스를 팀원들한테 어떻게 전달할 것인가?	

3. 집단 역학 어떻게 관리할 것인가?

집단 역학(Group Dynamics)의 관리

- **바람직한 집단 규범(group norms)**
  - 팀원들을 관찰하여 어떤 집단 규범이 있는가 파악한다.
  - 바람직하지 않은 집단 규범은 팀의 성과 창출을 방해한다.

- **집단 규범에 영향을 미치는 방법**
  - 팀장 스스로 모범을 보인다.
    - 상호 존중, 열린 토론, 건설적인 논쟁과 협력, 동의가 되지 않을 때는 그 입장을 이해하고, 더 자세한 설명을 요청한다.
  - 바람직한 행동에 대해 보상한다.
    - 성과 평가 시 팀에 어떻게 공헌했는지 피드백한다.
  - 새로운 규범의 실천을 독려하는 팀원을 선정한다.
  - 바람직한 행동이 무엇인지를 정의한다.

팀의 전체적인 효과성에 있어서, 팀 구성원간의 비공식적인 상호관계는 공식적인 운영 프로세스 못지않게 중요하다.

예를 들어, 팀장은 프로젝트에 대한 질문을 받고 우려되는 사항에 대해 토론하기 위한 주간 회의 일정을 잡을 수 있다. 하지만 그것이 팀원 한 사람이 대화를 주도하거나, 팀원들이 전문 분야에 관계없이 모든 것을 경력이 많은 팀원에게 의지하는 행동을 방지해 주지는 못할 것이다.

집단 행동규범(group norms), 즉 팀원들이 서로 기대하거나 받아들일 수 있는 행동 기준은 팀원들이 함께 일하는데 중요한 역할을 한다.

■ 바람직한 행동규범을 만든다.

기존의 팀을 새로 맡게 되었다면, 이러한 행동규범(group norms)이 이미 확립되어 있을 것이다. 팀장은 기존 팀을 관찰함으로써, 어떤 팀원이 다른 팀원보다 말을 많이 하는지, 또는 지식이 많거나 경력이 많은 비공식 리더에게 의지하는 경향이 있는가를 파악할 수 있다.

이러한 패턴은 대개 팀이 만들어진 초기에 형성되게 된다.

예를 들어, 초기 회의에서 말을 많이 한 팀원은 그 후의 회의에서도 대화를 주도할 가능성이 높다. 초기에 조용했던 사람들은 다음에도 대화에 끼어드는 것에 어려움을 느끼게 된다.

이러한 행동들이 왜 문제가 될까? 어떤 행동규범은 팀장이 팀원들로부터 원하는 것을 이끌어내는 것을 방해한다.

어느 연구 결과에 의하면 사람들은 자주 제시되는 아이디어를 받아들이는 경향이 있다고 한다. 한 사람이 계속해서 이야기한다면, 그 팀원의 아이디어가 최선이 아니더라도, 자주 듣게 되어 선택될 가능성이 높아지게 된다는 것이다.

■ 행동규범에 영향을 미치는 방법

대부분의 경우, 팀의 행동규범(group norms)은 쉽게 바뀌지 않는다. 하지만 팀장은 긍정적인 규범을 장려하고, 부정적인 것은 막음으로써 여기에 영향을 줄 수 있다. "행동규범에 대한 관찰" 실천도구를 활용하여 팀 내에 존재하는 행동규범을 평가하고, 변화가 필요한 규범에는 어떤 것이 있는지 파악해 보자. 또 "행동규범의 변경" 실천도구를 활용하여 행동규범에 영향을 주기 위한 계획을 수립한다.

행동규범에 긍정적인 영향을 주기 위한 방법에는 다음과 같은 것이 있다.

☐ **팀장 스스로 모범을 보인다**: 팀원들이 받아들이기를 원하는 규범을 팀장이 행동으로 보여준다.

예를 들어, 상호간의 존중, 열린 토론, 건설적인 논쟁과 협력하는 모습을 팀장 스스로 보여 줌으로써 장려한다. 만약 팀장의 의견에 동의하지 않는 팀원이 있다면, 그 팀원의 입장을 이해하고, 더 명확하게 설명해 달라고 요청한다. 그리고 그 문제에 대한 다른 구성원들의 생각을 물어 보도록 한다.

☐ **바람직한 행동에 대해 보상한다**: 팀원들에 대한 성과평가를 할 때, 그 팀원이 팀에 어떻게 기여했는지에 대해 피드백을 한다.

예를 들어, 어떤 팀원이 대화를 장악하고, 프로젝트 자원들을 자신의 이익을 위해서 독점했다면, 비록 그가 개인 목표를 달성했다고 하더라도, 팀의 전체적인 성과를 향상시키는 데 기여한 팀원보다 평가를 낮게 한다.

☐ **새로운 행동규범의 실천을 독려하는 팀원을 선정한다**: 팀원들은 종종 자신들이 따르고 있는 팀의 규범을 의식하지 못하곤 한다.

예를 들어, 팀원들이 정해진 날짜보다 2~3일 정도 보고서를 늦게 제출하곤 한다고 가정해 보자. 이것을 바꾸기 위해서, 제출 날짜 2~3일 전에 일깨워주는 사람을 지정하여 기한 내에 보고서를 제출하도록 할 수 있을 것이다.

☐ **바람직한 행동을 정의한다**: 모든 행동규범을 정할 수는 없지만, 어떠한 행동을 원하는가는 명확하게 할 수 있을 것이다.

예를 들어, 팀원들에게 자신의 관점을 지키는 것은 좋지만, 자신의 관점에 반하는 것이라도 관련된 정보를 서로 공유할 것을 기대한다고 말한다.

실천도구
:: 행동규범에 대한 관찰 ::

팀원들 사이의 비공식적인 상호작용은 팀 전체 효율에 커다란 영향을 준다.
이 실천도구를 활용하여 팀원들이 서로에게 기대하는 행동을 관찰하고, 긍정적이거나 부정적인 행동규범을 파악한다.

활용방법

몇 주 동안 관찰한 팀원들의 행동을 기록한다. 이러한 행동들이 긍정적이거나 부정적인 규범을 나타내고 있는지 판단해 본다. 그 후에 "행동규범 변경" 적용도구를 활용하여 어떻게 긍정적인 행동규범은 강화시키고, 부정적인 것은 바꿀 것인지를 계획한다.

행동규범 관찰 작성 예시

영향력	관찰 결과
팀 내 팀원들이 의지하는 비공식적인 리더/사람은 누구인가?	박 차장
이 사람의 영향력이 업무관련 지식, 스킬, 외부 상황 또는 개인적인 능력 중 어디에 근거한 것인가?	경험, 전문성, 그리고 회사에서의 평판
팀 활동에서 배제된 사람들이 있는가? 그렇다면 그 이유는?	없다.
팀 활동에 참여하지 않는 사람이 있는가? 이러한 행동에 대한 다른 팀원들의 반응은 어떠한가?	탁 과장은 다른 팀원들과 함께 점심을 먹는 것과 같은 활동에 잘 참여하지 않음. 팀원들은 이것을 당연하게 받아들이고 있는 것 같음.
나타나고 있는 긍정적인 규범은 무엇인가?	팀원들이 서로를 존중해 준다.
나타나고 있는 부정적인 규범은 무엇인가?	어떤 팀원은 스스로 결정을 내리지 않고, 박 차장에게 지나치게 의존한다.
기타	

의사소통	관찰 결과
대화를 주도하는 사람이 있는가?	변 과장은 회의 시간에 자기 주장이 너무 강하다.
조용하거나 가만히 있는 사람을 어떻게 대하는가? 그들의 침묵이 다른 사람들에게 동의로 받아들여지는가?	탁 과장은 회의 시간에 주로 조용한 편이다. 이것은 동의로 간주되곤 한다.
팀 토론에서 다른 관점이 제시되거나 장려되는가?	사람들은 대부분 경우 자신의 것과 다른 관점에 개방적이다.
다른 사람의 말을 끊는 경향이 있는가? 아니면 자신의 차례가 돌아올 때까지 기다리는가?	변 과장은 다른 사람이 말하는 것을 자주 끊는다.
다른 사람의 의견이 적극적으로 경청되는가?	박 차장은 적극적인 경청에 능하다.
다른 사람의 의사소통 스타일을 이해하고, 받아들이기 위해 노력하는가?	대부분의 팀원들은 그들의 스타일간의 차이점을 인식하지 못하고 있는 것 같다.
기타	

우리 팀 내 행동규범 관찰

영향력	관찰 결과
팀 내 팀원들이 의지하는 비공식적인 리더/사람은 누구인가?	
이 사람의 영향력이 업무관련 지식, 스킬, 외부 상황 또는 개인적인 능력 중 어디에 근거한 것인가?	
팀 활동에서 배제된 사람들이 있는가? 그렇다면 그 이유는?	

팀 활동에 참여하지 않는 사람이 있는가? 이러한 행동에 대한 다른 팀원들의 반응은 어떠한가?	
나타나고 있는 긍정적인 행동규범은 무엇인가?	
나타나고 있는 부정적인 행동규범은 무엇인가?	
기타	
의사소통	관찰 결과
대화를 주도하는 사람이 있는가?	
조용하거나 가만히 있는 사람을 어떻게 대하는가? 그들의 침묵이 다른 사람들에게 동의로 받아들여지는가?	
팀 토론에서 다른 관점이 제시되거나 장려되는가?	
다른 사람의 말을 끊는 경향이 있는가? 아니면 자신의 차례가 돌아올 때까지 기다리는가?	
다른 사람의 의견이 적극적으로 경청되는가?	
다른 사람의 의사소통 스타일을 이해하고, 받아들이기 위해 노력하는가?	
기타	
갈등 관리	관찰 결과
회의 중에 서로 충돌하는 의견이 토론되고 존중되는가? 아니면 자신이 동의하지 않는 사람의 의견을 웃음거리로 만들거나, 무시하는 사람들이 있는가?	
팀원들이 서로 경쟁적인가?	
부정적인 피드백이 건설적인 방법으로 제공되는가? (개인에 대해 '틀렸다, 나쁘다'가 아닌, 안건이나 목표에 초점을 맞춘다)	
기타	
기타 행동규범:	관찰 결과
관찰된 행동	
이러한 행동이 팀 목표 달성에 미치는 긍정적인 영향은 무엇인가?	
이러한 행동이 팀 목표 달성에 미치는 부정적인 영향은 무엇인가?	
기타	

실천과제 5 팀 조직의 효과적 운영

실천도구
:: 행동규범의 변경 ::

팀장은 팀워크를 향상시키기 위해 긍정적인 행동규범을 장려하여야 한다. 이를 위해, 기존의 행동규범을 어떻게 바꿀 것인가에 대한 계획을 세워보자.

활용 방법

"행동규범에 대한 관찰" 실천도구의 관찰 결과를 활용하여, 긍정적인 행동규범을 장려하고 부정적인 것은 바꾸기 위한 계획을 세운다.

긍정적인 행동규범을 만들기 위한 계획수립(예시)

관찰된 규범:	팀 회의가 정시에 시작되지 않고, 조직적이지 못하다.	변경 계획
새로 만들거나, 강화하고 싶은 좋은 행동규범은 무엇인가?		예: 회의가 잘 계획되고, 실행되도록 한다.
장려하고 싶은 행동은 어떤 것인가?		예: 안건 결정, 회의 준비, 정시 시작
장려하고 싶지 않은 행동은 어떤 것인가?		예: 사람들이 늦게 도착하는데 따른 회의 중단, 의미 있는 토론이 불가능하도록 하는 준비 부족
어떤 방법으로 긍정적인 행동을 장려할 것인가? (예, 역할 모델, 보상 등)		예: 1) 목표하는 원칙대로 회의를 계획하고, 사람들에게 정시에 도착하는 것이 중요하다고 다시 한 번 상기시킨다. 2) 회의를 자주 담당하는 사람들을 개인적으로 만나 앞으로는 회의의 안건을 참석자에게 미리 배포하도록 요청함으로써 참석자들이 미리 회의를 준비할 수 있도록 한다. 회의 안건을 만들 때 사용할 안건 결정 양식을 배포한다. 회의를 시작할 때, 한 사람을 지명해서 기록하도록 한다.

우리 팀의 긍정적인 행동규범을 만들기 위한 계획수립

관찰된 규범:	변경 계획
새로 만들거나, 강화하고 싶은 긍정적인 행동규범은 무엇인가?	
장려하고 싶은 행동은 어떤 것인가?	
장려하고 싶지 않은 행동은 어떤 것인가?	
어떤 방법으로 긍정적인 행동을 장려할 것인가? (예, 역할 모델, 보상 등)	

관찰된 규범:	변경 계획
새로 만들거나, 강화하고 싶은 긍정적인 행동규범은 무엇인가?	
장려하고 싶은 행동은 어떤 것인가?	
장려하고 싶지 않은 행동은 어떤 것인가?	
어떤 방법으로 긍정적인 행동을 장려할 것인가? (예, 역할 모델, 보상 등)	

4. 팀 내 갈등 어떻게 관리할 것인가?

팀 내의 갈등 관리

"더 좋은 아이디어와 결정을 창출할 수 있는 방향으로 갈등을 관리한다."

창조적인 갈등 관리
- 주제와 목표에 초점을 맞추어 토론을 진행한다.
- 자유로운 대화를 장려한다.
- 질문을 한다.
- 다양한 의견을 조정한다.
- 적극적으로 자신의 아이디어를 제시하는 팀원들을 인정해 준다.

팀원 사이 갈등에 언제 개입할 것인가?
- 논쟁이 팀의 생산성에 영향을 줄 때
- 공격적인 사람과 소심한 사람 사이의 문제일 때
- 논쟁이 다른 구성원으로까지 확대될 때
- 논쟁의 당사자 중 한쪽 또는 모두 도움을 요청할 때

팀원들 사이에 갈등이 발생했을 때, 팀장은 이 갈등을 더 나은 아이디어와 결정을 창출해 낼 수 있는 방향으로 관리해야 한다.

모든 갈등이 나쁜 것은 아니다. 사실, 팀원들이 단합을 위해 지나치게 노력한다면, 다른 대안을 찾기 위한 논의 기회를 없애버리는 것이 될 수 있다.

이것을 "집단 사고(group think)"라고 부르고, 다양한 배경과 다양한 관점을 가지고 있는 팀으로서의 장점을 잃어버리게 할 수 있다.

■ 창조적인 갈등 관리

사람들은 자신과 스타일이 다른 사람과 함께 일할 때 어려움을 느낄 수 있다. 작은 갈등은 팀원들 스스로 해결할 수 있도록 하는 것이 좋다. 다른 팀원들의 스타일에 대해 이해하고, 다양한 스타일이 가져오는 장점을 이해할 수 있도록 도와줌으로써, 팀원들간의 갈등을 더욱 생산적으로 만들 수 있다.

> 예를 들어, 팀장은 "김대리의 창의적인 제안은 기존 사고 방식에 대해서 다시 한 번 생각해 보도록 했어요. 그의 참신한 관점을 어떻게 활용할 수 있을까요?"라고 말할 수 있을 것이다.

또 다른 방법은 다양한 학습 스타일과 문제 해결 방법에 대해 팀원들을 교육하는 것이다. 예를 들면 MBTI(Myers-Briggs Type Indicator)와 같은 성격 유형 검사, 또는 팀 빌딩 게임 등은 이러한 목적에 유용할 것이다. 이러한 실습을 통해 팀원들은 더 관대해 지고, 다른 사람과의 의사소통을 더욱 잘 할 수 있게 될 것이다.

> 예를 들면, 만약 김대리가 자신은 세세한 부분까지 파고드는 걸 좋아하지만, 박대리는 "큰 그림"을 볼 수 있다는 것을 알고 있다면, 그에게 자세한 내용을 소개하기 보다는 좀 더 넓은 차원에서 논의를 할 수 있을 것이다.

다양한 사고 방식과 배경으로부터 혜택을 얻기 위해서는, 자신과 다른 사람의 이야기를 경청하고, 다른 관점에 개방적이며, 자신의 믿음에 의문을 가질 수 있어야 한다. 이러한 행동을 장려하기 위해서,

- ☐ **주제와 목표에 초점을 맞추어 토론을 진행한다:** 토론을 시작할 때, 이 토론의 목적이 다양한 정보와 관점을 이용하여 가장 좋은 아이디어 또는 결정을 내리는 것이라는 것을 설명한다.

- ☐ **자유로운 대화를 장려한다:** 모든 사람의 의견이 소중하다는 것을 명확히 한다. 팀원들은 다양한 관점을 이해하고, 존중하기 위해 노력해야 한다. 제시된 의견의 논리를 강화하기 위해 일부러 반대 의견을 제시하는 사람(devil's advocate)을 지정하거나, 어려운 문제에 더 창의적인 해결책을 찾기 위해, 그 문제를 새로운 시각에서 바라보는 방법을 찾는다.

- ☐ **질문을 한다:** 팀원들에게 그들의 아이디어와 의견을 뒷받침하는 자료와 합리적인 논쟁을 요청하고, 중요한 사실에 대해 팀원들간의 합의점을 찾도록 한다. 다른 팀원에게 이 아이디어를 지원하거나, 모순되는 정보를 가지고 있는지 물어본다.

- ☐ **다양한 의견을 조정한다:** 팀원들의 다양한 의견을 조정할 방법을 찾는다. 예를 들어, 김대리는 6월까지 그 업무를 마무리하는 것은 불가능하다고 생각하고 있고, 박대리는 올해 팀 목표를 달성하기 위해서는 6월까지 반드시 마무리되어야 한다고 믿고 있다면, 두 사람의 의견을 조정할 방안을 모색한다.

- ☐ **아이디어를 적극적으로 제시하는 팀원을 인정해 준다:** 팀장의 생각이나 다른 구성원의 아이디어에 적극적으로 도전하는 팀원을 인정해 주고, 감사의 표현을 한다. 이들이 현안에 얼마나 초점을 잘 맞추고 있는가와, 이렇게 초점을 유지하는 것이 팀이 그 이슈를 더 심도 깊게 검토하는데 어떻게 도움이 되는지를 알려준다.

■ 팀원 갈등에 언제 개입할 것인가?

때로는 팀원들간의 논쟁이 팀장이 직접적인 행동을 취해야 할 필요가 있을 정도로 과열되기도 한다.

일반적으로는, 팀원들이 논쟁을 할 때에는 스스로 그 문제를 해결할 수 있도록 기회를 주는 것이 가장 좋다. 하지만, 아래와 같은 경우에는 팀장의 개입이 필요할 수 있다.

- 논쟁이 팀 생산성에 영향을 줄 때
- 공격적인 사람과 소심한 사람 사이의 문제일 때
- 논쟁이 다른 구성원으로까지 확대될 때
- 논쟁의 당사자 중 하나 또는 모두가 도움을 요청할 때

팀원간의 갈등에 개입할 때, 팀장의 역할은 그들이 문제를 정확히 파악하도록 하고, 쌍방의 말을 들어본 후에 합의가 가능한 사항을 찾아보고, 해결책을 도출할 수 있도록 도와 주는 것이다.

팀원들이 해결책에 합의를 한 후에도, 그 후의 진행 상황을 계속해서 파악하고 관리하도록 한다. "갈등 해결책 분석" 실천도구를 활용하여 갈등에 개입해야 할지 여부를 평가하고, 그 팀원들과의 토론 내용을 기록한다.

실천도구
:: 갈등 해결책 분석 ::

갈등 관리를 잘하면, 팀이 더 나은 아이디어를 창출하고 더 나은 의사결정을 하는데 도움이 될 수 있다. 하지만 팀원간의 갈등이 심해져서 팀 생산성을 떨어뜨리게 되기도 한다.

이 실천도구를 활용하여 팀원들의 갈등을 중재해야 할 것인지 여부를 결정한다. 만약 중재해야 할 필요가 있다면, 당사자들을 만나 갈등을 해결할 수 있는 방안을 함께 찾아 본다.

활용 방법

1. Part I을 활용하여 팀원간의 갈등을 중재해야 할 것인지 여부를 결정한다.
2. 질문에 "예"라고 대답한 것이 있다면, 그 팀원을 만날 계획을 세우고, Part II를 활용하여 면담 후에 대화 내용을 기록한다.

Part I. 중재 여부 결정

	예	아니요
1. 갈등이 팀 전체의 생산성에 영향을 주는가?		
2. 갈등이 공격적인 사람과 소극적인 사람 사이에 발생했는가?		
3. 갈등이 최초의 두 사람을 넘어 다른 팀원에게까지 확대되었는가?		
4. 갈등에 성희롱과 같은 위법 행위가 포함되어 있는가?		
5. 당사자 중 하나 또는 두 사람 모두 팀장에게 도움을 요청했는가?		

위 질문 중 어느 하나라도 "예"라고 대답했다면, 팀장이 그 문제를 중재해야 할 필요가 있다. 갈등 당사자들과의 면담 후에는 Part II를 활용하여 대화 내용을 기록한다. 만약 갈등 해결에 팀장의 도움을 요청한 경우라면, 그 팀원을 대상으로 갈등 해결 능력을 키우기 위한 코칭을 할 수도 있을 것이다. (또는 다른 교육 프로그램이 있는지 교육팀과 상담할 수도 있을 것이다.)

팀원들 사이의 갈등을 중재할 때에는, 갈등 당사자들을 각각 따로 그리고 함께 만날 계획을 세운다:

- 팀원이 문제를 구체적이고, 이해 가능한 용어를 사용해서 파악하도록 돕는다.
- 동의할 수 있는 영역을 파악한다.
- 다른 해결책을 찾기 위해 브레인스토밍을 한다.
- 문제 해결을 위한 계획을 세운다.

Part II. 갈등 해결을 위한 대화 기록

날짜:	
팀원A (이름:)	
이 문제에 대한 A의 입장	
A가 원하는 결과 또는 우려하는 것	

팀원B (이름:)	
이 문제에 대한 B의 입장	
B가 원하는 결과 또는 우려하는 것	

합의 가능한 영역:

제시된 해결책:

문제 해결 계획(다음 절차를 포함)

진행 상황을 확인하기 위한 다음 면담 날짜	

실천과제 5 팀 조직의 효과적 운영

5. 팀원 충원 어떻게 할 것인가?

팀원 충원

♣ **충원 필요성 평가**
- 팀 역량을 평가하고, 보완이 필요한 역량 리스트를 작성한다.

♣ **다양성이 주는 장점**
- 잘 관리가 된다면, 구성원이 다양한 팀이 더 혁신적이고, 더 나은 결정을 내리며, 어려운 상황에서 더욱 더 강력한 해결책을 찾아낸다.

♣ **신중한 충원**
- 다양함은 팀의 업무 수행을 더욱 어렵게 만들 수 있다.
- 팀에 혁신이 필요하거나, 어려운 문제들을 해결해야 하는 경우가 많은 경우, 다른 스타일과 배경을 가지고 있는 사람을 충원하는 것을 고려해 보아야 한다.

처음 팀장이 되면, 기존의 팀을 물려 받을 경우가 많을 것이다. 하지만 시간이 흐름에 따라, 필요한 역량을 갖춘 새로운 팀원을 충원 또는 교체해야 할 경우가 생기게 된다.

■ 충원 필요성 평가

충원을 시작하기 전에, 팀장은 어떤 역량과 성격이 팀에 도움이 될 것인가에 대해 전략적으로 생각해 보아야 한다.

예를 들어, 현재 팀원들이 기술력은 있지만 조직적인 역량이나 팀 밖의 인맥이 부족하다면, 다른 후보자들보다 기술력은 약하더라도 대인관계가 좋거나, 폭넓은 인맥을 가지고 있는 사람을 선택하는 것이 팀에 도움이 될 것이다.

"팀에 필요한 업무 스타일과 역량" 실천도구를 활용하여 팀이 가지고 있는 역량을 평가하고, 새로운 팀원을 찾을 때 보완하기를 원하는 역량 리스트를 만든다.

■ 다양성이 주는 혜택

특정 기술 외에 관점, 성장 배경, 업무 경험, 문제 해결 스타일 등이 얼마나 다양한가를 고려해 보자.

예를 들어, 판매 경험은 없지만, 고객 지원 업무를 해 본 경험이 있는 사람은 영업팀에 새로운 관점을 가져올 것이다.

유사한 경우로, 창의적으로 생각하는 것을 선호하는 사람은 의사결정 시에 숫자와 분석에만 초점을 맞추는 팀이 균형을 유지하는데 도움이 될 것이다. 다른 나라에서 태어나 다른 문화를 가지고 있는 사람은 문화적인 인식을 높이고, 팀에 다른 의사소통 방법과 업무 스타일을 가져올 것이다.

효과적으로 관리된다면, 다양한 팀원이 있는 팀이 더 혁신적이고, 더 나은 의사결정을 하며, 어려운 상황에서 더욱 강력한 해결책을 찾아 낸다.

예를 들어, 신발 제조업체에서 도시 젊은이들을 위한 신발의 디자인을 맡고 있는 팀에 대해 생각해 보자. 만약 이 팀이 창의적인 아이디어를 창출하는 데는 강하지만, 분석적인 능력이 결여된 사람들만으로 구성되어 있다면, 고객의 요구와 맞지 않는 제품을 디자인할 위험을 갖게 될 것이다.

이상적인 팀은 창의적이면서 분석적인 역량을 함께 갖추고 있는 팀이다. 이 팀에 그 도시에서 살고 있는 10대의 부모나, 목표 시장에서 직접 판매를 해 본 경험이 있는 사람이 포함된다면, 다양한 관점에서 오는 혜택은 더욱 커질 것이다.

■ 충원은 신중하게 한다.

다양함을 갖는 것에는 많은 혜택이 따르지만, 단순히 팀에 다른 관점 또는 역량을 가져올 것이라는 이유만으로 성급하게 충원하지 않도록 한다.

팀 내의 다양함은 업무 수행을 더욱 어렵게 만들 수 있다. 예를 들어, 팀원들이 하나의 상황을 다양하게 해석하고, 서로 다르게 반응한다면, 결정을 내리는 데 더 많은 시간이 걸릴 수 있다. 서로 다른 업무 스타일과 의사소통 습관 때문에 서로 신뢰하는 것이 더 어려울 수도 있다. 팀원들은 상대방에게 짜증스러움을 느끼게 되고, 팀이 공중 분해될 수도 있다.

이러한 위험 때문에, 충원 결정을 할 때에는 팀의 주요 업무에 대해 생각해 보아야 한다. 예를 들어, 분석 보고서를 완료하는데, 계속적인 시간의 압박을 받고 있다면, 기존 팀원들과 업무 스타일이 현저하게 다른 사람을 충원하기를 원하지 않을 것이다. 하지만, 팀에 혁신이 필요하거나, 어려운 문제를 해결해야 하는 경우가 많다면, 다른 스타일과 배경을 가지고 있는 사람을 충원하는 것을 고려해 보아야 한다.

실천도구
:: 팀에 필요한 업무 스타일과 역량 ::

이 실천도구를 활용하여, 팀의 현재 목표와 팀원들의 강점을 파악한다. 그리고 팀원 충원 시 팀에 추가되면 유용할 특성에는 어떤 것이 있는지 고려한다.
새로운 역량과 개인적 특성을 추가하는 것은 팀이 더 효과적으로 되는데 도움이 될 것이다.

활용 방법

1. Part I에서, 팀이 정기적으로 수행하는 주요 활동들을 기록하고, 그것을 달성하는데 필요한 역량과 개인적 특성도 기록한다. 그리고 이러한 역량 중 팀원들이 어떤 것을 보유하고 있는지 생각해 본다.
2. Part II를 활용하여, 팀에 부족한 영역을 파악하고, 이것이 단기적인 요구인지 장기적인 요구인지를 파악한다. 그리고 충원 시 참조할 수 있도록 역량 리스트를 만들어 둔다.

Part I: 팀 활동과 강점

팀에서 수행하는 주요 활동	업무 수행에 필요한 주요 역량:	이 영역에 강한 팀원들

Part II: 팀의 요구

1. Part I에서 작성한 정보를 검토한다. 열거된 역량 또는 특성 중 우리 팀이 약한 영역이 있는가? 그렇다면 아래에 열거한다. 이러한 역량 또는 특성은 앞으로 추가하기를 원하는 것일 될 것이다.

2. 팀원 중 한 명이라도 아래에 열거된 역량을 대표하고 있는 사람이 있는가?
   - 특정 기술 분야에 대한 전문성
   - 문제 해결 역량(다양한 상황을 분석하고, 다른 사람들이 보지 못하는 해결책을 찾아내는 능력)
   - 다른 사람들과 효과적으로 일하는 역량
   - 회사의 정책을 이해하고 있으며, 조직 전체에 걸쳐 인맥을 형성할 수 있는 역량
   - 필요한 새로운 스킬을 마스터할 수 있는 역량
   - 효과적이고 효율적으로 정보를 교환하며, 남의 말을 경청하는 역량

그런 팀원이 없으면, 그 역량을 아래에 기입한다. 그 밖에 팀에 빠져있는 있다고 생각되는 역량도 아래에 기입한다. 이러한 것이 추가하기를 원하는 역량이 될 것이다.

3. 앞으로 진행될 단기 프로젝트에 대해 생각해 보자. 임시로 필요한 특정 역량이 있는가? (이러한 역량을 위해 영구적인 충원을 원하지는 않을 것이다.)

4. 위에 팀에 부족한 것으로 열거한 역량과 특성을 어떻게 추가할 것인가?

6. 업무환경 어떻게 지원할 것인가?

지원적인 업무환경 제공

⁜ 물리적인 환경(Physical environment)
- 협력이 필요한 사람들은 가깝게 자리 배치
- 의사소통을 촉진할 수 있는 공간 준비
- 사람들이 함께 모일 수 있는 이벤트 기획

⁜ 자원과 도구(Resources and tools)
- 사무기기 - 현황 판, 화이트 보드, 펜
- 기술 - 일정관리 도구, 지식관리 S/W, 업무 공유/의사 소통을 위한 팀 대화방(웹사이트)
- 교육 - 인간 관계 역량부터 특정 소프트웨어 학습까지 다양
- 사람 - 적정 인원 구성, 타 팀 도움 요청, 임시 직원 채용, 정식 팀원 충원

⁜ 보상과 정서적 지원(Rewards and emotional support)
- 피드백과 보상
- 당면 목표를 달성하는 것에 초점을 맞추도록 장려, 성과 달성 시 축하
- 팀원들의 긴장과 스트레스를 완화시킬 수 있는 방법 모색

　물리적 그리고 정신적으로 지원적인 업무환경을 제공하는 것은 다양한 사람들로 구성된 팀의 성과를 높이는데 큰 도움이 된다.

■ 물리적인 환경

팀원들이 일하는 물리적인 환경(physical environment)이 팀 업무와 협력을 장려하는데 도움이 될 수 있다. 실제 사무 공간에는 많은 제약이 있지만, 주어진 공간을 더 효과적으로 사용하는 방법을 찾을 수 있을 것이다. 아래에 몇 가지 아이디어가 제시되어 있다.

- **협력이 필요한 사람들은 가까이 배치한다:** 연구 결과에 의하면 사람들은 서로 근접해 있을 때 협력을 잘하고, 함께 일을 더욱 잘하는 경향이 있다고 한다. 가까이 있을 때, 사람들은 이야기를 더 많이 하고, 아이디어를 공유할 가능성이 높아진다.

- **의사소통을 촉진할 수 있는 공간을 만든다:** 공식적, 비공식적인 대화는 팀워크에 있어 중요한 요소이다. 함께 이야기할 수 있는 공간과 같은 물리적인 공간들은 친밀감과 신뢰를 키울 수 있는 자연스러운 대화를 촉진하게 된다.

- **팀원들이 함께 할 수 있는 이벤트를 기획한다:** 팀원들이 비공식적으로 만나 이야기할 수 있는 기회를 만들어 준다. 예를 들어, 한 주에 한 번씩 함께 식사를 한다든가, 또는 월초에 비공식적인 모임을 한다.

■ 자원과 도구

팀원들을 위해 물리적인 환경을 만드는 것에 더해, 팀장은 팀원들이 효율적으로 함께 일하는데 필요한 자원과 도구(Resources and tools)를 제공해 주어야 한다.

예를 들어, 팀원들이 공식적으로 또는 비공식적으로 자주 모이는 공간에 화이트 보드, 플립 차트, 펜 등을 많이 비치해 두어 자신의 아이디어를 정리해 볼 수 있도록 한다.

효과적인 팀워크를 장려하기 위해, 아래 카테고리의 자원들이 팀에 어떤 도움이 될 수 있을지를 검토해 보자.

☐ **장비(Equipment):** 팀원들이 어떻게 서로 의사소통을 할 것인지를 검토한다. 출장이 잦다면, 떨어진 장소에서도 공유 파일에 접근하는 것이 가능하도록 하는 IT 시스템이 필요할 수 있다. 현재 진행되고 있는 프로젝트 목록과 완료 일을 기록해 두는 화이트 보드도 팀원들이 팀의 현재 업무 추진 상황을 인식할 수 있도록 도와줄 것이다. 업무 공간에 팀원들이 필요로 하는 장비들이 구비될 수 있도록 한다.

☐ **기술(Technology):** 팀원들이 더 효과적으로 함께 일하는 것을 도와주는 기술을 도입하는 것을 검토한다. 프로젝트 관리 또는 지식 관리 소프트웨어 같은 것이 될 수 있을 것이다.

그리고 팀원들이 자신의 업무 결과를 공유하고, 상호간에 더 효과적으로 의사소통 할 수 있도록 공유 사이트를 구축하고, 업무 자료나 회의 시간 등의 정보를 올려 놓도록 할 수 있을 것이다.

☐ **교육(Training):** 팀원들에게 교육이 필요한 지 여부를 검토한다. 주요 교육 분야는 팀으로 일하기와 같은 상호 관계에 관련된 것에서부터, 특정 소프트웨어 사용법을 배우는 것과 같은 기술적인 사항까지 다양하다.

예를 들어, 팀원 중 일부가 서로를 신뢰하지 않는다는 것을 알게 되었다면, 서로의 역할과 상호 의존도를 명확히 하고, 서로 다른 것을 인정해 주는 팀 빌딩 워크샵이 도움될 것이다.

- **사람(People):** 팀 목표를 달성하기에 필요한 능력을 가진 사람들로 적절하게 구성되어 있는가? 팀원들이 압도당하거나, 감당할 수 있는 것 이상의 업무를 맡고 있지는 않는가? 팀장은 다른 팀에 도움을 요청하거나 (IT부서로부터의 기술적인 지원), 또는 임시 팀원 또는 정식 팀원을 충원할 필요가 있을 수 있다.

"팀의 필요 자원에 대한 파악"과 "물리적인 업무 환경 조사" 실천도구를 활용하여 팀의 필요를 평가해 보자. 그 후에 필요한 자원을 가장 효율적인 비용으로 확보할 수 있는 방법을 상사와 함께 찾아 본다.

실천도구
:: 팀의 필요 자원에 대한 파악 ::

팀 목표를 달성하기 위해서는 적절한 자원을 제공해 주어야 한다. 이 실천도구를 활용하여 팀 목표를 달성하기 위해 어떤 장비, 기술, 교육, 사람, 그리고 다른 자원들이 필요한 지 생각해 보자.

활용 방법
팀에서 필요한 자원을 파악하고, 그 자원을 어떻게 확보할 수 있을 것인지 알아보자.

팀의 필요 자원	
장비(Equipment)	확보 방안
기술(Technolodge)	확보 방안
교육(Training)	확보 방안
사람(People)	확보 방안
기타	확보 방안

실천과제 5 팀 조직의 효과적 운영

실천도구
:: 물리적 업무 환경 조사 ::

팀원들이 일하고 있는 물리적인 업무 환경이 의사소통과 협력을 장려하는데 도움이 될 수 있다. 이 실천도구를 활용하여 현재의 업무 환경을 평가하고, 팀워크를 향상시킬 아이디어를 찾는다.

활용 방법

물리적인 업무 환경과 팀원들의 비공식적인 상호 관계를 목록으로 만든다. 가능한 한도 내에서 이것을 어떻게 바꾸면, 팀워크를 향상시킬 수 있을 것인지 생각해 보자.

물리적인 업무 환경의 개선

항목	현재 상황	개선 방법
사무실 자리 배치	· · · · ·	· · · · ·
공동의 공간 (예, 회의실, 구내 식당, 커피/물 마시는 곳 등)	· · · · ·	· · · · ·
소음	· · · · ·	· · · · ·
기타	· · · · ·	· · · · ·

■ 보상(Rewards)과 정서적 지원

정서적 지원 환경은 팀원들이 자신을 소중한 구성원의 하나라고 느낄 수 있도록 해 주고, 공동 목표를 달성하기 위해 함께 일하도록 동기 유발하는데 필요한 정서적인 지원을 한다.

팀장이 제공하는 정서적인 지원의 대부분은 피드백과 보상의 형태를 띠게 된다. 팀장이 하기 쉬운 일반적인 실수는 무엇인가 잘못 되었을 때, 또는 연간 성과평가 때에만 피드백을 하는 것이다. 정기적으로 긍정적인 피드백(positive feedback)을 하는 것은 팀원들이 낙관적인 견해와 확신을 가질 수 있도록 도와 준다.

동기를 유발하는 또 다른 방법은 팀원들로 하여금 당면 목표(immediate milestones)달성에 집중하도록 격려하는 것이다. 그리고 그 목표 달성을 축하해 주는 것이다. 작은 성취(small achievements)를 인정해 줌으로써 팀원들에게 활기를 불어 넣고, 보다 더 큰 목표를 달성하도록 할 수 있다.

마지막으로, 에너지가 고갈되었거나 업무에 압도당해 있을 때, 팀원들은 서로에게 더 쉽게 짜증을 내게 된다. 팀원들의 긴장과 스트레스를 완화시킬 수 있는 방법을 찾아 보자.

예를 들어, 주요 고객을 위한 프리젠테이션 준비 때문에 며칠씩이나 야근을 하였다면, 그것을 완료한 후에 시간적인 여유를 가질 수 있도록 배려한다.

실천과제 6 상사 및 회사와 한 방향 유지

　상사와 좋은 파트너십을 구축하는 역량은 팀장의 성공에 있어서 핵심 요소이다. 그러나 상사가 무엇을 중요하게 생각하는가에 대해 팀장들이 가지고 있는 판단은, 상당 부분 자신이 과거에 함께 일했던 다른 상사들과의 업무 경험으로부터 많은 영향을 받게 된다.

　"실천과제 6"에서는 상사에 대한 이해, 상사의 업무스타일 파악, 회사와 상위조직의 목표 이해, 그리고 이러한 목표 달성을 지원하기 위한 팀의 비전 설정 방법에 대해 학습하게 된다. 이를 통해 팀장은 상사 및 상위조직과의 생산적인 관계 형성이 가능할 것이다.

상사 및 상위조직에 대한 나의 생각은?

상사한테 중요한 것이 무엇인지에 대해 팀장이 가지고 있는 생각과 업무 습관은 자신의 과거 경험에서 많은 영향을 받았을 것이다. 다음 질문에서, 상사와 상위조직을 지원하는 것과 관련된 자신의 생각(가정)을 파악해 보자.

※ 각 문항을 읽고, 각 문항에 대해 '그렇다' 또는 '아니다'를 선택한다.
처음 떠오르는 생각을 바탕으로 선택하자.

나는 상사와 상위조직을 아래의 방법으로 가장 잘 지원할 수 있다고 믿고 있다.	그렇다	아니다
1. 상사가 선호하는 업무 스타일에 대해 상사가 먼저 협의하자고 말할 때까지 기다린다.		
2. 상사가 그 위로부터 평가를 받는 업무성과 기준을 파악한다.		
3. 일상적인 업무에서 발생하는 문제를 가지고 상사를 귀찮게 하는 것은 피한다.		
4. 상사가 나에게 추가 업무를 지시하면, 그것을 맡음으로써 기존 업무에 어떤 영향을 미치는가에 대해 알려 준다.		
5. 경제 신문이나 잡지에 실린 회사에 대한 기사를 분석하는 것을 통해 회사의 전략을 판단한다.		
6. 회사 전략 실행을 위해 변화를 추진하는 것이 여러 가지 면에서 고통스럽다는 것을 팀원들에게 말한다.		
7. 회사의 장기적인 목표를 달성하는 데 우리 팀이 가장 잘 기여할 수 있도록 강력하면서도 간결한 비전 개발을 상사한테 요청한다.		
8. 우리 팀이 소중하게 생각하는 가치와 우리 팀의 존재 이유를 반영하여 팀 비전을 만든다.		
9. 팀의 주요 성공 요소 사이에 상충되는 것이 있다면 바로 잡는다.		
10. 팀의 목표를 팀원들이 실행할 수 있는 개인 별 목표로 나눈다.		

▶ 응답결과에 대한 피드백은 다음 페이지에서 확인할 수 있다.

상사 및 상위조직에 대한 나의 생각은?

팀장은 자기 상사가 선호하는 업무 스타일을 이해하기 위해 주도적으로 노력해야 한다. 상사가 선호하는 업무 스타일을 파악하기 위해서 물어 보고, 다른 팀장들은 상사와 어떻게 성공적으로 일을 해나가는가를 관찰해 보아야한다.

또한 상사가 중요하다고 생각하는 것과, 효과적으로 업무를 수행하는데 꼭 필요하다고 생각하는 것이 어떤 것인지를 아는 것도 중요하다.

아래 표의 오른쪽에 있는 내용을 읽어보며, 상사와 조직을 지원하는데 대한 현재의 믿음에 대해 다시 생각해 보고, 향후 잘못된 믿음이 생기지 않도록 한다.

나는 상사와 상위조직을 이러한 방법으로 가장 잘 지원할 수 있다고 믿고 있다.	팀장으로서 실제 해야 하는 역할
상사가 선호하는 업무 스타일에 대해 상사가 먼저 협의하자고 말할 때까지 기다린다.	**아니다.** 팀장이 상사와 함께 일을 잘 할 수 있는 방법을 주도적으로 찾는 것이 중요하다. 상사가 먼저 대화를 시작하기에는 너무 바쁠 수도 있다.
상사가 그 위로부터 평가 받는 업무성과 기준을 파악한다.	상사의 성과가 어떻게 평가되는가를 알게 됨으로써, 상사를 더욱 잘 지원하는 방법을 찾아 낼 수 있을 것이다.
일상적인 업무에서 발생하는 문제들을 가지고 상사를 귀찮게 하는 것은 피한다.	**아니다.** 문제가 발생했다면, 상사는 그 문제가 해결하기 힘들 정도로 커지기 전에 빨리 알기를 원할 것이다.
상사가 나에게 추가 업무를 지시하면, 그것을 맡음으로써 기존 업무에 어떤 영향을 미치는가에 대해 알려 준다.	기존 업무를 하기에도 벅찰 경우, 상사가 추가 업무를 지시한다면, 그 일을 맡을 경우의 영향에 대해 설명하고, 대안을 협의하는 것이 좋다.
경제 신문이나 잡지에 실린 회사에 대한 기사를 분석하는 것을 통해 회사의 전략을 판단한다.	**아니다.** 회사의 내부 문서(CEO 연설, 결산 보고서)를 찾아 보거나, 상사나 동료가 회사의 전략을 어떻게 이해하고 있는지, 그리고 회사의 자원이 어디에 집중되고 있는지를 파악하는 것을 통해 회사의 전략을 판단하는 것이 가장 좋다.
회사 전략 실행을 위해 변화를 추진하는 것이 여러 가지 면에서 고통스럽다는 것을 팀원들에게 말한다.	변화와 함께 오는 불편함을 팀장이 인정한다면, 팀원들은 지원받고 있다고 느낄 것이다. 이것은 팀원들이 변화를 더 효과적으로 극복할 수 있도록 해 준다.
회사의 장기적인 목표를 달성하는데 우리 팀이 가장 잘 기여할 수 있도록 강력하면서도 간결한 비전 개발을 상사한테 요청한다.	**아니다.** 회사 및 상위조직의 목표를 가장 잘 지원한다고 믿고 있는 방향으로 팀 비전을 창출하는 것은 상사가 아닌, 팀장 자신의 책임이다.
우리 팀이 소중하게 생각하는 가치와 우리 팀의 존재 이유를 반영하여 팀 비전을 만든다.	효과적인 팀 비전은 많은 것을 나타낸다. 여기에는 팀의 가치와 회사 차원에서 보았을 때 팀의 존재 이유도 포함된다. 비전은 또한 팀원들이 미래의 모습에 대한 그림을 그릴 수 있도록 하고; 명확하고 고무적인 언어를 통해 표현되어야 하며; 회사 전략과도 일치하며; 팀의 성과를 높이도록 장려할 수 있어야 한다.

팀의 주요 성공 요인 사이에 상충되는 것이 있다면 바로 잡는다.	**아니다.** 주요 성공 요인들이 반드시 한 방향으로 되어 있을 필요는 없다. 그것보다는 팀의 전략, 구조, 시스템, 역량, 그리고 공유된 가치들이 한 방향으로 되어 있는지 확인하고 일치시킨다. 그리고 이 모든 것들이 팀의 주요 성공 요인들을 얼마나 잘 지원하고 있는지를 파악한다.
팀 목표를 팀원들이 실행할 수 있는 개인별 목표로 나눈다.	회사 및 상위조직의 전략을 성공적으로 지원하기 위해서는 팀 목표를 팀원들의 개인별 목표로 나누는 것이 필수적이다. 그 이유는 이러한 전략을 실행하는데 수반되는 프로젝트나 업무는 팀원 개인에 의해 수행되기 때문이다.

학습목표

- 상사와의 긴밀한 파트너십을 형성하는 방법에 대해 살펴본다.
- 회사 및 상위조직의 전략을 이해하고, 지원하는 것의 중요성을 깨닫는다.
- 팀 비전의 중요성 및 설정 방법을 터득한다.
- 팀과 팀원들의 목표가 회사 및 상위조직 목표와 한 방향이 되도록 하는 방법을 배운다.

☞ 상사 또는 회사 및 상위조직과의 관계에서 겪는 어려움은 무엇인가?

_____
_____
_____
_____
_____

1. 상사의 관심사항은 무엇인가?

상사의 주요 관심 사항에 대한 이해

♣ 왜 상사의 관심 사항을 이해하고 있어야 하는가?
- 회사의 전략 실행 지원
- 상사가 맡고 있는 조직의 목표 달성
- 상사와의 갈등 해소
- 상사가 필요로 하는 정보를 정확히 파악
- 상사가 좋은 평가를 받을 수 있도록 하기 위해

♣ 상사와 원만한 관계의 특징
- 정기적으로 상사의 목표, 당면 문제, 중압감 파악.
- 상사의 기대를 명확하게 파악할 수 있도록 계속해서 주의를 기울임.
- 상사의 행동에 주의를 기울여 그가 선호하는 방법을 찾음.
- 상사가 더욱 효율적으로 일할 수 있도록, 그의 업무 스타일에 맞춤.

팀장의 역할을 수행함에 있어서, 자기 상사의 주요 관심사항을 이해하고 있을 필요가 있다. 상사의 주요 관심사항은 다양한 요소들로 구성되어 있다. 이러한 요소에는,

- 일상 업무에 대한 책임, 압박, 새로운 과제
- 상사가 책임지고 있는 조직의 목표
- 담당 조직 내의 각 팀 및 개인들의 기대 성과
- 상사 자신이 평가 받는 기준

■ 왜 상사의 관심사항을 이해해야 하는가?

상사의 주요 관심사항을 이해하는 것이 중요한 이유는 여러 가지가 있다.

- **회사 전략 실행을 지원하기 위해:** 회사 차원의 전략 실행 책임은 임원, 팀장, 팀원 순의 단계로 내려오게 된다. 상사의 관심사항을 이해함으로써 상사의 일상적인 업무가 회사 전략에 어떻게 기여하는지, 그리고 더 큰 차원에서 보았을 때, 팀장은 어떤 역할을 해야 하는가를 더욱 명확하게 볼 수 있게 된다. 또 상사와 회사의 목표를 지원할 수 있는 파트너십을 구축할 수 있을 것이다.

- **상사가 맡고 있는 조직의 목표 달성을 돕기 위해:** 상사가 무엇을 달성하고자 하는가를 알고 있을 때, 팀장은 상사의 목표 달성을 도울 방법을 더 쉽게 찾을 수 있을 것이다.

- **상사와의 갈등을 해소하기 위해:** 일단 상사의 관심사항을 이해했다면, 그가 왜 우리 팀이 특정 결과물을 산출하기를 원하는가를 이해할 수 있게 될 것이다. 이러한 이해는 자기 책임에 대한 상사와의 갈등을 해결하는데 도움이 될 것이다.

- **상사가 필요로 하는 정보를 명확히 하기 위해:** 상사의 관심사항을 명확하게 이해하고 있다면, 그가 어떤 정보를, 얼마나 자주 원할까를 판단할 수 있다. 이것은 또한 팀의 우선순위를 명확하게 해 주고, 상사에게 무엇을 보고해야 할지를 결정할 수 있도록 해 준다.

- **상사가 좋은 평가를 받을 수 있도록 하기 위해:** 상사의 성과가 어떻게 평가되는가를 이해함으로써, 그리고 이러한 성과 기준에 자기가 맡은 팀의 성과가 어떻게 연결되는가를 이해함으로써, 상사의 목표 달성 노력을 더욱 잘 지원할 수 있게 된다.

상사의 관심사항을 명확하게 이해하면, 많은 혜택이 따르게 된다. 이를 위해서는 '상사와의 관계를 관리하는 방법(manage up)'을 알아야 한다.

실천도구
:: 상사의 주요 관심사항 파악 ::

상사의 주요 관심사항을 이해함으로써, 상사가 책임지고 있는 조직의 목표를 달성하는 것과 회사 전략 실행을 지원하게 되며, 상사와의 생산적인 파트너십을 구축할 수 있게 된다. 상사의 주요 관심사항에는 일상 업무에 대한 책임과 새로운 도전 과제, 맡고 있는 조직의 목표를 달성하는 것, 그리고 상사 자신에 대한 성과 평가 기준 등이 있을 것이다.

활용 방법

상사와의 미팅을 통해 상사의 주요 관심사항에 대해 파악한 내용을 이 실천도구를 활용해서 정리하자.

상사의 주요 관심사항에 대한 파악

1. 일상 업무에 대한 상사의 책임과 상사가 책임져야 할 새로운 과제는 무엇인가?
   →
   →
   →
   →

2. 상사가 책임지고 있는 조직의 목표는 무엇인가?
   →
   →
   →
   →

3. 상사의 목표 중에서 우리 팀이 달성해야 할 것은 무엇인가?
   →
   →
   →
   →

4. 상사가 평가 받는 기준은 무엇인가?
   →
   →
   →
   →

■ '상사와의 관계 관리'의 주요 내용

많은 사람들이 생각하는 것처럼, "상사와의 관계 관리(manage up)"는 상사한테 잘 보이기 위해 무조건 상사의 비위를 맞추는 것이 아니다. 그보다는, 상사를 지원할 방법을 찾고, 상사와 자신 모두가 성공할 수 있도록 서로에게 이익이 되는 관계를 만들어 가는 것을 말한다.

상사와의 관계를 관리하는 것의 핵심은 다음과 같은 행동으로 표현될 수 있다:

- ☐ 상사의 강점과 약점 파악(리더십 역량, 창의성, 대인 관계 역량 등)
- ☐ 상사가 맡고 있는 책임과 압박에 대한 이해
- ☐ 상사가 달성하고자 하는 목표 파악
- ☐ 상사와 협력, 의사소통, 의사결정을 잘 할 수 있는 방법에 대한 터득

상사와의 관계를 효과적으로 관리하는 것을 통해, 팀장은 업무 수행에 필요한 자원을 더욱 잘 지원받을 수 있게 되고, 상사와 더 효과적으로 일을 할 수 있게 될 것이다.

어쨌든, 상사와의 관계는 팀장 자신과 팀원의 관계와 마찬가지로 상호 의존적인 관계이다. 상사와의 관계를 관리하는 것은 자신과 상사 모두 탁월한 성과를 얻을 수 있도록 도와줄 것이다.

■ 업무 스타일 차이로 인한 갈등

상사와의 관계를 관리하는 것은 자기와 상사의 업무 스타일 차이로 인해 발생하는 갈등해결을 도와준다.

업무 수행 방식에 있어 팀장과 상사는 아래와 같이 다른 스타일을 가지고 있을 수 있다.

팀장은,	하지만 상사는,
상사의 정보 요청에 빠르게 응답한다.	팀장에게 필요한 정보를 제공하는 데 시간이 많이 걸린다.
팀원의 업무에 좀 더 깊숙이 관여하는 것이 좋다고 생각한다.	효과적인 팀장은 팀원에게 책임을 위임하고, 간섭하지 않는다고 생각한다.
결정을 하기 전에, 가능한 많은 정보를 수집하고, 깊이 생각하는 것을 선호한다.	비록 필요한 정보가 모두 확보되지 않은 상태라고 하더라도, 빠르고 결단력 있는 행동에 가치를 둔다.
서로 얼굴을 맞대고 토론을 할 때 가장 창의적이다.	혼자서 깊이 생각할 때 가장 창의적이다.

■ 업무 스타일 차이로 인한 갈등의 해결 방법

먼저 상사와의 관계를 원만하게 할 책임이, 팀장 자신에게 있다는 것을 받아들인다. 그리고 주도적으로 자신과 상사의 업무 스타일의 차이점을 파악한다. 이것을 바탕으로 하여, 상사가 선호하는 업무 스타일에 맞추기 위해, 자기 업무 스타일 중 바뀌어야 할 부분을 찾는다.

예를 들어, 상사는 중요한 이슈에 대해 결정을 하기 전에 요약본을 받아보는 것을 선호하는 반면, 자신은 얼굴을 맞대고 어떻게 결정을 해야 할 것인지 토론하는 것을 더 편안하게 느낀다고 하자.

이 경우에, 팀장은 상사를 위해 요약본을 준비하는 방법을 배울 필요가 있을 것이다. 지나치게 시간을 뺏긴다고 느낄 수도 있지만, 이러한 적응 노력을 통해 필요한 시점에 상사의 소중한 의견을 들을 수 있을 것이다.

■ 상사와 원만한 관계의 특징

상사와 원만한 관계가 구축될 때, 그것은 다음과 같이 나타나게 된다.

☐ 상사의 우선순위나 관심사항이 바뀔 수 있으므로, 상사의 목표, 당면 문제, 심리적 압박감에 대해 정기적으로 파악한다.

☐ 상사의 기대가 무엇인가를 명확하게 파악할 수 있도록, 계속해서 주의를 기울인다.

☐ 상사의 행동에 주의를 기울여, 그가 선호하는 방법을 찾는다. 이를 통해, 예컨대 어떤 방법으로 정보를 제공 받기 좋아하는지, 안 좋은 소식을 전달하기에 적절한 시기는 언제인지, 정보를 제공하기 위해 얼마나 자주 만나야 하는지 등을 알 수 있다.

☐ 상사가 더욱 효과적으로 일할 수 있도록, 그의 업무 스타일에 맞춘다.

예를 들어, 상사가 어떤 이슈에 대한 의사결정을 하기 전에, 깊이 생각해 보는 것을 좋아한다면, 상사가 준비할 수 있도록 요약된 안건을 미팅 몇 일 전에 제공하도록 한다.

상사의 관심사항을 이해하는 것이 주는 혜택을 이해했다면, 상사와 강력한 파트너십을 구축하는 방법을 배울 준비가 된 것이다.

2. 상사와 강력한 파트너십 구축

상사와의 강력한 파트너십 구축

파트너십 구축에 필요한 것
- 팀장 자신에 대한 상사의 기대
- 상사의 의사결정 스타일
- 상사가 선호하는 의사소통 방법

먼저 모범적인 파트너
- 믿을 수 있음을 보여준다.
- 나쁜 소식을 빨리 보고한다.
- 상사의 시간을 존중한다.

상사와의 협상
- 자신의 제안을 업무 성과 관점에서 제시
- 문제점과 대안을 함께 제시

팀장 역할을 보다 효과적으로 수행
- 중요한 것에 집중한다.
- 역량발휘를 통해 자원을 확보한다.
- 장애요인에 대한 대안을 미리 준비한다.

상사와 업무를 잘 수행하기 위한 대화를, 상사가 먼저 시작할 것이라고 생각하지 말자. 이러한 대화에 대한 책임이 팀장 자신에게 있다고 생각해야 한다.

■ 파트너십 구축에 필요한 것은?

어떻게 상사와 강력한 파트너십을 구축할 수 있을까? 상사의 행동을 관찰하고, 상사에게 질문하며, 상사를 잘 알고 있는 사람들과의 대화를 통해서 다음 사항을 파악해야 한다.

- ☐ **자신에 대한 상사의 기대:** 상사가 자기에게 무엇을 기대하는가를 파악한다. 오해가 생기는 것을 피하기 위해, 자신의 책임과 평가 받는 기준에 대해 이해한 것을 상사에게 확인받도록 한다.

- ☐ **상사의 의사결정 스타일:** 상사가 의사결정 과정에 깊숙이 관여하는 것을 선호하는가? 그렇다면, 의사결정 과정에서 상사와 자주 상의하도록 한다. 또는 상사가 위임하는 것을 선호하는가? 이런 경우에는, 상사와 너무 자주 상의하지는 말고, 자기가 행한 중요한 결정들에 대한 정보를 상사에게 제공하도록 한다.

- ☐ **상사가 선호하는 의사소통 방법:** 상사가 내 업무에 대해 무엇을 알아야 하는지 함부로 가정하거나 경시하지 말자. 상사가 좋아하는 방법으로, 좋은 소식과 나쁜 소식 모두를 전달한다. 또 상사가 얼마나 자주 정보를 제공 받기를 원하는지, 선호하는 전달 방법(문서 또는 회의), 어느 정도로 상세한 정보를 제공받기를 원하는지 등을 알아낸다.

■ 먼저 좋은 파트너가 된다.

시간을 들여서 자신에 대한 기대 및 의사결정, 의사소통 등에 대한 상사의 선호도를 파악한다면, 상사와의 강력한 파트너십을 구축하는데 도움이 될 것이다. 여기에 다음의 몇 가지 원칙을 추가로 적용한다면, 상사와의 파트너십을 더욱 강화시킬 수 있을 것이다.

- ☐ **믿을 수 있음을 보여 준다:** 상사와의 약속은 반드시 지키도록 한다. 만약 약속한 날짜보다 늦어질 것 같다면, 즉시 상사에게 보고하고, 합당한 이유를 설명한다.

- ☐ **나쁜 소식을 빨리 보고한다:** 프로젝트 진행이 정상 궤도에서 벗어났거나, 예산이 초과되었을 경우, 나쁜 소식을 상사에게 전달하는 것을 주저하지 않도록 한다. 상사는 이러한 문제가 해결할 수 없을 정도로 커지기 전에, 가능한 빨리 알게 되기를 원할 것이다.

- ☐ **상사의 시간을 존중한다:** 중요한 목표를 달성하기 위해서만, 상사의 시간과 에너지를 쓰도록 한다. 그다지 중요하지 않는 일을 가지고 상사의 시간과 에너지를 낭비하지 않기 위해, 스스로 처리하거나 팀원들에게 위임하도록 한다.

실천도구
:: 파트너십 구축을 위한 상사의 업무 스타일 파악 ::

팀장이 주도적으로 나서서 상사와 긍정적인 파트너십을 형성하도록 한다. 이 실천도구를 활용하여 팀장으로서, 상사와 강력한 파트너십을 구축할 수 있는 기회를 가질 수 있을 것이다.

활용 방법

질문과 관찰을 통해, 상사가 선호하는 의사소통 방법, 의사결정 스타일, 나에 대한 상사의 평가 기준을 파악한다. 이러한 과정을 통해 상사와 더 생산적으로 일할 수 있는 방법을 찾을 수 있을 것이다.

상사의 업무 스타일

선호하는 의사소통 방법	상사와 함께 일을 더 잘할 수 있는 방법
→	→
→	→
→	→
의사결정 스타일	**상사와 함께 일을 더 잘할 수 있는 방법**
→	→
→	→
→	→
나에 대한 상사의 평가 기준	**상사와 함께 일을 더 잘할 수 있는 방법**
→	→
→	→
→	→
기타:	**상사와 함께 일을 더 잘할 수 있는 방법**
→	→
→	→

■ 상사와 협상을 한다.

 어떤 문제에 대해 상사의 생각과 내 생각이 다를 때가 있을 것이다. 자신은 중요하지 않다고 생각하는 프로젝트에 상사는 더 많은 시간을 보내기를 원할 수도 있다. 또는 적절한 자원(예: 인력, 사무공간, 장비, 예산 등)을 제공하지 않고, 프로젝트를 맡도록 요청할 수도 있을 것이다.

 이러한 경우에는 협상과 설득 능력을 발휘해야 할 것이다.

- ☐ **자신의 제안을 업무 성과 관점에서 제시한다:** 만약 어떠한 일의 우선 순위에 대해 상사와 의견이 일치하지 않는다면, 자신이 가장 중요하게 생각하는 것이 무엇인지 파악한다. 그리고 자신이 가장 중요하게 생각하는 것에 상사가 동의하도록 만들기 위해 적절한 기획서를 만든다.

  예) "상사는 내가 다른 일에 더 우선 순위를 두기를 바라는 것 같다. 하지만 나는 시장 조사 프로젝트를 먼저 완료한다면, 새로운 제품 생산에서 더 유리한 위치를 차지할 수 있을 것이라고 생각한다."

- ☐ **문제점과 대안을 함께 제시한다:** 만약 상사가 한꺼번에 너무 많은 프로젝트를 맡기려고 한다면, 너무 많은 일을 맡게 됨으로써 발생할 수 있는 문제점에 대해 설명하도록 한다. 아울러 그에 대한 대안도 함께 제시한다.

  예) "새로운 보고서 작성을 저희 팀에서 맡고 싶습니다만, 그렇게 되면 재무분석 보고서가 2주일 정도 늦어지게 될 겁니다. 이 일을 완료할 때까지 파트타임 직원을 채용하는 것이 좋을 것 같은데, 상무님께서는 어떻게 생각하시는지요?"

■ 내 역할을 효과적으로 수행한다.

 팀장 역할을 효과적으로 수행할 수 있게 된다면, 상사의 도움이 필요한 경우도 점점 줄어들게 될 것이다. 그리고 상사로부터 고마움과 존중을 받게 될 것이다.

 팀장 역할을 보다 효과적으로 수행하기 위한 방법이 아래에 제시되어 있다.

- **중요한 것에 집중한다:** 발등의 불을 끄는데 시간을 모두 투입하기 보다는, 우선순위가 높은 목표에 집중할 수 있는 방법을 찾는다. 요청 받은 여러 가지 일들을 모두 처리하려다가 혼란에 빠지지 않도록, 안전 장치를 개발한다.

- **역량 발휘를 통해 자원을 확보한다:** 자신의 성과 창출 능력을 보여줌으로써 필요한 자원을 확보한다. 예를 들어, 비효율적인 프로세스를 개선하고, 이를 통해 쌓은 신뢰를 바탕으로 더 큰 프로젝트에 대한 자금을 확보할 수 있을 것이다.

- **장애요인에 대한 대책을 미리 세운다:** 목표 달성 과정에서 발생할 수 있는 장애요인을 예측하고, 미리 대책을 마련해 둔다. 예를 들어, 프로젝트가 예상한 대로 되지 않거나, 자기가 한 결정이 잘못될 경우에 대한 대비책을 사전에 강구해 둔다.

 상사와의 강력한 파트너십 구축을 통해, 두 사람 모두 중요한 목표를 달성할 가능성을 높일 수 있다.

 그러나 이것은 상사와의 강력한 파트너십만으로 목표 달성에 충분하다는 의미는 아니다. 팀장은 자신과 상사의 업무가 회사의 전략과 어떻게 연결되어 있는가를 이해할 필요가 있다.

3. 회사 전략 어떻게 파악할 것인가?

회사 전략에 대한 이해

회사 전략을 파악하는 방법
- 상사 및 그 상사가 회사의 전략을 어떻게 이해하고 있는지 파악한다.
- CEO의 연설문, 주주에게 배포된 사업보고서, 기타 관련 문서를 살펴 본다.
- 경영진에서 하는 이야기를 주의 깊게 듣는다.
- 회사의 자원이 어디에 집중되는지 파악한다.
  - 비록 임원들이 혁신에 대한 이야기를 자주 한다고 하더라도, 회사가 기존 제품에 대한 마케팅에 자원을 집중하고 있다면, 다른 전략적인 목표를 가지고 있는 것일 수 있다.

회사 및 상위 조직 전략의 한 방향
팀장은 회사 전략 실행을 지원할 수 있도록 상위 조직의 전략 개발에 참여
- 제품개발팀 : 생산 비용을 줄이기 위해, 보다 효율적인 프로세스 개발 착수
- 물류팀 : 더 효율적인 배송을 위해 공급 체인의 일부를 중앙으로 집중
- 구매팀 : 구매 비용을 절약할 수 있도록 공급자들의 가격을 조사

대부분의 회사는 전략을 가지고 있다. 전략은 회사의 비전을 실현하기 위한 계획이다.

예를 들어, 회사의 비전이 전국에서 가장 탁월한 건강관리 회사가 되는 것이라고 가정해 보자. 이 비전을 이루기 위해, 회사는 서비스 질을 향상시키고, 고객관계를 강화하며, 브랜드 인지도를 높이겠다는 전략을 가지고 있을 것이다.

회사가 어떤 전략을 수립해 놓았든지 간에, 팀장들이 그 전략을 이해하지 못한다면, 회사의 비전은 실현될 수 없을 것이다. 회사 전략을 명확하게 이해해야만, 팀장은 그 전략을 실행하기 위해 자기 팀이 가야 할 길을 알 수 있을 것이다.

■ 회사 전략을 파악하는 방법

만약 회사가 전략을 공식적으로 공표하지 않았다면, 다음의 방법으로 회사의 전략을 파악하도록 하자.

- 상사가 회사 전략을 어떻게 이해하고 있는지를 파악한다. 그리고 가능하다면 차상위자의 견해도 들어본다.
- CEO의 연설문, 주주들에게 배포된 사업보고서, 기타 관련 문서를 살펴 본다.
- 경영진의 이야기를 주의 깊게 듣는다. 예를 들어, 생산 라인에서의 비용 문제가 자주 언급되는가? 매출 신장, 시장점유율 확보, 또는 생산 라인 증설에 대한 내용이 자주 언급되는가?
- 회사의 자원이 어디에 집중되고 있는지 파악한다. 비록 경영진에서 혁신에 대한 이야기를 자주 한다고 하더라도, 기존 제품에 대한 마케팅에 회사의 자원이 집중되고 있다면, 다른 전략적인 목표를 가지고 있는 것일 수 있다.

회사 전략에 대해 파악한 내용을 다른 팀장들과 함께 비교해 본다. 그들은 자신이 보지 못한 부분을 볼 수도 있기 때문이다.

실천도구
:: 회사 및 상위조직의 전략 파악 ::

회사와 상위조직의 전략을 이해함으로써, 팀원 모두가 공감할 수 있는 비전을 설정할 수 있다. 팀 비전을 설정하는 것은, 회사와 상위 조직 전략을 이해하는 것으로부터 출발한다.

활용 방법

회사의 관련 문서를 읽고, 상사 또는 회사 내의 다른 사람과 대화하고, 팀의 우선순위에 대해 생각해 보는 것을 통해 이 실천도구를 정리해 보자.

회사와 상위조직의 전략

1. 회사 비전 즉, 모두가 공감하는 미래의 회사 모습은 무엇인가?
   필요한 경우 이 내용을 상사와 함께 토론하거나, 또는 회사의 간행물에서 비전 문장을 찾아 본다.

   -
   -
   -

2. 회사 전략 즉, 비전을 실현하기 위한 전략은 무엇인가?
   회사 간행물에서 회사 전략 문장을 찾아본다. 상사와 동료들에게 회사 전략에 대한 생각을 물어 본다. 또 회사 자원이 어디에 집중되는지, 그리고 직원, 주주, 그리고 언론사에 전달되는 내용 중 강조되는 활동에는 어떠한 것이 있는지도 고려한다.

   -
   -
   -
   -
   -
   -

3. 상위조직의 전략은 무엇인가? 여기에 대해 상사와 의논한다.

   -
   -
   -
   -
   -
   -
   -

■ **회사 및 상위조직 전략과 한 방향을 유지한다.**

팀장은 반드시 팀 전략을 회사의 전략과 한 방향이 되도록 해야 한다. 예를 들어, 경영진이 가능한 낮은 가격에 좋은 품질의 제품을 제공하는 것을 회사 전략으로 정했다고 하자. 이 경우에, 팀장은 회사의 전략 달성을 지원하도록 팀 전략을 개발해야 할 것이다.

예를 들면:

- 제품개발팀에서는 생산비용을 줄이기 위해, 보다 효율적인 생산 프로세스 개발에 착수할 것이다.
- 물류팀에서는 고객에게 제품을 더 효율적으로 배송할 수 있도록 공급 체인의 일부를 중앙으로 집중하려고 할 것이다.
- 구매팀에서는 구매 비용을 절약하기 위해 공급업체들의 가격을 조사해 볼 것이다.

■ **팀 내에서의 변화를 추진한다.**

팀 목표를 달성하기 위해서는 팀원들의 업무 수행 방법을 바꾸는 것이 필요할 수도 있다.

예를 들어, 고객서비스를 향상시키겠다는 팀 목표를 세웠다고 가정해 보자. 이를 달성하기 위해서는 팀원들이 제품 소개 워크샵에 참석하고, 고객에 대한 새로운 응대방법을 배워야 하며, 더 효과적인 고객 불만해결 능력을 갖추도록 해야 할 것이다.

이러한 변화의 주체가 누구이건, 많은 사람들이 변화를 어려워하고, 심지어는 고통스러워 한다는 것을 기억하자. 변화는 팀원들에게 기존의 믿음과 생각을 버리고, 익숙하지 않은 새로운 것을 받아들일 것과, 자신의 업무수행 방법을 바꿀 것을 요구한다.

팀장은 팀원들이 변화의 험난한 여정을 잘 헤쳐나갈 수 있도록 도와줌으로써, 회사와 상위조직의 전략을 지원하게 된다. "팀 내에서의 변화 추진" 실천도구를 활용하여 팀원들의 변화과정을 관리하기 위한 계획수립을 도울 수 있을 것이다.

- 변화추진이 왜 중요하며, 그것이 회사의 중요 목표와 어떻게 연결되어 있는지 설명한다.
- 변화를 통해 팀원들이 받게 될 혜택에 대해 설명한다.
- 더 큰 변화를 위한 탄력이 생길 수 있도록, 단기의 작은 성공을 축하해 준다.
- 변화에는 고통이 수반될 수 있음을 알려 준다.
- 자신들의 업무방식을 변화시킬 수 있는 능력이 있다는 것을 확신하고 있음을 알린다.
- 변화추진 과정에 팀원들을 참여시키고, 그들의 아이디어를 적극적으로 반영함으로써, 팀원들의 지지를 확보한다.

일단 회사와 상위조직의 전략을 이해했다면, 팀장은 팀을 위한 비전, 즉 팀원들이 달성할 미래의 모습을 설정할 수 있을 것이다.

실천도구
:: 팀 내에서의 변화 추진 ::

회사 또는 상위조직의 전략이 팀원들 업무를 새로운 방식으로 수행할 것을 요구하는 경우, 팀장은 팀원들이 변화할 수 있도록 이끌어야 한다. 팀원들의 업무방식을 바꾸는 것은 불확실성, 원망, 감정적인 혼란을 불러오게 된다. 이 실천도구를 활용하여 변화를 이끌어 낼 수 있도록 팀원들을 리드하는 방법에 대한 아이디어를 정리해 보자.

팀 내에서의 변화 추진

1. 상위조직의 전략을 실행하기 위해 팀 업무 프로세스 등에서 변화되어야 할 것은 무엇인가?

   →

2. 팀원들에게 이러한 변화가 중요한 이유를 어떻게 설명할 것인가?

   →

3. 이러한 변화를 통해 팀이 얻게 될 혜택은 무엇인가?

   →

4. 팀원들이 변화를 받아 들이도록 하기 위해 사용할 의사소통 전략은 무엇인가?

   →

5. 팀원들이 변화하도록 돕기 위해 어떤 절차와 구조가 필요한가?

   →

4. 팀 비전 어떻게 설정할 것인가?

팀 비전 설정

★ 바람직한 팀 비전의 특징

- 회사 전략과 팀 비전의 방향이 일치한다.
- 미래에 대한 명확한 그림을 그릴 수 있다.
- 팀의 핵심 가치와 목적을 표현하고 있다.
- 간결하고, 고무적인 언어로 표현 한다.
- 팀의 성과 향상을 불러 올 수 있다.

팀 비전은 팀장과 팀원들이 함께 달성하고자 하는 팀의 미래 모습이다. 바람직한 팀 비전은 회사, 상위조직, 그리고 개인의 목표 달성에 기여하는 이미지를 가져야 한다.

팀 비전에 대한 예시:

- "우리는 모든 업무 프로세스를 효율화시켜 가장 신속하게 대응하는 팀이 될 것이다."
- "우리는 혁신적인 제품을 개발하여 업계에서 가장 성공적인 팀이 될 것이다"
- "우리는 용기, 신념, 열정을 가지고 변화에 적극적으로 대처하는 팀이 될 것이다"
- "우리는 비용 대비 효과가 가장 높은 팀이 될 것이다."
- "우리는 회사에서 고객 충성도가 가장 높은 팀을 만들 것이다"

"팀 비전 개발" 실천도구를 활용하여 팀 비전의 초안을 만들도록 한다. 팀원들에게 비전을 전달하고 피드백을 받으면서, 이 비전은 더 나은 모습으로 수정 보완하면 된다.

비전을 작성할 때에, 주요 팀원들을 참여시키거나, 혼자서 초안을 만든 후 팀원들로부터 피드백을 받을 수도 있을 것이다.

■ 바람직한 팀 비전의 특징

바람직한 팀 비전은 다음과 같은 몇 가지 특징을 가지고 있다.

- ☐ **팀 비전은 회사 전략과 방향이 일치해야 한다:** 바람직한 팀 비전은 회사의 전략적인 목표를 지원해야 한다. 예를 들어, 회사 전략이 가능한 적은 비용을 들여 고객의 관심을 끌 수 있는 새로운 제품 또는 서비스를 만들어 내는 것이라고 하자. 어떤 팀을 맡고 있든지, 팀장은 그 전략을 지원하도록 팀 비전을 만들어야 한다.

  예를 들어, 마케팅팀장이라면, 팀 비전은 '고정 관념을 깨는 혁신적인 광고를 디자인하는 것'이 될 수 있을 것이다.

  인사팀을 맡고 있는 경우에는, '이직률을 줄임으로써 팀원들이 고객과 더 긍정적이고 장기적인 관계를 형성할 수 있도록 하는 것'을 비전으로 정할 수 있을 것이다.

- ☐ **팀 비전은 미래에 대한 명확한 그림을 그릴 수 있는 것이어야 한다:** 팀 비전을 통해 팀원들이 팀의 미래 모습을 선명하게 그려볼 수 있어야 한다.

- ☐ **팀 비전은 팀의 핵심가치와 목적을 표현할 수 있어야 한다:** 팀 비전은 팀장과 팀원들이 소중하게 생각하는 가치를 반영해야 하고, 팀이 업무를 수행해 나가는 기본 방향을 표현해야 한다.

  이러한 가치에는 동료의 아이디어를 존중하고, 문제 또는 염려를 즉각적으로 그리고 정직하게 전달하는 것, 필요한 경우 도움을 제공하는 것 등이 포함된다.

  팀 비전은 팀원들의 업무활동 방향을 명료하게 제시할 수 있어야 한다. 예를 들어, 고객서비스팀의 경우 팀원들이 고객서비스를 어떻게 향상시킬 수 있을지에 대한 상세한 이미지를 포함하고 있을 때, 그 비전은 가장 효과적일 수 있을 것이다.

- ☐ **팀 비전은 간결하고 고무적인 언어로 표현되어야 한다:** 가장 좋은 팀 비전은 간결하고 고무적인 언어로 표현된 문장이어야 한다.

  위의 예에서 볼 수 있듯이, 잘 만들어진 비전은 대부분 "우리", "우리의", "함께"라는 단어를 사용하면서, 하나의 팀이라는 강력한 느낌을 이끌어 낸다. 효과적인 비전은 팀장과 팀원들의 경쟁력을 높이고, 창의력을 풍부하게 해 줄 것이다.

- ☐ **팀 비전은 팀의 성과향상을 불러 올 수 있어야 한다:** 팀 비전은 회사 전략만이 아니라, 팀의 지속적인 성과향상과 연결된 다른 목표도 지원해야 한다. 예를 들어, 팀장은 팀 비전을 통해 팀원들이 위험을 감수하고, 실수로부터 배우는 것을 편안히 느낄 수 있도록 함으로써, 그들의 창조적인 사고와 혁신 역량을 향상시킬 수 있을 것이다.

팀 비전이 얼마나 고무적이건 간에, 그 비전을 행동 가능한 개인목표로 전환하지 못한다면, 현실로 느끼기 힘들 것이다. 다음에서는 이러한 전환 절차에 대해 알아 볼 것이다.

실천도구
:: 팀 비전 개발 ::

팀 비전은 팀 구성원들이 미래에 함께 성취하고자 하는 것에 대한 공동의 이미지를 말한다. 효과적인 팀 비전은 회사 및 상위조직 목표 달성을 위해 팀이 가치 있는 기여를 한다는 이미지를 포함한다. 이 실천도구를 활용하여 팀원들을 고무시킬 수 있는 비전을 만들어 보자.

활용 방법

이 실천도구를 활용하여 비전을 만들고, 비전 설정 기준으로 평가해 보자. 이것을 계속 활용하여 비전을 다듬는다.

우리 팀의 비전 개발

1. 우리 팀이 성취할 수 있을 것이라고 믿고 있는 것 중 가장 중요한 것은 무엇인가?
   -
   -
   -
   -

2. 위 내용들 간에 주제가 비슷하거나, 서로 연결될 수 있는 것이 있는지 생각해 보자. 그리고 이러한 주제 또는 연결을 표현하는 비전의 초안을 작성한다.
   -
   -
   -
   -
   -

3. 팀 비전 초안에 대한 평가

	예	아니오
– 회사 및 상위조직 목표와 방향이 같은가?		
– 팀원들과 내가 쉽게 미래 모습을 그려볼 수 있게 하는가?		
– 간결한 언어로 표현되어 있는가?		
– 하나의 팀이라는 강한 느낌을 이끌어 내는가?		
– 나와 팀원들의 성취동기를 북돋아 주는가?		
– 우리 팀원들이 더 뛰어나게 될 수 있도록 고무하는가?		
– 함께 일하는 것에 대한 팀원들의 믿음을 표현하고 있는가?		

4. 비전 초안을 다듬고, 보완한다.
   "아니오"라고 응답한 항목에 대해 좀 더 효과적으로 표현할 수 있는 방법을 생각해 보자.
   -
   -
   -
   -
   -

실천과제 6 상사 및 회사와 한 방향 유지

5. 개인목표와 조직목표의 일치

개인별 목표와 조직 목표와의 얼라인먼트

- 비전 실현을 위한 핵심 과제와 그 성과 측정 기준 설정
- 팀의 주요 요소간 얼라인이 안 되는 것(misalignments) 파악
  - 성공 전략 - 핵심 과제 실행을 위해 어떤 방법을 사용하고 있는가?
  - 팀 구조 - 핵심 과제 실행을 위한 팀 조직이 잘 구성되어 있는가?
  - 시스템 - 핵심 과제 실행에 필요한 시스템이 있는가?
  - 역량 - 필요한 역량과 적절한 수의 적합한 사람이 있는가?
  - 공유 가치 - 팀 비전 실현에 적합한 가치관과 규범을 갖고 있는가?
- 주요 요소간 얼라인시키기 위해 바꾸어야 할 것을 파악
- 개인별 목표 설정
  - SMART (Specific, Measurable, Achievable, Results-oriented, Time-bounded)
  - 회사 목표 → 상위 조직 목표 → 팀 목표 → 개인별 목표의 얼라인먼트

    회사 및 상위조직 목표와 한 방향이 된 팀 비전을 설정한 후에는, 그 비전을 어떻게 구체적인 행동 절차로 만들 수 있을까?

    팀장은 팀 비전을 자신과 팀원 개인별 목표로 전환해야 한다. 이 절차를 훌륭하게 해 낼 수 있다면, 회사, 상위조직, 개인의 목표를 한 방향으로 일치시킬 수 있게 된다.

    다음 절차는 개인별 목표를 회사 및 상위조직 목표와 연결시킬 수 있도록 도와 줄 것이다.

■ 비전 실현을 위한 핵심과제와 그 성과측정 기준을 만든다.

팀 비전에 대해 생각해 보자. 그 다음에 그 비전을 실현하기 위해서는 팀이 무엇을 해야 할 것인가를 자신에게 물어 보자.

예를 들어, 고객서비스팀을 맡고 있고, "고객 충성도가 가장 높은 팀이 된다"를 팀 비전으로 설정했다면, 그 실현을 위해서는 다음과 같은 과제가 있을 수 있다.

- 주문 처리 과정에서의 오류를 줄인다.
- 고객의 문제를 신속하고, 효과적으로 해결한다.
- 회사 제품과 고객 요구(Needs)에 대한 지식을 강화한다.

그리고 이 핵심과제에 대한 구체적인 성과측정 기준을 만든다.

■ 팀의 주요 요소간 얼라인이 안되는 것(misalignments)은 없는가?

아래에 있는 팀의 주요 요소들이 팀의 핵심과제 실행을 잘 지원하도록, 서로 일관성이 있는지 평가해 보자.

- ☐ **성공 전략(Success strategy):** 각 핵심과제를 실행하기 위해 어떠한 방법을 사용하고 있는가? 예를 들어, 신제품에 대한 아이디어의 수를 늘릴 것인가? 새로운 고객을 찾을 것인가?
- ☐ **팀 구조:** 핵심과제를 실행하기 위해 팀이 얼마나 잘 조직되어 있는가? 예를 들어, 고객이 제기한 문제를 가장 잘 해결할 수 있는 팀원에게 쉽고 빠르게 연결될 수 있도록 조직되어 있는가?
- ☐ **시스템:** 팀이 이러한 핵심과제들을 실행하는데 필요한 시스템을 갖추고 있는가? 예를 들어, 현재 시스템이 고객의 주문 상태를 정확하게 추적하는 것이 가능하도록 구축되어 있는가?
- ☐ **역량:** 팀이 적정한 역량을 가지고 있고, 그 업무에 적합한 팀원이 적절한 수로 구성되어 있는가? 예를 들면, 콜센타 팀원 수가 적절한 지는 모든 고객 전화를 두 번째 신호 이내에 받을 수 있는지 여부로 판단할 수 있을 것이다.
- ☐ **공유 가치:** 팀원들이 비전을 실현시키는 것이 가능하도록 하는 적절한 가치관과 규범을 공유하고 있는가? 예를 들어, 팀원들이 고객만족을 최우선으로 생각하는가? 팀원들이 진심으로 고객에게 봉사하는 것을 소중하게 생각하는가?

만약 위의 질문 중 어느 하나라도 "아니오" 라고 답변했다면, 그 요소는 방향이 잘 못되어 있으며, 핵심과제 실행을 지원하기 어려울 것이다.

현재 팀의 주요 요소간 얼라인이 안되는 것을 찾아보자. 아래의 표에 그 예가 있다.

관련 요소	만약:	그런데:
성공 전략과 **역량** 사이에	성공 전략은 R&D 부서가 생산할 신제품에 대한 아이디어 수를 늘리는 것이다.	해당 팀은 신제품에 대한 실험을 신속하게 완료할 수 있도록 하는 최신 기술과 지원 도구를 전혀 이해하지 못하고 있다.
성공 전략과 **시스템** 사이에	성공 전략은 마케팅팀이 새로운 고객층을 발굴하는데 초점을 맞추는 것이다.	마케팅팀은 새로운 고객들의 행동을 이해하고 분석하기 위한 효과적인 시스템을 수립하지 않고 있다.
팀 구조와 **시스템** 사이에	팀장은 특정 제품에 대한 특정 기술에 초점을 맞출 수 있도록, 생산 제품에 따라 별도의 개발파트를 만들었다.	팀은 다른 제품 파트의 전문가들과의 지식 공유를 위한 커뮤니케이션 시스템을 구축하지 않고 있다.

■ 팀의 주요 요소를 얼라인시키기 위해 해야 할 것은?

앞에서 본 것 같이 팀의 주요 요소간 얼라인이 안된 것을 바로잡기 위해 팀의 성공 전략, 구조, 시스템, 역량, 공유 가치 중 바꾸어야 할 것이 있는지 자신에게 물어본다.

예를 들어, 팀원들이 R&D 실험을 할 수 있는 역량을 키우기 위해 교육을 받아야 하는가? 새로운 고객층에 어필할 수 있는 마케팅 캠페인 기획에 필요한 정보를 얻기 위해, 고객 설문을 더 효과적으로 설계해야 하는가? 다른 제품팀의 전문가와 지식을 공유할 수 있도록 일련의 회의 일정을 잡거나, 멘토링 관계를 맺어 주는 것은 어떠한가?

팀장이 파악한 변화 필요성은 팀원 개인목표의 바탕이 될 것이다

■ 개인별 목표를 설정한다.

개인별 목표는 SMART해야 한다. SMART는 구체적이고(Specific), 측정가능하며(Measurable), 달성 가능하고(Achievable), 결과 중심적이며(Results-oriented), 기한이 있어야 한다(Time-bounded)는 것을 의미한다.

예를 들면, "새로운 고객 데이터베이스에 대한 팀원 교육을 올해 말까지 완료한다." "3분기까지 두 번의 웹 세미나를 개최한다" "지난해 구매가 20% 이상 늘어난 고객 명단을 4월 말까지 수집한다"

팀 목표를 달성하기 위해 팀원들에게 어떻게 해야 할 지를 물어 보자. 팀 목표를 달성하기 위한 방법을 찾는데 팀원들을 참여시켜 아이디어를 공유하도록 한다. 이러한 아이디어들이 팀원 개인목표를 설정하는데 기초가 될 것이다.

마지막으로, 개인별 목표가 팀 목표와 얼라인되는지 확인한다. 이것은 궁극적으로 회사 목표와도 얼라인되어야 한다. 다음 표에 몇 가지 예가 있다.

회사 목표	상위조직 목표	팀 목표	개인 목표
영업이익 20% 증가	신규 고객 매출 15% 향상	6월 말까지 고객 D/B 관리 프로그램을 도입하여 모든 팀원이 활용할 수 있도록 한다.	· 김대리는 3월 말까지 고객 D/B 관리 프로그램 5개를 조사하고, 그 중 1개를 추천한다. 6월 말까지 새로운 데이터베이스에 대한 팀원 교육을 완료하고, 최소 80%의 D/B 정확성을 확보한다.
브랜드 인지도 10%향상	고객 충성도 20% 향상	연말까지 주요 고객들의 재 구매 비율을 20% 향상시킨다.	· 박차장은 2주 안에 핵심 고객들의 구매 성향을 분석한다. · 이대리는 신제품에 대한 깊이 있는 지식을 얻기 위해 매주 1시간씩 박차장과 함께 연구한다. · 정대리는 2달 후에는 고객 전화의 벨소리 한 번에 받는 비율을 75%까지 높인다. · 최대리는 모든 고객에게 즉시 "교차 판매(cross-selling)"를 실시한다.

"목표간 얼라인먼트(alignment) 확인" 실천도구를 활용하여 개인별 목표가 회사 및 상위조직 목표와 얼라인되는지 확인해 보자. 개인별 목표를 팀 목표, 상위조직 목표, 회사 목표와 얼라인시키는 데에는 시간과 스킬이 필요하지만, 그 열매는 달 것이다.

이 얼라인먼트 작업이 완료된 후에는, 회사의 성공을 위해 중요하다고 결정해 놓은 이 방향으로 팀원 모두 가고 있는가를 반드시 확인한다.

실천도구
:: 목표 얼라인먼트(alignment) 확인 ::

회사 목표, 상위조직 목표, 그리고 팀 목표와 얼라인된 개인별 목표를 설정했다면, 이제 팀장은 팀원들이 이 방향으로 가면서 자신들의 시간과 에너지를 현명하게 사용할 수 있도록 도와주어야 한다. 이 실천도구를 활용하여 팀원 개인별 목표가 팀, 상위조직, 회사 목표와 일치하는지 판단하도록 한다.

목표 얼라인먼트 확인

1. 회사의 가장 중요한 목표를 기입한다.

   -
   -
   -
   -

2. 상위조직 목표 및 그 목표와 관련된 회사 목표를 기입한다.

   -
   -
   -
   -
   -

3. 팀 목표 및 그 목표와 관련된 상위조직 목표를 기입한다.

   -
   -
   -
   -
   -

4. 회사 목표, 상위조직 목표, 팀 목표와 얼라인 되는 개인 목표를 기입한다.

   -
   -
   -
   -

실천과제 7
동료들과 네트워킹 및 협력

   자신을 지원해 줄 동료, 고객, 친구들로 구성된 네트워크를 어떻게 구축하느냐에 따라 팀장의 성과에 많은 차이가 생기게 된다. 네트워크는 팀장이 새롭게 시도하는 것에 대한 격려, 아이디어, 조언의 원천이 되고, 때로는 팀장의 제안을 실행하는데 필요한 자원들을 제공해 주기도 한다.

   "실천과제 7"에서는 팀장이 문제를 해결하고, 경험으로부터 배울 수 있도록 도와 줄 동료 및 다른 사람들과의 네트워크 구축에 대해서 학습하고, 이를 적용할 수 있을 것이다.

동료들과의 네트워킹에 대한 나의 생각은?

동료들과의 네트워킹은 중요한 리더십 역량이다. 아래 질문에서, 동료들과의 네트워킹에 대해서 현재 가지고 있는 생각을 파악해 보자.

실천과제 7 — 동료들과 네트워킹 및 협력

※ 동료들과의 네트워킹에 대한 다음 질문에 얼마나 동의하는지, 또는 동의하지 않는지를 선택한다. 각 문장을 읽고, 처음 떠오르는 생각대로 응답해 보자.

나는 이렇게 생각하고 있다.	동의하지 않는다				동의한다
1. 동료 네트워크에는 회사 내에서 내 업무와 관련있는 팀장들만 포함되어야 한다.	1	2	3	4	5
2. 동료들과의 관계는, 연관된 업무에 의해서도 생기지만, 공통의 관심사와 서로의 호감에 의해 형성될 수도 있다.	1	2	3	4	5
3. 내 제안에 대해 동료의 지원을 얻고자 할 때, 동료가 부담을 갖지 않도록 다른 동료들과 연합체를 구축(coalition building)하는 것을 피한다.	1	2	3	4	5
4. 회사 발전에 대한 동료들의 책임을 상기시켜줌으로써, 공동의 이익을 위해 행동하도록 영향을 줄 수 있다.	1	2	3	4	5
5. 내 제안의 가치를 동료들에게 확신시키기 위해서는, 내가 가치가 있다고 생각하는 방식으로 그들을 도와 주어야 한다.	1	2	3	4	5
6. 동료를 설득하기 위해서는 이야기, 통계치, 그래프 등 다양한 형태의 자료를 활용할 필요가 있다.	1	2	3	4	5
7. 업무와 관계된 조언은 내 업무를 잘 알고 있는 같은 부문에 근무하는 동료들에게만 요청하도록 한다.	1	2	3	4	5
8. 영향력 있는 사람과 나를 연결시켜 줄 수 있는 동료와 관계를 맺는 것은 훌륭한 네트워킹 전략이다.	1	2	3	4	5
9. 중요한 프로젝트를 여러 팀이 참여하여 수행할 때, 동료들이 최선을 다해 자신의 책임을 수행할 것이라고 가정해야 한다.	1	2	3	4	5
10. 다양한 팀들이 참여하여 협동할 때에는 초기 기획 단계에서부터 상호간의 책임에 대해 협의해야 한다.	1	2	3	4	5

▶ 응답결과에 대한 피드백은 다음 페이지에서 확인할 수 있다.

팀장의 8가지 실천과제

동료들과의 네트워킹에 대한 나의 생각은?

자신을 지원해 줄 동료, 고객, 그리고 친구들로 구성된 네트워크를 어떻게 구축하느냐에 따라 팀장의 성과에 많은 차이가 생기게 된다. 네트워크는 팀장이 새롭게 시도하는 것에 대한 격려, 아이디어, 조언의 원천이 되고, 때로는 팀장의 제안을 실행하는데 필요한 자원들을 제공해 주기도 한다.

아래 표의 오른쪽 열의 내용을 읽어 보고, 동료들과의 네트워킹에 대해 자신이 현재 가지고 있는 생각에 대해 다시 살펴보자. 자신의 생각과 일치하더라도, 아래 설명을 보며 앞으로 잘못된 생각을 하지 않도록 유의한다.

나는 이렇게 생각하고 있다.	이러한 이유로, 내 생각을 재고해 보아야 한다.
1. 동료 네트워크에는 회사 내에서 내 업무와 관련있는 팀장들만 포함되어야 한다.	**아니다.** 효과적인 동료 네트워크에는 회사 내의 다른 팀장뿐만이 아니라, 회사 외부 사람들-고객, 공급자, 전문가 협회를 통해 만난 사람 등도 포함된다.
2. 동료와의 관계는, 연관된 업무에 의해서도 생기지만, 공통의 관심사와 서로의 호감에 의해 형성될 수도 있다.	**그렇다.** 많은 팀장들이 관심사와 취미가 비슷하거나, 오리엔테이션 프로그램 또는 다른 모임을 통해 만난 사람들과 비공식적인 관계를 형성한다. 이러한 관계는 팀장 네트워크의 소중한 요소가 된다.
3. 내 제안에 대해 동료의 지원을 얻고자 할 때, 동료가 부담을 갖지 않도록 연합체를 구축(coalition building)하는 것을 피한다.	**아니다.** 연합체 구축은 동료들에게 영향을 미치는 중요한 기술 중 하나이다. 어떤 아이디어를 지지하는 사람들이 여럿일 때, 그 제안 또는 과제에 대한 다른 사람의 지원을 얻는 것이 더 쉬워질 것이다.
4. 회사 발전에 대한 동료의 책임을 상기시켜 줌으로써, 공동의 이익을 위해 행동하도록 영향을 줄 수 있다.	**그렇다.** 회사 차원의 마음가짐을 갖도록 독려하는 것은 동료의 지원을 얻을 수 있도록 하는 훌륭한 영향력 발휘 기술이다. 대개의 경우, 회사가 더 큰 발전을 할 수 있도록 지원하는 프로젝트는 그 아이디어를 처음 주장한 사람뿐만이 아니라, 관련된 모든 사람들에게 혜택을 준다.
5. 내 제안의 가치를 동료들에게 확신시키기 위해서는, 내가 가치가 있다고 생각하는 방식으로 그들을 도와 주어야 한다.	**아니다.** 동료에게 호의를 베풀게 되면 나중에 그 사람으로부터 지원을 받을 가능성이 높아진다. 하지만 그 호의는 자신이 아니라, 동료가 원하는 형태로 제공되어야 한다.
6. 동료를 설득하기 위해서는 이야기, 통계치, 그래프 등 다양한 형태의 자료를 활용할 필요가 있다.	**그렇다.** 다양한 형태로 자신의 아이디어를 제공하는 것은 상대방에게 메시지를 더 효과적으로 전달할 수 있도록 하기 때문에 강력한 설득 기술이라고 할 수 있다.
7. 업무와 관계된 조언은 내 업무를 잘 알고 있는 같은 부문에 근무하는 동료들에게만 요청하도록 한다.	**아니다.** 회사의 다른 부문에서 근무하거나, 다른 회사의 동료들에게 자문을 구하는 것도 도움이 된다. 특히 같은 분야에 있는 동료들에게 업무와 관련된 조언을 요청하는 것이 동료들로 하여금 자신의 능력을 의심하도록 하지는 않을까 걱정이 되는 경우에는 더욱 그렇다.

8. 영향력 있는 사람과 나를 연결시켜 줄 수 있는 동료와 관계를 맺는 것은 훌륭한 네트워킹 전략이다.	**그렇다.** 자기를 영향력 있는 사람에게 연결시켜 줄 수 있는 사람과의 관계를 강화함으로써, 동료 네트워크를 강화하고 조직 내에서 자신의 영향력이 미치는 반경을 넓힐 수 있다.	
9. 중요한 프로젝트를 여러 팀이 참여하여 수행할 때, 동료들이 최선을 다해서 자기 책임을 수행할 것이라고 가정해야 한다.	**아니다.** 여러 팀이 참여하는 프로젝트에서 동료들이 처음에 제공하기로 한 정보 또는 다른 종류의 지원에 대해 기억하지 못할 수도 있을 것이다. 그들의 책임을 수행할 때가 오기 전에 정중하게 이에 대해 상기시켜 줌으로써 그것을 잊지 않도록 도와줄 수 있다.	실천과제 7 동료들과 네트워킹 및 협력
10. 다양한 팀들이 참여하여 협동할 때에는 초기 기획 단계에서부터 서로의 책임에 대해 협의해야 한다.	**그렇다.** 다양한 팀이 참여하여 협동할 때에는 초반에 서로의 책임에 대해 협의를 함으로써 각자 맡은 부분을 성공적으로 수행하는데 필요한 자원을 더 잘 배치할 수 있을 것이다.	

학습목표

- 동료들과의 네트워킹이 주는 장점을 올바로 인식한다.
- 동료들과의 강력한 네트워크를 성공적으로 구축하는 방법을 터득한다.
- 영향력 발휘를 위해 적합한 전략을 선택하는 방법을 학습한다.
- 다양한 설득 방법을 배운다.
- 동료들이 협조하도록 동기 유발하는 방법을 이해한다.

☞ 동료들로부터 협력을 얻는데 있어서의 어려움은 무엇인가?

_____
_____
_____
_____
_____

1. 왜 동료 네트워크가 중요한가?

동료 네트워크의 중요성

🔸 왜 동료들과 네트워크를 형성해야 하는가?

- 팀 업무 수행에 필요한 자원과 지원을 쉽게 확보 가능
- 다른 팀으로부터의 지나친 요구로부터 자기 팀을 보호 가능
- 동료 팀장들의 요구를 파악하여 다른 팀을 효과적으로 지원 가능
- 동료 팀장의 리더십과 문제 해결 방법을 배울 수 있다.
- 성과 평가에 "불이익 없이" 피드백을 받을 수 있다.
- 팀장 역할과 관련된 어려움을 보다 효과적으로 극복할 수 있다.
- 팀간의 협조가 어떻게 이루어지는지에 대해 더 폭넓게 이해 가능
- 팀장 역할에 대한 잘못된 생각을 바로 잡을 수 있도록 도와 준다.

   팀장 역할을 시작하기 훨씬 전에도, 상사나 친구들로부터 회사 안팎의 사람들과 네트워크를 구축해야 한다는 이야기를 많이 들었을 것이다.

   네트워킹이란 무엇일까? 다른 업무들도 산더미 같이 많은데, 왜 동료들과 네트워크를 구축하는데 시간을 들여야 하는 걸까?

■ 네트워킹(networking)이란?

일반적으로 네트워킹은 회사 내부 또는 외부의 상사, 동료, 그리고 직원들과 상호 이익이 되는 관계를 형성하는 것을 말한다. 이번 실천과제 7에서는 이 중 동료와의 네트워킹에 초점을 맞추고 있다. 동료에는 다음의 사람들이 포함된다.

- 회사 내의 다른 팀이나 다른 지역에서 일하고 있는 팀장
- 다른 회사에서 일하고 있는 이전의 동료, 또는 상사
- 주기적으로 교류하는 공급자, 또는 고객
- 외부 모임이나 활동에 참여함으로써 알게 된 영향력이 있거나 전문지식이 있는 사람

네트워크는 다음과 같은 유형으로 구분된다.

☐ **업무상의 네트워크:** 회사에서 자신의 업무를 완료하기 위해 협조가 필요한 팀의 동료 또는 다른 지역에서 일하는 동료들로 구성된다.

> 예를 들어, 만약 인사팀장으로서 새로운 채용 사이트를 개발하는 책임을 맡고 있다면, IT 팀 사람들 그리고 그 웹사이트에 포함할 정보를 제공해 줄 팀장들과 적극적으로 협력해야 할 것이다.

☐ **비공식적인 네트워크:** 업무 보다는 개인적인 친밀감이나 공통 관심사를 바탕으로 조직 내부와 외부 동료들로 구성된다.

> 예를 들면, 팀장은 회사에서 제공하는 다양한 교육 프로그램을 통해 많은 사람들을 만날 것이고, 그들에게 친밀감을 느낄 것이다. 그리고 그들과 서로 업무에 대해 조언과 지원을 해 주는 관계를 맺고 싶을 것이다.

☐ **개인적인 네트워크:** 예전 동료나 상사와 같이 회사 외부의 사람들로 구성된다. 이 사람들은 조직관리상의 어려움에 대해 유용한 조언을 해 주거나, 미래의 공급자 또는 직원 추천, 그리고 업무수행을 정서적으로 지원해 줄 것이다.

■ 왜 동료들과 네트워크를 형성해야 하는가?

다양하고 폭넓은 동료 네트워크에는 많은 혜택이 따른다. 이러한 네트워크를 통해 신뢰를 쌓을 수 있게 되고,

그로 인해 자신은:

- 팀 업무 수행에 필요한 자원과 지원들을 더 쉽게 확보할 수 있다
- 다른 팀의 지나친 요구로부터 자기 팀을 보호할 수 있다.
- 동료 팀장들의 요구를 명확하게 파악함으로써, 팀원들이 다른 팀를 효과적으로 지원할 수 있도록 한다.
- 동료 팀장의 리더십과 문제 해결 방법을 배울 수 있다.
- 성과 평가에 "불이익을 받지 않고(penalty-free)" 피드백을 받을 수 있다.
- 팀장으로서의 경험을 공유하고, 서로 배울 수 있다.

추가하여, 동료들과의 네트워크는:

- 정서적인 도움을 받을 수 있어서 팀장 역할과 관련된 어려움들을 보다 효과적으로 극복할 수 있도록 한다.
- 팀 성과향상 방법, 또는 까다로운 팀원관리 문제에 대한 아이디어를 얻을 수 있다.
- 다른 팀과의 협조가 어떻게 이루어지는가에 대해 더 폭넓게 이해할 수 있도록 한다.
- 자신의 의사결정이나 행동이 다양한 이해관계자에게 어떤 영향을 미치는가에 대해 감을 잡을 수 있도록 한다.
- 팀장 역할에 대한 잘못된 생각을 바로 잡을 수 있도록 도와 준다.
- 장기 해외 근무를 마치고 돌아왔을 때, 조직에 쉽게 적응할 수 있도록 도와 준다.

동료 네트워크는 현대에 와서 그 중요성이 더욱 커졌다. 많은 회사가 수평적인 조직구조, 아웃소싱, 원격팀을 활용하고 있기 때문에, 팀장은 공식적인 권한이 없는 사람들을 통해 일을 해야만 한다.

그리고, 변화에 대한 요구는 점점 더 강해지고, 팀장은 회사 내에서뿐만 아니라, 회사 밖에서도 다양한 역할 수행을 요구 받고 있다.

분명히, 동료 네트워킹은 중요한 역량이 되었다. 이러한 역량을 개발하기 위해서는, 적극적으로 네트워크를 구축하고 관리하는 방법을 배워야 할 것이다. 다음에서는 네트워크를 구축하기 위한 전략에 대해 알아 볼 것이다.

실천도구
:: 동료들과의 네트워크 구축 ::

자기 네트워크는 자신이 알고 있는 것보다 더 클 수 있다. 이 실천도구를 활용하여 자신의 동료 네트워크에 대해 광범위하게 생각해 보고, 이러한 관계를 강화하기 위한 계획을 세우도록 하자.

활용 방법

- Part I에서는, 자신의 업무상 네트워크 멤버들을 열거한다. 여기에는 회사 내에서의 위치에 따라 서로 관계를 맺게 되는 동료, 공급자, 그리고 고객이 해당된다.
- Part II에서는, 자신의 비공식적인 네트워크 멤버들을 파악한다. 이들은 업무로 연결되어 있지는 않지만, 친구로서 또는 동료로서 서로 조언과 지원을 해 주는 사람으로, 같은 분야에서 일하는 이전 동료 또는 현재 회사의 동료들이 여기에 해당된다.
- Part III에서는, 자신의 개인적인 네트워크 멤버들을 파악한다. 지역 사회에서 같이 활동하거나, 직업이나 산업 분야와는 전혀 연관이 없는 친구 또는 지인들이 여기에 해당된다.
- Part IV에서는, 기존의 네트워크를 강화하기 위한 전술들이 제시된다. 여기에 자신만의 전술도 추가해 보자. 그리고 사용할 전술 옆에 체크 포시(v)를 하도록 한다

Part I: 업무상의 네트워크

이름:	직위:	관계:

Part II: 비공식적 네트워크

이름:	직위:	관계:

Part III: 개인적인 네트워크		
이름:	직위:	관계:

Part IV: 네트워크를 구축하고 확장하기 위한 전술		
(v)	업무상의 네트워크	
	업무상 관련이 있는 다른 팀장들을 소개해 달라고 부탁한다.	
	회사 내의 업무 이슈나 업무간의 상호의존도를 파악하기 위한 간략한 회의 일정을 잡는다.	
	업무상 관련 있는 동료와 점심을 함께하거나, 업무적인 또는 친교적인 모임에 함께 참석한다.	
	회사의 태스크 포스 팀에 참여한다.	
	관련 산업 협회에 참여한다.	
	기타:	
(v)	비공식적 네트워크	
	매주 어느 정도의 시간을 비공식 네트워크 멤버들과 접촉하는데 사용하고, 모든 멤버와 1년에 몇 번은 접촉할 수 있도록 한다.	
	각 멤버들의 관심사항과 대화 내용 등의 데이터베이스를 만든다. 수시로 그들의 관심사항과 관련된 소식을 알리거나, 새로운 뉴스가 나오면 전달하도록 한다.	
	동호회와 같은 연간 모임을 조직한다.	
	기타:	
(v)	개인적인 네트워크	
	지역 모임의 이벤트 또는 자원 봉사 프로그램에 참여한다.	
	이전 직장 출신자 모임 같은 연례 행사를 주최한다.	
	가끔 E-mail, 편지, 카드를 보내서 연락이 끊기지 않도록 한다.	
	기타:	

2. 동료 네트워크 어떻게 구축할 것인가?

성공적인 네트워크 구축 방법

- 네트워크의 핵심 전제가 "상호이익" 이라는 것을 이해한다.
- 동료들과 경쟁해야 하는 현실과 상호 협력 필요성 사이에서 균형을 이루어야 한다.
- 필요한 경우에는 다른 팀, 또는 다른 회사 팀장들에게 조언을 구한다.

🔻 먼저 주도적으로 나선다.

- T/F 팀에 참여한다.
- 동료에게 솔직한 피드백을 요청한다.
- 동료들의 어려움과 걱정을 파악하고, 도울 수 있는 방법을 찾는다.
- 일을 잘 하는 동료, 사람들이 조언과 지원을 요청하는 동료, 다른 사람에게 영향력이 큰 동료들과의 친분을 쌓는다.

동료 네트워크를 어떻게 구축할 수 있을까?

먼저 네트워킹의 핵심 전제가 "상호이익(mutual benefit)"이라는 것을 이해하는 것에서부터 시작해야 한다. 동료들과의 유대를 강화하기 위해서는 자원, 업무 기회, 승진에 대한 서로간의 경쟁과 협력 사이에서 균형을 이루어야 한다. 경쟁에 대한 동료의 걱정을 없애기 위해, 어떤 팀장들은 까다로운 문제에 대해서는 아주 다른 부문이나 다른 회사에 있는 팀장들에게 조언을 구하기도 한다.

성공적으로 네트워크를 구축한 팀장들도 어떻게 상호이익이 되는 관계를 만들 수 있을지에 대해 고민한다.

이것은 자기가 도움을 받은 만큼 도움을 줄 방법을 찾아야 한다는 것을 의미한다. 예를 들어, 만약 최근에 필요 자원을 빨리 확보할 수 있도록 누군가 도와주었다면, 한 두 달 안에 그 사람에게 어떤 도움이 필요한지 알아 보고 지원하도록 한다.

■ 먼저 주도적으로 나선다.

자신의 네트워크에 다양성을 확보하기 위해 적극적으로 나서는 것이 중요하다. 아래의 방법을 고려해 보자.

- ☐ 태스크 포스 팀에 참여한다 - 이것은 다른 분야에서 일하는 동료들과 만날 수 있는 좋은 기회를 제공해 줄 것이다.

- ☐ 동료에게 솔직한 피드백을 요청한다 - 자신의 열렬한 팬이 아닌 사람에게 요청하자. 자신의 행동에 대해 어떻게 느끼는지 정직하게 말해달라고 부탁한다. 자신이 달성한 것(또는 달성하지 못한 것), 업무 진행 방향, 자신의 리더십 스타일에 대해 어떻게 느끼고 있는지 의견을 요청한다. 만약 고쳐야 할 점이 있다면, 그것이 어떤 것인지 구체적으로 말해달라고 한다.

- ☐ 동료들이 겪고 있는 어려움과 우려사항을 파악하고 도울 방법을 찾아 본다.

- ☐ 회사에서 "일을 이루어 내는(make things happen)" 동료, 문제가 생겼을 때 다른 사람들이 조언과 지원을 요청하는 동료, 그리고 다른 사람들에게 영향을 줄 수 있는 동료와 친분을 쌓도록 한다.

■ 동료 네트워크를 강화한다.

동료 네트워크를 넓히는 것만큼, 기존 네트워크 동료들과의 유대를 지속적으로 강화하는 것도 중요하다. 다음 사항을 실천하자.

- ☐ **동료와의 견해 차이에 의해 발생하는 문제에 대해서 생산적인 방법으로 토론한다.** 서로간의 차이점을 수용하고 까다롭거나 불편한 이슈에 대해 생산적으로 대화를 하는 네트워크가, 어려운 문제는 회피하고 서로의 스타일을 흉내만 내려고 하는 네트워크 보다 더 성공적이다.

- ☐ **기꺼이 열심히 일하는 것을 보여줌으로써 동료의 신뢰와 존경을 얻도록 한다.** 약속은 반드시 지키고, 정직함을 보여준다.

- ☐ **매일 또는 매주 일정한 시간을 동료 네트워크를 구축하는데 투자한다.** 예를 들면, 자신이 이끌 프로젝트에서 중요한 역할을 담당할 사람들과 매주 점심 식사를 한다.

동료 네트워크를 구축하는 데에는 시간과 인내가 필요하다. 그리고 각 개인들이 반응하는 데에도 시간이 오래 걸리기도 한다. 하지만 많은 팀장들이 발견했듯이, 이러한 노력은 그만한 가치가 있다.

다음 장에서는, 동료 네트워크에서 영향력을 발휘하는 방법에 대해 알아 보자.

실천도구
:: 동료로서 내 이미지에 대한 평가 ::

동료로서 강력한 이미지를 가지고 있다면, 동료들과의 네트워크 구축에 도움이 될 것이다. 이 실천도구를 활용하여 동료로서 자신의 강점과 약점을 평가하고, 어떻게 약점을 보완할 수 있을 것인가 생각해 보도록 한다.

활용 방법

아래의 각 문항에 대해 동의하는지, 아니면 동의하지 않는지 체크한다. 이것에 대해 동료들에게 피드백을 요청할 수도 있을 것이다.

나의 이미지에 대한 평가

동료들에게 나는 이렇게 노력한다.	예	아니요
1. 내 행동에 대해 솔직하게 피드백해 달라고 요청한다.		
2. 동료들의 큰 어려움과 문제들을 이해하고, 도울 방법을 찾는다.		
3. 나의 도움 또는 지원이 필요한 동료들과 유대감을 형성한다.		
4. 나를 지원해 줄 수 있는 사람들과 관계를 형성한다.		
5. 의견 불일치 또는 자원 획득 경쟁 등과 같이 동료와의 관계에서 민감한 이슈가 발생하면, 내가 주도적으로 대화한다.		
6. 즐겁게 열심히 일하는 모습을 보여준다.		
7. 내가 한 약속은 반드시 지킨다.		
8. 피드백 요청 시에는 정직하게 응답한다.		
9. 동료들과의 점심 식사와 같은 정기적인 활동들을 통해 나만의 네트워크를 구축하기 위한 시간을 낸다.		
10. 네트워크를 구축하는 데에는 시간이 걸리고, 그 보상도 바로 오지 않을 수 있다는 것을 이해한다.		

자신(동료에게 피드백을 요청한 경우에는 동료)이 "아니오"라고 체크한 모든 문항에 대해서 그것을 강화하는 방법을 생각해 보도록 한다.

→

→

→

→

3. 영향력 어떻게 발휘할 것인가?

동료에게 영향력을 발휘하는 방법

- 자문(Consultation)을 받는다.
- 연합체(Coalition)를 구축한다.
- 도움(resources or assistance)을 준다.
- 공통의 기반(common ground)을 만든다.
- 회사에 대한 충성심을 활용한다.

  동료 네트워크가 제공하는 많은 혜택들을 얻기 위해 나의 권한에 의존할 수는 없다. 그 사람들에 대한 공식적인 권한이 없기 때문이다. 그러나 공식적인 권한 없이도 그들에게 영향력을 발휘하는 것은 가능하다.

  영향력을 발휘한다는 것은 무슨 의미일까? 그것은 상대방의 의견, 태도, 행동을 자신과 상대방 모두에게 도움이 되도록 바꾸는 방법에 대한 것이다.

  영향력을 발휘한다는 것은, 상대방의 가치관이나 목표에 어긋나더라도 내가 원하는 것을 하도록 만드는 것이 아니다. 그보다는 서로에게 도움이 되는 결과를 얻기 위해 노력하는 것이라고 할 수 있다.

  일반적으로 영향력을 발휘하는 과정에는 서로에게 가치 있는 것을 주고 받는 교환 과정이 포함된다. 여기에는 다양한 형태가 있다.

■ 자문(Consultation)을 받는다.

 동료의 자문을 받는 것은 가치 있는 일이다. 어떤 프로젝트를 수행하는데 있어서 동료의 지원이 필요할 때, 그들이 가지고 있는 긍정적인 의견과 부정적인 의견 모두를 물어 보자. 동료들은 그 프로젝트를 수행하는 과정에 깊이 참여하고 있다고 느끼게 될 것이고, 그로 인해 그 프로젝트를 더 적극적으로 지원하게 될 것이다.

 예를 들어, 회사에서 고객 데이터베이스를 구축하는 일을 맡고 있다고 가정해 보자. 이 프로젝트가 성공하기 위해서는, 다른 팀장들이 그들의 고객 데이터를 입력해 줘야 한다. 하지만 많은 팀장들이 그 일을 하기에는 너무 바쁘다고 생각할 것이다. 그 고객 자료를 데이터베이스에 입력하라고 명령을 내릴 수 없기 때문에, 다른 방법으로 그들의 협조를 얻어야 한다.

 이러한 경우에, 다른 팀장들에게 이 새로운 시스템에서 어떤 정보와 보고서를 제공할지, 그리고 어떻게 그 정보를 가장 효과적으로 취합할 수 있는지에 대한 아이디어를 요청함으로써 그들을 프로젝트에 참여시킬 수 있을 것이다.

 자신의 아이디어를 제시할 수 있고, 자기 이야기에 귀를 기울여 준다고 생각한다면, 그들은 필요한 지원을 기꺼이 제공할 마음이 생길 것이다.

■ 연합체(Coalition)를 구축한다.

 어떤 아이디어를 한 사람이 지지할 때보다 여러 사람이 함께 지지할 때 더 큰 영향력을 가지게 된다. 이러한 이유로 연합체를 만드는 것은 영향력을 행사하는데 중요한 역할을 한다. 만약 영향력 있는 동료들을 모아 '하나의 연합체'을 형성할 수 있다면, 그 제안이나 과제에 대해 나머지 동료들의 지지를 얻을 가능성이 더 높아질 것이다.

 누구를 연합체에 참여시킬 것인가를 어떻게 판단할 수 있을까? 자신의 아이디어를 실현시키기 위해서 누구의 도움-정치적인 지원 또는 중요한 자원과 인력 지원-이 필요한가를 스스로에게 물어보자.

 또 자기가 시도하는 것이 성공하기 위해서는 누구의 동의가 반드시 필요한가도 자문해 보자. 그러한 사람들이 좋은 후보자일 것이다.

■ 도움(resources or assistance)을 준다.

동료에게 호의를 베푸는 간단한 행동 하나가 나중에 그 사람들로부터 필요한 지원을 받을 가능성을 높여준다.

예를 들어, 동료가 프로젝트를 마감시간 내에 끝낼 수 있도록 팀원을 보내 지원할 수 있을 것이다. 또는 동료의 절박한 문제 해결을 돕기 위해 조언 또는 정서적인 지원을 할 수도 있을 것이다.

그 외에도 동료에게 도움이 될 사람을 소개하거나, 동료가 중요한 결정을 내리는데 필요한 정보를 제공하는 것 등이 있을 수 있다.

어떤 형태의 도움을 제공하든지, 그것이 동료가 필요로 하는 것인지를 확인하자. 아울러 기회를 봐서 자기가 동료로부터 어떤 도움을 받아야 하는가를 알려주도록 한다.

■ 공통의 기반(common ground)을 만든다.

공통의 관심사와 가치관을 바탕으로 유대 관계를 형성하는 것도 영향력을 강화하는데 도움이 된다.

예를 들어, 만약 모두 골프를 좋아하고 스포츠에 대해 오랫동안 이야기하는 것을 즐긴다면, 취미에 근거한 유대감이 생길 수 있을 것이다. 서로 호감을 가지고 있다면, 도움이 필요할 때 서로 더욱 잘 돕는 경향이 있다.

■ 회사에 대한 충성심을 활용한다.

  때로는, 회사의 발전에 대한 동료의 책임감을 일깨움으로써, 동료가 공동의 이익을 위해서 행동하도록 만들 수 있다.

>   예를 들어, 회사가 서로 다른 팀원들간에 멘토링 프로그램을 운영하고 있다고 가정해 보자. 다른 팀의 팀장인 김팀장과 자기 팀의 이대리를 멘토 관계로 만들어 주고 싶은데, 김팀장은 너무 바빠서 매주 일정한 시간을 내어 이대리를 멘토링하는 것이 불가능하다고 말한다.

  이런 경우, 이대리와 같이 가능성 있는 직원의 역량개발을 도와주는 것이 결국에는 회사 성장과 발전에 도움이 된다는 것을 이야기함으로써 김팀장의 결정에 영향을 줄 수 있을 것이다.

  "우리 팀장들이 팀원들에 대한 멘토링 책임을 다할 때, 능력 있는 직원들을 경쟁회사에 빼앗기지 않고 계속 확보할 수 있게 될 겁니다."

  그리고 이대리의 멘토로서 다른 사람이 아닌 김팀장을 원하는 이유를 말한다.

  "김팀장님은 경영진으로부터 인정받고 있고, 모두가 김팀장님의 의사결정 능력을 존경하고 있어요"

  이러한 방법들은 동료들에게 영향을 끼치는 것을 도와 주고, 그로 인해 모두가 원하는 것을 얻을 수 있도록 해 준다.

실천도구
:: 영향력 강화 ::

자신이 주도적으로 추진하는 일에 대한 지원을 얻기 위해서는 다른 사람에게 영향력을 발휘하는 것이 중요하다. 내부 동료로부터 어떻게 필요한 자원, 협력, 그리고 지원을 얻을 수 있을까? 공식적으로 업무를 지시할 권한이 없는 동료들에게는 영향력을 발휘해서 원하는 것을 성취해야 한다.

활용 방법

이 실천도구를 활용하여 적절한 영향력 발휘 전술을 사용하기 위한 계획을 세워 보자.
그 전술로는 자문 받기(중요한 결정이나 프로젝트에 동료의 의견을 요청함), 연합체 구축(자기 의견에 대한 지지 세력을 만드는 것), 동료에게 자원이나 도움 제공(나중에 도움을 받을 수 있도록 자신에 대한 호감을 형성함), 공통의 기반 만들기, 그리고 회사에 대한 충성심 활용하기 등이 있다.

다른 사람들에게 영향력을 발휘하기 위한 계획

1. 목표 또는 목적		
2. 목표 또는 목적을 지지하는 사람	3. 그 사람의 입장	
4. 목표 또는 목적에 반대하는 사람	5. 그 사람의 입장	6. 영향력을 발휘하기 위한 적절한 전술과 실행 계획

팀장의 8가지 실천과제 | 217

4. 동료들 어떻게 설득할 것인가?

동료를 설득하는 방법

- 논리적으로 설명한다.
- 논리에 대한 타당성을 입증한다.
- 상대방의 이익에 호소한다.
- 효과적인 자료를 활용한다.
- 인센티브(incentives)를 제공한다.
- 비교한다(Drawing comparisons).
- 반대를 극복한다.

영향력을 발휘하는 것에 추가하여, 동료들과 공동의 이익을 위한 합의에 도달하기 위해서는 설득을 해야할 경우도 있을 것이다.

다음 "7가지 설득 방법"을 살펴 보자.

■ 논리적으로 설명한다.

자기 아이디어의 장점과 단점을 포함하여, 고려해야 할 모든 사항을 제시한다.

예를 들어, 새로운 IT 시스템을 도입하는데 동료가 맡고 있는 팀에서 예산 일부를 투자해 주기를 바라고 있다고 하자.

그에게 새로운 시스템이 회사의 모든 팀에 혜택을 줄 것이기 때문에 모든 팀이 필요 자금을 지원해야 한다는 것과, 그가 지출하는 비용에는 초기 도입 비용뿐만이 아니라, 앞으로의 교육과 기술지원 비용이 모두 포함되어 있다는 것을 설명함으로써 그를 설득할 수 있을 것이다.

■ 논리의 타당성을 입증한다.

자신의 아이디어와 관련된 수치 또는 다른 정보를 제공한다.

예컨대 아래와 같이 설득할 수 있을 것이다.

"여기에 대해 조사를 했는데, 제가 도입하고자 하는 새로운 IT 시스템은 팀장님을 포함한 회사 다른 팀장들에게 비용은 10% 낮추면서도 팀의 생산성을 30% 가량 향상시킬 것입니다.

A회사에 대한 보고서를 한번 보십시오. 그들은 우리 회사와 비슷한 규모와 구조를 가졌고, 이 시스템과 비슷한 시스템을 도입하였습니다. 이것이 그들이 이 시스템을 채택함으로써 달성한 비용 절감과 생산성 향상 수치입니다."

■ 상대방 이익에 호소한다.

 동료가 걱정하고 있는 것을 해결할 수 있는 방법으로 자신의 아이디어를 제시한다면, 지원을 얻을 확률이 높아질 것이다.

 예를 들어, 만약 동료가 비용 상승, 생산성 하락, 팀 내부 절차의 비효율성에 대해 걱정하고 있다는 것을 알게 되었다면, 자신의 아이디어가 이러한 걱정을 해결하는 데 도움이 된다는 것을 강조한다.

 합의에 장애가 되는 염려들이 항상 "논리적"인 것은 아니라는 것을 기억하자. 어떤 염려는 사실보다는 그 사람의 믿음 또는 감정에 기반하고 있기도 하다.

■ 효과적인 자료를 활용한다.

 자신의 아이디어를 이야기, 통계치, 그래픽 등의 다양한 형태로 제시한다.

 위의 IT 시스템의 경우에, 동료들이 그 시스템을 위한 자금 확보를 도와 줄 경우 그들이 얻을 수 있는 비용 절감과 생산성 향상 수치를 막대 그래프로 나타낼 수 있을 것이다. 또 자기 아이디어에 대해 모두가 공감할 수밖에 없는 통계치를 찾아서 제시할 수도 있을 것이다.

 예를 들어, "이러한 종류의 시스템을 도입한 회사의 60%가 최소 10% 이상의 시장 점유율 상승을 기록했습니다."

 마지막으로, 자신의 실제 사례를 이용할 수도 있을 것이다. "제가 이전에 다닌 회사의 마케팅팀장도 처음에는 이 시스템에 대해 회의적이었습니다. 하지만 우리가 시범 프로젝트를 운영한 후 그 결과를 제시했더니, 그의 태도는 180도 바뀌었습니다."

■ 인센티브(incentives)를 제공한다.

자기 아이디어를 지원해 주는 동료들에게 인센티브를 제공한다.

예를 들어, 새로운 시스템을 도입하는데 필요한 재정적인 지원에 대해 토론한 후, 그 동료의 가장 시급한 문제를 해결하기 위해 기꺼이 지원하겠다고 말할 수 있을 것이다.

■ 비교한다(Drawing comparisons).

산업동향 및 발전 추세와 비교함으로써 동료들을 설득한다.

예를 들어 "김팀장님, 많은 회사가 이런 종류의 시스템으로 이동하고 있다는 보고서를 보셨겠지요. 우리가 이 분야에서 선두를 지키고 싶고, 고객들에게 기술활용도가 높은 회사로 보이고 싶다면, 이 시스템을 도입할 수 있도록 모두가 함께 노력해야 하지 않을까요?"

■ 반대를 극복한다.

동료들이 반대하는 근본 원인을 파악하고, 그것을 제거하기 위해 노력한다.

예를 들어, 아래와 같이 이야기할 수 있을 것이다.

"김팀장님, 새로운 시스템을 도입할 경우, 자료를 입력하는데 많은 시간이 걸릴 까봐 걱정하고 계신 것은 알겠습니다. 하지만 제가 계산한 바에 따르면 데이터를 입력하는 데 일주일에 한 시간 밖에는 걸리지 않습니다.

더 중요한 것은 일단 이 시스템이 완성되어 모든 사람들이 정상적으로 이용하기 시작하면, 이 시스템으로 인해 확보된 효율성 덕분에 일주일에 한 시간과는 비교가 안될 만큼 많은 시간이 절약된다는 것입니다."

영향력과 설득력을 활용하는 것은 동료 네트워크에서 많은 것을 얻을 수 있도록 해 주고, 동료들과 협력할 때 더 좋은 결과를 얻을 수 있도록 도와 줄 것이다.

다음에서는 여러 팀이 참여하는 과제를 성공적으로 수행할 수 있도록 도와줄 추가적인 전략에 대해 설명한다.

실천도구
:: 동료들에 대한 설득 ::

동료들로부터 필요한 자원, 협력, 그리고 지원을 어떻게 받을 수 있을까? 공식적인 권한이 없는 동료들에게는 설득을 통해 원하는 것을 얻어야 한다. 이 실천도구를 통해 정리한 7가지 설득 스킬을 사용하여 동료들과 상호이익이 되는 합의에 도달할 수 있도록 한다.

활용 방법

이 실천도구를 활용하여 동료들을 설득할 때 사용하기 위한 전술을 수립한다. 그 전술에는 논리적인 주장, 자기 논리에 대해 타당성 입증, 상대방의 이익에 호소, 효과적인 설명 자료 활용, 상대방에게 인센티브 제공, 비교, 반대 극복 등이 있다.

동료들을 설득하기 위한 계획

1. 목표 또는 목적		
2. 목표 또는 목적을 지지하는 사람	3. 그 사람의 입장	
4. 목표 또는 목적에 반대하는 사람	5. 그 사람의 입장	6. 설득하기 위한 적절한 전술과 실행 계획:

실천과제 7 동료들과 네트워킹 및 협력

5. 동료들과 어떻게 협력할 것인가?

여러 동료들과의 협력

다기능(Cross-Functional) 팀에서의 협력 방법

- 동료 팀장들과 협의와 협상을 통해 역할 분담을 명확히 한다.
- 중요한 협력에 대해서는 경영진으로부터 승인을 받도록 한다.
- 협력이 필요한 사항, 기대, 그리고 책임 등에 대해 문서화를 한다.
- 합의된 사항이 변경될 경우에도 그 내용을 문서화 하도록 한다.
- 협력 과정에 갈등이 발생하면, 즉시 해결할 수 있도록 한다.
- 도움을 주었을 때에는 동료가 협조해 줘야 할 것을 기억하게 한다.
- 동료에게 협력하기로 약속한 것은 잊지 않도록 한다.

대개의 경우 팀장들은 자신의 목표를 달성하기 위해 혼자서 일하는 것이 아니라, 다른 팀의 팀장들과 협력할 것이다. 팀 목표를 달성하기 위해 다른 팀의 지원을 받아야 할 때도 있고, 다른 팀의 목표 달성을 지원해 주어야 할 때도 있을 것이다.

일반적으로, 회사의 새로운 전략 추진은 다양한 팀의 협력을 필요로 한다.

다음의 예에 대해 생각해 보자:

> 회사는 향후 5년 동안 시장 점유율을 30% 늘리기를 원하고 있다. 각 팀은 이 목표를 달성하기 위해 각자의 역할을 해야 할 것이다.
>
> 시장 점유율을 높이는데, 자기 팀이 담당해야 할 역할을 수행하기 위해, 다른 팀과 협력해야 할 것이다.

아래의 표에 예가 제시되어 있다.

팀 명	협력이 필요한 팀	협력 내용
영업팀	인재개발팀	교차 판매에 대한 교육 과정 개발
마케팅팀	기술지원팀	시장 세분화를 위한 고객 데이터베이스의 구축
제품개발팀	재무팀	새로운 비즈니스 모델 발굴

동료 팀장들과의 광범위한 협력이 필요한 경우, 각각의 팀을 대표하는 사람들로 구성된 다기능 팀(Cross-Functional Team)을 구성하게 된다.

예를 들어, 회사의 시장 점유율을 높이는 목표를 달성하기 위해 구성된 다기능 팀에는 제품개발, 영업, 정보기술팀의 팀장들이 참여하고, 마케팅팀이 이끌어 갈 것이다. 그리고 필요하다면, 재무팀과 인사팀도 참여하게 될 것이다.

다기능 팀이 만들어질 때에는 전형적으로 이 팀의 역할, 책임, 주요 일정, 결과물, 그리고 의사결정 절차를 정하는 문서를 작성하게 된다.

■ 다기능(Cross-Functional) 팀에서의 협력 방법

서로에 대한 공식적인 권한 없이 상호간의 지원을 얻어야 하기 때문에, 여러 팀 동료들과 협력하는 데에는 어려움이 클 수 있다.

성공적인 협력 기회를 늘리기 위해, 다음 방법을 실천해 보자.

- 다양한 팀들이 참여하여 협력할 때에는, 초기에 동료 팀장들과 서로 필요한 것에 대해 협의하고 협상함으로써 필요한 자원의 분담을 명확히 한다.
- 중요한 협력에 대해서는 경영진으로부터 명확한 승인을 받도록 한다.
- 서로간의 책임을 명확히 하기 위해, 협력이 필요한 사항, 기대, 그리고 책임 등을 문서화한다. 후에 합의된 사항이 변경되었다면, 그 내용도 문서화한다.
- 협력이 시작된 후에 갈등이 발생하면, 즉시 그것을 인정하고 해결함으로써 계획한 일정대로 진행될 수 있도록 한다.
- 만약 동료 팀장에게 도움을 주었다면, 그 동료가 다음에 협조해 줘야 한다는 것을 기억하게 한다.
- 동료에게 협력하기로 한 것은 잊지 않도록 기록해 둔다.

실천도구
:: 동료들과의 협력 ::

전략 과제의 성공은 동료들과 얼마나 효과적으로 협력할 수 있는가에 달려 있다. 협력해야 할 그룹의 멤버들은 서로에게 필요로 하는 것과 성공적인 협력을 위한 실천 방법을 명확히 해야 할 필요가 있다.

활용 방법
아래 실천도구를 활용하여 여러 팀이 참여하는 협력 활동을 관리한다.

나의 협력 체크리스트

우리 팀이 추진해야 하는 전략 과제는 무엇인가?

과제를 추진하는데 있어 다른 사람의 도움이 필요한 것과 내가 도와야 하는 일은 무엇인가?

다른 사람의 도움이 필요한 것은:	누구로부터	예정일

내가 도와야 할 것은:	누구에게	예정일

아래 활동들을 완료했을 때, 완료란에 체크 표시를 한다.	완료여부
· 필요한 자원과 상호의존도를 명확히 하기 위해 동료들과 협력의 결과물을 파악한다.	
· 동료와의 협력이 필요한 이유, 기대, 동의한 내용에 대한 문서화와 수정 사항에 대해 문서화한 것을 검토한다.	
· 갈등이 발생하는 즉시 해결하는데 동의한다.	
· 동료들이 나에게 협력해야 할 것을 잊지 않도록 상기시켜 줄 방법을 찾는다.	
· 내가 동료들에게 협력해야 할 것을 잊지 않고, 예정된 날짜에 제공할 수 있도록 기억할 방법을 찾는다.	

실천과제 8
리더십 역량의 지속적 개발

    리더십과 관련해서 많은 연구 자료와 책이 있고, 학교와 기업에서 다양한 교육을 하고 있지만, 그 효과에 대해 회의적인 시각도 많다. 리더십 역량을 습득하는 데에는 상당히 긴 시간을 필요로 한다. 자신의 역량에 대해 지나친 확신을 갖는 것 또한 피해야 한다. 조직 생활을 하면서 경영자로 성장해 가는 동안 리더십 문제는 항상 따라 다닐 것이다.

    "실천과제 8"에서는 팀장으로서 다양한 경험을 쌓고, 리더십 역량을 습득하며, 리더로서의 경력을 전략적으로 개발함으로써 자신의 역량을 더욱 키워가는 방법에 대해 알아본다. 또한 감성지능의 개념과 다른 사람을 리드하는데 있어서 감성지능을 활용하는 방법에 대해서도 소개하고 있다.

팀장으로서 배움에 대한 나의 생각은?

팀장은 새로운 역량을 개발하고, 경험 많은 다른 팀장 및 임원들과의 관계를 쌓을 기회를 자주 갖게 될 것이다. 다음 질문을 통해, 리더로 성장하는 것에 대해 자신이 가지고 있는 생각을 알아보도록 하자.

실천과제 8 리더십 역량의 지속적 개발

※ 다음 질문을 활용하여, 최근에 업무 및 다른 사람으로부터 배운 경험에 대해 생각해 보자. 각 문항을 읽고, 자신의 상황과 일치하는 정도에 따라 점수를 부여하도록 한다.

업무 및 다른 사람으로부터 배우는 것에 대해, 나는	일치 정도 전혀 아님 매우 그러함
1. 내 역량 부족을 상사가 알게 되면, 나를 부정적으로 판단할 것 같아 걱정된다.	1 2 3 4 5
2. 모험을 하고 싶지 않다.	1 2 3 4 5
3. 습득해야 할 역량을 다른 사람이 알려 줘야 할 경우가 종종 있다.	1 2 3 4 5
4. 내가 현재 가지고 있는 역량 수준에 만족하는 편이다.	1 2 3 4 5
5. 내가 이미 잘 하고 있는 분야의 역량을 더욱 향상시키고 싶다.	1 2 3 4 5
6. 업무에 필요한 역량은 어떤 것이든 나 혼자 배울 수 있다.	1 2 3 4 5
7. 동료 앞에서 실수하는 것이 걱정된다.	1 2 3 4 5
8. 모든 방면에 뛰어난 멘토를 찾아야 한다고 생각한다.	1 2 3 4 5
9. 더 많은 돈을 벌 수 있는 능력을 배웠으면 좋겠다.	1 2 3 4 5
10. 다른 사람에게 비판을 받으면, 방어적으로 되는 경향이 있다.	1 2 3 4 5

▶ 응답결과에 대한 피드백은 다음 페이지에서 확인할 수 있다.

팀장으로서 배움에 대한 나의 생각은?

팀장으로서 익숙하지 않은 상황에 대처해야 할 경우, 가장 좋은 접근방법은, 결정을 하기 전에 제안 받은 일에 대해 좀 더 많은 정보를 수집하고, 어떤 위험이 내포되어 있는가 주의 깊게 생각해 본 후에 결정하는 것일 것이다.

앞에서 살펴 본 자신의 배움에 대한 생각과 비교하여, 리더로서 가져야 할 바람직한 학습과 성장에의 접근방법을 비교해 보자. 배움에 대한 자신의 태도를 다시 검토해 볼 필요가 있는 영역이 있는가? 학습과 성장을 통해 얻을 수 있는 혜택에 대해 알아보기 위해, 오른쪽 난의 내용을 읽어보도록 하자.

업무 및 다른 사람으로부터의 배움에 대해, 나는	만약 높은 점수를 주었다면, 이러한 태도를 다시 검토해 볼 필요가 있다. 이유는,
1. 내 역량 부족을 상사가 알게 되면, 나를 부정적으로 판단할 것 같아 걱정된다.	신임팀장인 경우라면 리더로서의 경험이나 지식을 가지고 있을 것이라고 상사는 크게 기대하지 않을 것이다. 그 보다는, 도움이 필요할 때 도움을 요청하고, 새로 맡게 된 책임에 필요한 능력을 개발하는데 도움이 될 수 있는 지식이나 교육을 적극적으로 찾아보기를 원할 것이다. 특정한 역량이 부족한 것은 부정적으로 보이지 않지만, 도움이 필요할 때 도움을 요청하지 못한다면 부정적으로 보일 것이다.
2. 모험을 하고 싶지 않다.	모험을 하지 않는 팀장들은 경력을 쌓을 새로운 역할을 맡지 못하는 경향이 있다. 하지만, 지나친 모험을 택하는 것은 무책임한 행동이며, 자신의 경력 못지 않게 회사에도 치명적인 피해를 끼칠 수 있다. 새로운 스킬을 개발하는데 필요한 자신의 역량과 한계, 그리고 상대적으로 짧은 시간 안에 회사에 의미 있는 공헌을 해야 하는 자신의 책임에 대해 깊이 생각해 보고, 균형을 맞추는 것이 중요하다.
3. 습득해야 할 역량을 다른 사람이 알려 줘야 할 경우가 종종 있다.	다른 사람들이 내게 부족한 역량이 무엇인지 말해 줄 수는 있지만, 자신에게 가장 중요한 것이 어떤 것인지는 스스로 결정해야 한다. 어떤 역량이 자기 경력목표와 현재 그리고 미래의 회사 요구에 가장 필요할 것인지 숙고해 보도록 한다.
4. 내가 현재 가지고 있는 역량 수준에 만족하는 편이다.	리더로서의 경력은 평생에 걸쳐 개발되는 것이다. 만약 현재에 만족하여 머물게 되면, 가지고 있는 역량은 금방 뒤쳐지게 될 것이다. 그렇게 되면 자신의 경력을 개발하려고 노력하는 팀원들에게 좋은 모델이 되는 것이 아니라, 오히려 장애물이 될 것이다.

5. 내가 이미 잘 하고 있는 분야의 역량을 더욱 향상시키고 싶다.	자신의 장점을 키우는 것은 훌륭한 전략이다. 하지만 하나의 능력에만 집중하는 것은 바람직하지 못할 수가 있다. 예를 들어, 뛰어난 직무수행 역량을 가지고 있다고 하면, 자신의 직무 지식에만 지나치게 의지하게 되어, 리더십 역량을 향상시키는 데에는 소홀하게 될 수도 있다.	
6. 업무에 필요한 역량은 어떤 것이든 스스로 배울 수 있다.	많은 리더들이 최소한 하나 이상의 리더십 영역에서 역량 부족을 보이고 있고, 집중 훈련을 통해서도 혼자서는 그것을 습득하기 어려울 수 있다. 자신의 약점을 알고 있다면, 그 약점을 보완하는 방법도 찾을 수 있을 것이다. 예를 들면, 외부 전문가, 멘토 혹은 컨설턴트의 협조와 조언을 구할 수도 있다.	
7. 동료 앞에서 실수하는 것이 걱정된다.	동료들과 잠재적인 경쟁자들 앞에서 약점을 드러내고 싶지 않은 것은 자연스러운 일이다. 동료들을 경쟁자로만 볼 수도 있을 것이다. 하지만 동료들은 귀중한 피드백과 새로운 역량을 습득할 수 있는 기회를 제공해 줄 수 있다. 자신의 역량 개발 노력을, 회사의 목표 달성에 공헌할 수 있도록 동료들과 협력하여 역량을 향상시키는 것으로 생각하는 것이 도움이 될 것이다.	실천과제 8 리더십 역량의 지속적 개발
8. 모든 방면에 뛰어난 멘토를 찾아야 한다고 생각한다.	자신의 다양한 역량 개발 요구를 채워 줄 수 있는 멘토 인맥을 구축하는 것이 이상적이다. 한 사람의 멘토가 자신이 필요로 하는 다양한 전문성, 관점, 그리고 자원을 모두 충족시켜 주기는 어렵다.	
9. 더 많은 돈을 벌 수 있는 능력을 배웠으면 좋겠다.	팀장으로서의 역할은 회사와 팀원들의 이익을 최우선으로 하는 것이라는 것을 기억한다. 이것은 개인적인 야망에 우선해야 한다.	
10. 다른 사람에게 비판을 받으면 방어적으로 되는 경향이 있다.	부정적인 피드백에 방어적으로 반응한 경험이 있다면, 피드백을 장려하는 방법을 연습하도록 한다. 피드백은 다른 사람들이 자신을 어떻게 받아들이는지, 그리고 자신에게 부족한 것이 무엇인지를 이해하는데 필수적이다. 자신의 부족한 점을 보완하여 자기에 대한 다른 사람의 관점을 바꿀 수 있기를 원할 것이다.	

학습목표

- 자신의 강점과 약점을 파악하는 방법을 안다.
- 관리와 리더십간의 차이점에 대해 알아본다.
- 감성지능의 구성 요소에 대해 이해하고, 감성지능을 높이는 방법을 배운다.
- 지속적인 학습이 회사와 자신의 경력에 어떤 혜택을 주는지 이해한다.

☞ 앞으로 어떤 리더 또는 경영자로 성장하고 싶은가?

_____
_____
_____
_____
_____
_____

1. 어떤 리더가 될 것인가?

나는 어떤 리더인가?

- **자기 자신을 되돌아 보자.**
  - 다른 사람들과 협력해서 일을 하는 것을 좋아하는가?
  - 어려운 문제를 해결하는 것을 즐겨 했는가?
  - 나는 스트레스를 어떻게 극복했는가?
  - 비공식 집단에서 리더 역할을 했던 경험이 있는가? 그 결과는?
  - 나에게 리더십이란 어떤 의미가 있는가?
  - 나는 내 주위 사람들의 성공에 진심으로 관심을 갖고 있는가?
  - 다른 사람이 성공하는 것을 보았을 때, 내가 성공한 것처럼 행복한가?

- **강점과 약점 파악**
- **비판으로부터 배움**
- **미래를 위한 준비**

　팀장을 처음 맡았을 때에는 팀장 역할을 수행하기가 굉장히 어려워 보일 것이다. 하지만 경험이 쌓여감에 따라, 리더로서의 새로운 잠재력을 발견할 수 있을 것이다.

　팀장 역할을 수행해 가는 과정에서 부족한 역량이 발견된다면, 그 부분을 향상시키거나 보완하기 위한 전략을 찾아야 한다. 팀장으로서의 역할을 수행하면서 리더십 역량을 개발할 수 있는 기회를 많이 가지게 될 것이다. 이 기회를 어떻게 활용하느냐가 미래에 자신이 어떤 직책을 맡게 될 것인지에 큰 영향을 주게 될 것이다.

■ 자신을 되돌아보자.

팀장으로서의 역량과 관심사를 파악하기 위해 자신을 되돌아보는 것이 도움이 된다. 어떤 역할을 맡았었는지, 어떤 일을 하면서 가장 즐거웠는지 과거 경험을 되돌아 보자.

다음과 같은 질문을 자신에게 해 보자.

- 나는 다른 사람들과 협력해서 일하는 것을 좋아하는가?
- 나는 다른 사람을 통해서 일하는 방법을 배웠는가?
- 나는 어려운 문제를 해결하는 것을 즐겼는가?
- 나는 스트레스를 어떻게 극복했는가?
- 비공식 그룹에서, 다른 사람들이 나를 리더로 대한 적이 있었는가? 그 결과는?
- 나에게 있어 리더십이란 어떤 의미인가?
- 나는 주위 사람들의 성공에 진심으로 관심을 가지고 있는가? 다른 사람이 성공하는 것을 보았을 때, 내가 성공한 것처럼 행복한가?

이러한 질문에 대해 생각해 봄으로써, 자신의 동기, 업무를 통해 성취하고 싶은 것, 어떤 어려움을 피하고 싶어하는지, 어떤 경력을 쌓기를 원하는지에 대해 더욱 잘 이해할 수 있다.

■ 강점과 약점을 파악한다.

팀장으로서 자신의 역량을 개발하기 위해서는 자기성찰과 함께 객관적인 외부 피드백 또한 필요하다.

경영 전문가 피터 드러커는 모든 긍정적인 성과는 강점에서 온다고 주장한다. 자신의 강점을 파악하기 위해서는, 자기가 했었던 행동의 결과를 분석해 보아야 한다.

예를 들면:

- 자신이 한 중요한 결정에 대한 예상 결과를 기록한다.
- 다음에는 실제로 나타난 결과를 기록한다.
- 예상 결과와 실제 결과를 비교한다.

예상 결과와 실제 결과 사이에서 반복되는 패턴을 찾아보자.

> 예를 들어, 자신이 협상에서 상대방의 숨은 의도를 파악하는데 뛰어나다는 것을 발견할 수도 있고, 반대로 자주 다른 사람의 역량을 과소평가한다는 사실을 알아낼 수도 있을 것이다. 강점은 예상했던 것과 실제 결과가 계속적으로 일치하는 영역이 될 것이다.

예상과 실제 결과가 계속해서 일치하지 않는 영역이 있다면, 그 부분이 바로 자신의 약점이 된다. 관찰 결과를 기록하기 위해 "나의 강점과 약점 파악" 실천도구를 활용하여 자기 분석 결과를 기록한다.

실천도구
:: 나의 강점과 약점 파악 ::

자기성찰, 객관적 관점 그리고 외부 피드백은 탁월한 리더로 성장하는데 반드시 필요한 것이다. 이 실천도구를 활용하여 자기가 한 의사결정 결과를 관찰하고 분석하는 과정을 통해 자신의 강점과 약점을 파악하도록 하자.

활용 방법

매주 말에, 한 주 동안 자기가 했던 중요한 의사결정의 "예상 결과"를 기록한다. 매월 말에, 이번 달과 지난 달에 했던 의사결정을 다시 살펴 보고, 이 결정들의 "실제 결과"를 기록한다. "실제 결과"와 "예상했던 결과"를 비교해 보면, 강점과 약점을 알 수 있을 것이다.

나의 주요 강점과 약점 파악

작성 월			
의사결정	예상 결과	실제 결과	강점(S)/약점(W)

어떤 의사결정이 지속적으로 강점으로 나타나고 있는가? 그리고 어떤 영역에서 지속적으로 판단을 잘못하고 있는가? 취약한 부분을 어떻게 강화하거나 보완할 수 있을까?

→

→

→

→

실천과제 8 리더십 역량의 지속적 개발

■ 비판으로부터 배운다.

성공한 리더는 피드백과 건설적인 비판을 받아들이는 능력을 가지고 있다. 동료와 팀원들이 자기가 생각하고 있는 모습과는 너무나도 다르게 자신을 받아들이고 있다는 사실을 알게 되면 낙심할 수도 있다.

피드백을 좋다, 나쁘다로 판단하지 말고, 자신이 의도한 대로 보여지기 위해서는 무엇을 바꾸어야 할 것인가를 찾는데 초점을 맞추도록 한다.

예를 들어, 자신은 스스로를 사려깊다고 보고 있었는데, 다른 사람들은 우유부단하다고 생각한다는 것을 알게 된다면 당황스러울 것이다. 그럴 경우 멘토 또는 믿을 만한 사람에게 "어떤 행동이 나를 우유부단하게 보이도록 했습니까?"라고 물어보는 것이 좋다.

이를 통해 의사결정 요청을 받고 생각할 시간이 필요할 때, "지금 당장 대답하기 힘든데요."라고 대답하곤 했던 것이 이러한 반응을 가져왔다는 것을 알게 되었다. 이것을 참고해서, 다음부터는 "그 건에 대해서는 오후까지 결정을 내리겠습니다."와 같이 다른 방법으로 응답하기로 결정했다.

의사결정 방법은 변하지 않았지만, 다른 사람이 좋게 받아들이도록 하는 방법을 배운 것이다.

자신의 행동에 대해 다시 생각해 볼 수도 있다. 다음 예를 보자.

다른 사람들이 자신을 너무 공격적이고, 요구가 많으며, 이기적인 사람이라고 생각하고 있다는 것을 알게 되었다. 좀 더 자세히 물어 보니, 다른 사람들이 고민거리에 대해 얘기할 때 관심이 없거나 대화에서 동떨어져 있는 것처럼 보인다는 이야기를 들었다.

이 이야기를 듣고, 자기 행동을 정확하게 보고 있다는 것을 깨달았다. 누군가 문제에 대해 이야기를 시작하면, 자신은 스트레스를 받고 부담을 심하게 느끼기 때문에 이러한 감정을 없애기 위해 다른 사람의 고민에 무심했던 것이다.

그렇다면 어떻게 바꾸어야 할까? 이 경우는 다른 사람의 문제를 자기 것으로 생각하지 않고, 조언자 혹은 코치로서 행동하는 방법을 배우는 것이다.

2. 리더십 역량 어떻게 개발할 것인가?

리더십 역량 개발

관리자(Managers)는…	리더(Leaders)는…
"우리가 일을 올바르게 하고 있는가?"	"우리가 올바른 일을 하고 있는가?"
"Are we doing things the right way?"	"Are we doing the right thing?"
• 계획수립(Planning)	• 방향 설정(Setting direction)
• 조직화(Organizing)	• 한 방향 정렬(Aligning people)
• 문제해결(Problem solving)	• 동기 유발(Motivating employees)

🌱 **중요한 리더십 역량**
- 각 요소간의 관련성 인식 역량
- 불확실성을 견디는 역량
- 변화 관리 역량
- 자신의 가치관을 파악하는 역량

  팀장은 관리 역량(managerial skills)을 개발하는 동시에 리더십 역량(leadership skills)도 연마해야 한다.

  리더십(leadership)과 관리(management)의 차이점은 무엇일까? 관리는 계획을 수립하고, 원하는 결과를 달성하기 위해 조직화하고, 문제를 해결하는 것에 초점을 맞춘다. 이와는 대조적으로, 리더십은 방향을 설정하고, 그것을 회사 가치와 일치시켜서 그 방향을 보게 하며, 그 방향으로 함께 가고 싶도록 팀원들에게 동기를 유발 하는 것이다. 그러므로 리더십은 정해진 방향으로 함께 가도록 사람들을 고무시키는 것이라고 할 수 있다.

  관리(management)가 개인의 역량과 포부의 차이점을 활용하는 것에 중점을 두고 있다면, 리더십(leadership)은 개인들의 공통 관심사를 활용하는 것에 중점을 두고 있다.

■ 리더십 역량은 개발될 수 있다.

타고난 리더가 있다는 말도 있긴 하지만, 많은 리더십 역량은 학습과 경험 및 노력을 통해 개발될 수 있다.

이러한 역량에는 다음과 같은 것들이 포함된다.

☐ **각 요소간의 관련성 인식 역량**

팀장은 조직에서 변화가 필요한 부분을 파악하고 방향을 설정하기 위해, 넓은 관점으로 상황을 바라보는 역량을 필요로 한다. 현재의 환경과 상황에서 한 발짝 물러서서 폭넓게 살펴 봄으로써, 관계가 없어 보이는 요소간의 관계를 파악하고, 패턴을 찾을 수 있어야 한다.

정기적으로 시간을 내어 현재 상황을 넓은 관점에서 바라보고, 관찰한 내용을 멘토와 상의해 보자.

☐ **불확실성을 견디는 역량**

팀장은 모호하고 불충분한 정보를 바탕으로 결정을 해야 할 때가 자주 있다. 불확실함에 익숙하게 되기 위해, 다른 사람들이 모호한 상황을 성공적으로 헤쳐 나간 사례를 찾아 보고, 그들의 전략을 분석한다. 위험이 적은 환경에서 이러한 경험을 쌓을 수 있는 일이나 프로젝트를 찾는다.

☐ **변화 관리 역량**

편안하고 친숙한 것은 쉽게 침체되기 마련이다. 반면에 너무 많은 변화는 혼동을 가져 오게 된다. 주변 사람들이 변화에 어떻게 반응하는가 관찰해 보자.

예를 들어, 다가올 변화에 대해 위협이나 불안감을 느끼지는 않는가? 효과적인 리더는 적절한 변화추진 속도를 찾아내는 법을 알고 있다.

☐ **자신의 가치관을 파악하는 역량**

리더의 가치관은 명확한 방향을 설정하는데 있어 핵심이다.

예를 들어, 어느 회사가 몇 세대에 걸쳐 인공심장 혈관을 개발하는데 투자해 왔다고 가정해 보자. 이 인공심장 기술은 시간이 갈수록 조금씩 발전해 갔다. 이 회사의 철학은 생명을 구하는 장치의 성능을 지속적으로 향상시키는 것이었다.

반면, 또 다른 회사의 철학은 의사들이 비정상적인 혈관 질환을 영구히 고치는 것이 가능한 기술에 투자하는 것이다.

이 두 개의 철학은 옳거나 그른 것이 아닌, 서로 다른 가치관을 대변하고 있을 뿐이다. 오랜 기간 동안 자신의 선호도와 선택을 관찰함으로써 자신의 가치관을 깨닫도록 한다.

팀장이 자신의 가치관을 이해하는 것은 다음과 같은 효과를 가져온다:

- 자신의 가치관과 일치하는 기회를 선택할 수 있도록 해 주고, 성취감을 높여준다.

- 자신의 가치관에 부합하지 않는 기회를 선택하지 않도록 해 준다.

실천도구
:: 리더십 특성에 대한 자기평가 ::

대부분의 리더십 역량은 개발될 수 있다. 자신의 리더십 특성을 평가하고, 어떤 역량 개발에 노력을 집중해야 하는지 살펴 보자.

활용 방법
- Part I의 각 문항에 대해, 1. 강한 부정 2. 부정 3. 중간 4. 긍정 5. 강한 긍정 중 적절한 곳에 체크를 한다.
- Part II에서 그것에 대한 피드백을 읽어 보고, 개발에 노력해야 할 리더십 역량에 대해 알아 본다.

Part I: 나의 리더십 특성 평가

	전혀 그렇지 않다				매우 그렇다
1. 나는 감정이 업무 현장에서 중요한 역할을 한다고 믿는다.	1	2	3	4	5
2. 나는 문제의 근본 원인을 파악하기 위해 기꺼이 시간을 투자한다.	1	2	3	4	5
3. 나는 필요한 모든 정보를 갖추었다고 느끼지 않는 경우, 의사결정을 미루는 경향이 있다.	1	2	3	4	5
4. 나는 업무를 통해 달성하고자 하는 것을 명확하게 알고 있다.	1	2	3	4	5
5. 나는 문제에 부딪혔을 때, 과거에 경험했던 비슷한 문제에 대해서도 생각한다.	1	2	3	4	5
6. 나는 가능성을 바탕으로 하는 의사결정은 거의 하지 않는다.	1	2	3	4	5
7. 나는 대체로 지금까지 해 왔던 방식대로 하는 것을 좋아한다.	1	2	3	4	5
8. 나는 일단 결정을 내린 후에는, 중간에 그것을 바꾸기가 어렵다.	1	2	3	4	5
9. 나는 공통의 가치와 목표에 호소하는 것을 통해 팀원들을 하나로 이끈다.	1	2	3	4	5
10. 나는 목표와 그 달성방법을 내 마음 속에 생생하게 그려 보려고 노력한다.	1	2	3	4	5

Part II: 피드백

아래와 같이 두 개의 질문을 짝지어서 검토해 보자.

- ☐ **질문 1번과 9번**: 이 질문에 대해 "1", "2", "3"을 선택했다면, 공통의 목표와 관심사항에 집중하는 것을 통해 팀원들을 결속시킬 필요가 있다. 효과적인 팀장은 소속감을 느끼도록 함으로써 다른 사람을 고무시키고 동기를 유발한다.

- ☐ **질문 2번과 5번**: 이 질문에 대해 "1", "2", "3"을 선택했다면, 더 넓은 관점으로 문제와 상황을 바라 볼 필요가 있다. 예를 들면, 자기 팀에 영향을 미치지만 겉으로 드러나지 않은 이슈들을 찾기 위해 서로 다른 상황들 사이에서 관련성과 패턴을 찾는 것이다.

- ☐ **질문 3번과 6번**: 이 질문에 대해 "3", "4", "5"을 선택했다면, 불확실한 상황에서 의사결정을 하는 것을 통해 혜택을 볼 수 없다는 것을 나타낸다. 리더십은 자주 부정확하거나 완전하지 않은 정보에 근거하여 방향을 선택할 것을 요구한다.

- ☐ **질문 4번과 10번**: 이 질문에 대해 "1", "2", "3"을 선택했다면, 개인적인 비전을 개발하는데 좀 더 시간을 투자할 필요가 있다는 것을 나타낸다.

- ☐ **질문 7번과 8번**: 이 질문에 대해 "3", "4", "5"을 선택했다면, 변화에 대해 좀 더 적극적일 필요가 있다는 것을 나타낸다. 리더십의 중요한 요소 중의 하나는, 기존의 생각에 의문을 갖고 새로운 방향을 찾는 것이다.

■ 자신의 리더십 역량에 대해 피드백을 받는다.

리더십 역량을 개발하는 데 피드백은 필수적이다. 멘토, 혹은 신뢰할 만한 동료, 그리고 팀원들에게 자신의 리더십에 대해 어떻게 느끼고 있는지 물어보자.

피드백을 요청할 때는 아래와 같은 질문을 활용하는 것이 좋다:

- 나와 함께 일하는 것에 대해 팀원들이 어떻게 느끼는지?
- 나와 함께 일할 때 팀원들이 스스로에 대해 어떻게 느끼는지?
- 나와 함께 일할 때 팀원들은 에너지가 넘친다고 느끼는지?
- 내 행동 중에 어떤 면이 바람직하지 못한가?

3. 감성지능 어떻게 향상시킬 것인가?

감성지능의 향상

감성지능이란 무엇인가?

감성지능의 4가지 요소

자기 인식(Self-Awareness)	자기 관리(Self-Management)
• 감성적인 자기 인식 (Emotional self-awareness) • 정확한 자기 평가 (Accurate self-assessment) • 자신감(Self-confidence)	• 자기 통제(Self-control) • 투명성(Transparency) • 주도적(Initiative) • 적응성(Adaptability) • 낙관주의(Optimism) • 성취(Achievement)
사회 인식(Social Awareness)	관계 관리(Relationship Management)
• 공감(Empathy) • 조직 이해(Organizational-awareness) • 고객 이해(Service)	• 영향력(Influence) · 팀원 육성 • 감화력(Inspiration) · 팀워크 • 변화 기폭제(Catalyst for change) • 갈등 관리(Conflict management)

팀장의 감성지능은 방향 설정, 방향 공유, 동기 유발과 같은 리더십을 발휘하는 방법에 영향을 준다.

감성지능이란 무엇인가? 다니엘 골만 등의 학자는 감성지능을 우리의 뇌에서 생각하는 부분이 아니라, 감성 센터에 의해 지배되는 역량의 집합이라고 정의한다.

감성지능의 4가지 요소는 자기 인식(self-awareness), 자기 관리(self-management), 사회 인식(social awareness), 그리고 관계 관리(relationship management)이다.

■ 왜 감성지능이 중요한가?

감성지능 4가지 요소 중 하나 이상이 약하다면, 다음과 같은 능력이 떨어질 수 있다.
- 어려운 상황에 적절하게 대처하는 능력
- 바람직한 의사결정 능력
- 다른 사람들과 인간관계를 형성하는 능력

예를 들면, 자신의 역량이 부족하다는 것을 깨닫지 못하고, 불가능한 과제를 받아들이거나, 자신의 핵심 가치를 깨닫고 있지 못하기 때문에 자신의 가치에 반하는 결정을 내리는 경우를 들 수 있다.

대부분의 사람들은 감성지능의 4가지 요소 모두에 강하지는 못하다. 그렇지만 성공적인 리더가 되기 위해서는 모든 감성지능 요소에 고르게 강해야 하다.

감성지능의 4가지 요소	
자기 인식(self-awareness)	**자기 관리(self-management)**
· **감성적 자기 인식**: 자신의 감정을 읽고 이해하는 능력, 그리고 그것이 업무 성과와 다른 사람들과의 관계에 미치는 영향을 인식하는 능력 · **정확한 자기 평가**: 자신의 강점과 한계를 현실적으로 평가하는 능력. · **자신감**: 자신의 가치를 현실적이면서 긍정적으로 보는 능력	· **자기 통제**: 감정 폭발과 충동을 자제하는 능력 · **투명성**: 정직하고, 솔직하며, 성실할 수 있는 능력. · **주도적**: 자신감을 갖고, 기회를 포착하는 능력 · **적응성**: 변화에 적응하고, 장애를 극복하는 능력 · **낙관적**: 실패를 위협이 아닌, 기회로 볼 수 있는 능력 · **성취**: 현실적인 목표를 세우고, 성과 향상을 추구할 수 있는 능력
사회 인식(social awareness)	**관계 관리(relationship management)**
· **공감력**: 상대방의 감정을 다각도로 파악하고, 상대방의 관점을 이해하며, 상대방의 염려에 적극적인 관심을 보이는 능력 · **조직 이해**: 조직의 현재 흐름을 읽고, 네트워크를 구축하며, 정치력을 발휘하는 능력 · **고객 이해**: 고객의 요구를 파악하고, 충족시키는 능력	· **영향력**: 명료하고 신뢰감을 주며, 잘 정리된 메시지를 전달하는 능력 · **감화력**: 분명한 비전을 가지고, 사람들을 고무시키고 움직이는 능력. · **변화 기폭제**: 현상을 타파하고, 새로운 질서를 세우는 능력. · **갈등 관리**: 논쟁을 진정시키고, 해결책을 조율해 내는 능력 · **팀원 육성**: 피드백과 모범을 보이는 것을 통해 다른 사람의 성장을 지원하는 성향 · **팀워크**: 팀을 만들고, 협력을 촉진시키는 능력

■ 감성지능을 향상시킨다.

지능지수와 마찬가지로 감성지능에도 유전적인 요인이 있다. 하지만 연구결과에 따르면, 감성지능도 학습이 가능하고, 일반적으로 나이를 먹어가고 경험이 많아짐에 따라 감성지능도 증가한다고 한다.

감성지능을 향상시키기 위해서는, 뇌의 감성 센터가 새로운 행동을 받아들일 수 있도록 훈련을 해야만 한다. 이것은 오래된 나쁜 버릇을, 새로운 긍정적인 행동으로 대체시키는 것과 같다.

감성지능을 개발하기 위해서는:

- 감성지능을 개발하겠다고 결심해야 한다.
- "이상적인 자신"에 대한 비전을 만든다. 어떤 사람이 되고 싶은가? 어떤 팀장이 되고 싶은가? 어떤 리더로 기억되고 싶은가?
- 개선해야 할 감성지능 영역을 찾기 위해 동료들로부터 피드백을 받는다.
- 변화가 필요한 부분을 찾기 위해 자신의 행동을 관찰한다. 예를 들면 "스트레스가 심한 상황에서는 다른 사람의 제안이나 아이디어를 무시하곤 한다."
- 앞으로 행동을 어떻게 바꿀 것인지를 결정한다. 예를 들면, "스트레스가 심한 상황에서는 다른 사람의 아이디어를 구체적으로 요청하고, 그들의 의견을 듣는데 집중하겠다."
- 진척 상황을 점검해 줄 사람들의 명단을 작성한다. 예를 들면, 다른 사람들의 아이디어에 좀 더 개방적으로 되려고 한다면, 새로운 아이디어가 논의되는 미팅에서의 자신의 행동을 관찰하도록 믿을 만한 동료에게 부탁하도록 한다.

"나의 감성지능 측정"과 "나의 감성지능 강화" 실천도구는 자신의 감성지능을 이해하고 강화하는데 도움을 줄 것이다.

팀장 역할을 수행하는데 있어 감성지능은 중요한 역할을 한다. 또 자신이 경영자로서의 역량을 개발하는 데에는 더욱 중요한 역할을 하게 될 것이다.

실천도구
:: 나의 감성지능 측정 ::

감성지능의 4가지 요소를 측정하는 과정을 통해, 향상이 필요한 부분을 파악하도록 한다.

Part1 활용 방법

- Part I에서, 현재 팀에서 어떻게 반응하는지를 바탕으로하여 각 문항에 응답한다. 각 문항에 대해 1) 매우 그렇지 않다 2) 그렇지 않다 3) 보통이다 4) 그렇다 5) 매우 그렇다 중 적절한 곳에 점수를 기입한다.

예:	1	2	3	4	5
나는 내 감정을 이해하고, 그것이 업무 성과에 어떤 영향을 미치는지 알고 있다.			3		

- 아래의 설문에서 A, B, C, D라고 쓰여진 회색의 행들은 무시한다. 솔직하게 응답해야만, 자신의 감성지능 중 향상이 필요한 부분을 정확히 찾을 수 있을 것이다.

Part I: 나의 감성지능 측정

	매우 그렇지 않다 1	2	3	4	매우 그렇다 5
나는 내 감정을 이해하고, 그것이 업무 성과에 어떤 영향을 미치는지 알고 있다.					
나는 내 자신의 가치를 높게 평가한다.					
나는 내 강점과 한계를 잘 알고 있다.					
나는 내 감정이 다른 사람의 감정이나 행동에 어떤 영향을 주는지 잘 알고 있다.					
A.					
나는 파괴적인 감정을 억제할 수 있다.					
나는 계산된 위험을 기꺼이 감수한다.					
나는 정직과 성실함을 가지고, 다른 사람을 대한다.					
나는 낙천적이고, 앞으로의 변화가 더 좋은 결과를 가져올 것이라고 기대한다.					
B.					
나는 회사 내의 정치적인 행동이 갖는 의미를 잘 알고 있다.					
나는 다른 사람의 감정과 관점을 감지할 수 있다.					
나는 다른 사람의 고민에 적극적인 관심을 갖는다.					
나는 우리 회사 경영자들이 가지고 있는 가치관을 이해하고 있다.					
C.					
나는 다른 사람들과 인간적인 유대감을 강력하게 형성한다.					
나는 상대방이 수긍할 수 있는 방법으로 의견을 전달 할 수 있다.					
나는 조직의 미션을 가지고 팀원들을 고무시키고 이끈다.					

나는 갈등을 해결하는 능력을 가지고 있다.					
D.					

Part II 활용 방법

- Part I 에서, 회색의 A, B, C, D 행에 각 점수를 합한다.

    예:

	1	2	3	4	5
나는 내 감정을 이해하고, 그것이 업무 성과에 어떤 영향을 미치는지 알고 있다.			3		
나는 내 자신의 가치를 높게 평가한다.			3		
나는 내 강점과 한계를 잘 알고 있다.		2			
나는 내 감정이 다른 사람의 감정이나 행동에 어떤 영향을 주는지 잘 알고 있다.				4	
A.	0	2	6	4	0

- 아래의 Part II에서는 Part I의 A, B, C, D 행의 합계 점수를 옮겨서 기입한다. 그리고 각 행의 점수를 합한다. 각 행은 Daniel Goleman, Richard Boyatzis, Annie McKee에 의해 정의된 감성지능의 4가지 영역(자기 인식, 자기 관리, 사회 인식, 관계 관리)을 나타내고 있다.

    예:

	Part I의 총점					행 총점
	1	2	3	4	5	
A. 자기 인식(Self-awareness)	0	2	6	4	0	12

Part II: 나의 감성지능 점수 도출

	Part I의 총점					행 총점
	1	2	3	4	5	
A. 자기 인식(Self-awareness)						
B. 자기 관리(Self-management)						
C. 사회 인식(Social Awareness)						
D. 관계 관리(Relationship Management)						

각 행의 총점이 15점 이하일 경우, 이 영역의 역량 개발을 위해 노력할 필요가 있다는 것을 나타낸다.

실천도구
:: 나의 감성지능 강화::

감성지능을 강화하는 것을 통해 방향 설정, 한 방향 정렬, 그리고 동기유발하는 능력을 향상시킬 수 있다. 자신이 이상적이라고 생각하는 리더의 모습을 그려 보고, 자신의 현재 모습과의 차이를 줄이기 위한 계획을 세워 보자.

활용 방법

"나의 감성지능 측정" 실천도구를 활용하여 강화시키고자 하는 감성지능 역량을 파악한다. 상사, 동료, 그리고 팀원들로부터 자신의 감성지능의 약점과 강점에 대한 피드백을 받을 수도 있을 것이다. 그리고 자기가 개발하기 원하는 역량을 파악하고, 그 역량을 어떻게 습득할 것인지에 대해서 아래 질문에 답한다.

나의 감성지능 강화 계획 수립

1. 자신의 이상적인 모습을 그려 본다: 자신을 아주 유능한 리더로 생각해 보자. 자신이 발휘하고자 하는 리더십 역량은 무엇인가? 그리고 이 역량을 어떤 방법으로 보여주겠는가?

2. 이제 자신의 실제 모습에 대해 생각해 보자: 현재의 자기 모습은 어떠한가? 상사, 동료, 팀원들로부터 받은 피드백과 "나의 감성지능 측정"의 결과를 참고한다. 자기 감성지능의 강점과 약점은 무엇인가?

3. 자신의 이상적인 모습과 실제 모습 간의 차이를 줄이기 위해서는 어떻게 해야 하겠는가? 위의 질문 1에서 답한 유형의 리더가 되기 위해 어떤 감성지능을 개발해야 하겠는가? 개발이 필요한 이 감성지능을 구체적인 행동으로 서술해 보자.

4. 이러한 새로운 감성지능 역량을 개발하기 위해 어떤 행동을 하겠는가? 구체적으로 기입한다. 자신에게 친숙한 리더십 상황에 대해 생각해 보고, 자기가 어떻게 반응해야 할 지를 분명하게 설명해 보자.

5. 감성지능을 강화하는 데에는 시간과 노력이 필요하다. 새로운 역량들을 개발하려는 자신의 노력을 지원해 줄 수 있는 사람은 누구인가? 동료, 멘토, 가족? 이들이 해 주었으면 하는 것은 구체적으로 어떤 것인가?

4. 경력개발 어떻게 할 것인가?

경력개발에 대한 책임

- 지속적으로 학습한다.
  - 역할이 바뀌면, 새롭게 필요한 역량을 습득한다.
  - 멘토나 스폰서 네트워크를 개발한다.
  - 자신이 완벽하지 못하다는 것을 인정한다.
  - 건설적인 비판을 적극적으로 요청한다.
- 넓은 관점을 갖는다.
  - 관심의 초점을 팀과 다른 사람들에게로 돌린다.
  - 자신의 이익보다는 팀과 회사의 발전에 초점을 맞춘다.
- 도전적인 과제를 맡는다.
- 경력개발에 대해 전략적으로 생각한다.

  자신의 경력을 개발하는 것에는 리더로서의 책임이 확대됨에 따라 필요하게 되는 전문성과 리더십 역량의 습득이 포함된다.

  또 회사에서 자신의 역할에 대한 성숙한 관점을 개발하고, 자신만의 네트워크를 구축하며, 경력개발 기회를 포착해 나가기 위한 전략을 수립하는 것도 포함 된다.

실천도구
:: 경력개발 체크리스트 ::

리더로서 경력을 개발하는 것은 평생 학습을 요구한다. 과거 경력에 대해 생각해 보고, 앞으로 자기 경력개발에 필요하게 될 업무 경험이나 교육을 받기 위한 계획을 세워 보자.

활용 방법

경력개발은 평생에 걸쳐 하게 된다. 이 체크리스트를 활용하여 필요한 스킬을 개발하고, 실무 경험을 쌓으며, 지원 네트워크를 구축하기 위해 적절한 절차를 밟고 있는지 확인해 보자.
이 체크리스트를 파일에 보관하여 1년에 몇 번씩 다시 검토해 보도록 한다.

나의 경력개발 체크리스트

해당 여부 파악:	예	아니오
1. 나는 현재 담당하고 있는 역할을 더욱 잘 수행하기 위해 새로 습득하거나 향상시켜야 할 역량을 파악하고 있다.		
2. 나는 역량개발이 필요한 점을 파악하기 위해, 예상했던 것 보다 실제 결과가 좋지 않았던 상황과 업무에 대해 평가해 보았다.		
3. 나는 리더로서의 강점과 약점에 대해 다른 사람들에게 피드백을 요청했다.		
4. 나는 리더로서의 성과에 대해 객관적인 정보를 얻기 위해 내 과거 성과를 분석했다.		
5. 나는 회사 전략을 지원하기 위해 회사가 향후 몇 년 안에 필요하게 될 역량을 파악하였다.		
6. 나는 내 감성지능을 평가하고, 감성지능 강화를 위한 새로운 실천계획을 세웠다.		
7. 나는 조직의 필요와 나의 현재 역량 수준, 역량개발 계획, 그리고 이상적인 경력개발 경로와 일치하는 개인 비전을 만들었다.		
8. 나는 달성 가능하다고 생각하지만, 어려운 도전과제를 갖고 있다.		
9. 나는 필요한 기술적, 그리고 전문적 역량을 습득하기 위한 계획을 세우고, 이것을 실천하고 있다.		
10. 나의 경력개발 노력을 지원해 줄 수 있는 인적 네트워크를 어떻게 넓힐 수 있을 지에 대해 고민하고 있다.		
11. 나는 업무를 통해 나의 개인적 가치를 높이기 위한 목표를 명확히 세워 놓고 있다.		

위의 질문 중에 "아니오"라고 응답한 것이 있다면, 그 문항에 대해서 어떻게 할 것인가를 생각할 시간을 따로 마련하도록 한다.

■ 지속적으로 학습한다.

리더로서의 경력을 쌓아가는 데에는 지속적인 학습이 요구된다. 자신의 직책이 변경됨에 따라 새로운 스킬과 지식이 필요하게 될 것이다. 관리회계에 대해 이해하는 것이 필요할 수도 있고, 기본적인 상법을 알아야 하거나, 또는 조직개발의 기본개념에 대해 알아야 할 필요가 생길 수도 있다.

이러한 스킬이나 지식들은 세미나, 교육 과정, 또는 온라인 프로그램을 통해서 학습할 수 있다.

하지만 대부분의 지식은 이론이 아닌, 현장에서의 실제경험을 통해 습득된다. 리더로서 성장하는 것에 대해 진지하게 생각하고 있다면, 최우선 과제는 현장경험으로부터 더욱 효과적으로 배울 수 있도록 도와 줄 멘토나 스폰서 네트워크를 개발하는 것이다. 이러한 멘토를 효과적으로 활용하기 위해서는 자신의 단점을 공개하고, 완벽하지 못하다는 것을 인정하며, 의식적으로 건설적인 비판을 구해야 한다.

■ 넓은 관점을 갖는다.

팀장으로 처음 승진했을 때, 권한이 많아지고, 연봉이 상승하는 것에 대해 좋은 기분이 드는 것은 당연한 일이다. 하지만 리더로 성장하기 위해서는, 나 개인을 벗어나서 담당하고 있는 팀과 다른 사람에게로 관심의 초점을 맞추어야 한다.

개인적인 이익을 위해 행동하기 보다는, 팀과 회사의 발전에 초점을 맞추어야 한다. "내 역량을 어떻게 최대한 개발할 수 있을까"라고 질문하기 보다는 "회사의 현재와 미래의 요구에 부응하기 위해 내가 개발해야 하는 역량은 무엇일까?"라고 질문해야 한다.

그 질문에 응답함으로써, 경영자로 성장해 가는 각 단계에서 필요한 역량개발 과제를 체계화 할 수 있고, 또 각 단계별로 어떤 역량개발과 경험이 적합한지에 대한 통찰력도 가질 수 있다.

하버드 경영대학원의 Linda Hill 교수는, 리더 자신의 역량, 목표, 그리고 필요한 학습, 그리고 추구하는 직책 사이에 균형을 잘 맞추는 것이 핵심이라고 설명한다.

■ 도전적인 과제를 맡는다.

도전적인 과제(Stretch Assignment)는 그 실현을 위해 새로운 역량개발이 필요한 업무이다.

도전적인 과제는 새로운 지식과 스킬을 개발하는 데 큰 역할을 한다. 그렇지만, 이러한 과제는 실수를 하거나 목표 달성을 못하도록 할 위험이 있다.

그러므로, 그러한 위험이 관리 가능한 정도인 과제를 선택할 줄 아는 것이 매우 중요하다. 일반적으로 새로운 직책으로 옮겼을 때, 6개월 이내에 의미 있는 공헌을 해야 한다고 한다. 그러므로 그 목표 달성에 도움이 될 수 있는 과제를 선택하도록 한다.

또 여러 가지 역량을 개발하기 위해 다양한 경험을 쌓을 수 있는 기회를 찾는 것도 좋다. 자신의 강점을 강화시켜야 한다는 것도 옳은 말이지만, 만약 새로운 요구에 적응하지 못한다면, 기존의 강점이 치명적인 결함이 될 수 있다.

예를 들면, 강력한 기술적인 전문성은 팀장으로 승진한 초기에는 소중한 자산이 될 수 있다. 하지만 이 역량에만 지나치게 의존하게 되면, 훗날 꼭 필요한 폭넓은 리더십 역량을 개발하는데 실패하게 될 것이다.

■ 경력개발을 전략적으로 한다.

경력개발을 전략적으로 한다는 것은 자기 역량이 회사의 성공에 꼭 필요하도록 만드는 것을 의미한다.

전략적으로 되기 위해서는:

- 새로운 변화를 파악하기 위해 회사 밖으로 눈을 돌린다.
- 자신과 회사 모두에 중요한 목표를 세워라.
- 도전적인 과제(Stretch Assignment)나 또는 회사 내 수평 이동을 통해 새로운 스킬을 습득하고, 적절한 업무 경험을 쌓는다.
- 주기적으로 목표를 재평가하고, 회사의 요구가 변함에 따라 자신의 목표에도 변화를 준다.

자신의 네트워크를 구축하는데 전략적으로 생각한다는 것은 단지 한 명의 멘토에게만 초점을 맞추기 보다는 다양한 영역에서 관계를 찾는다는 것을 의미한다. 그것은 또한 단지 편안하다는 이유만으로 기존의 인간관계에만 의존하기보다는 변화하는 요구에 따라 새로운 관계를 적극적으로 개발하는 것을 의미한다.

자기 경력개발 활동을 정기적으로 평가하기 위해 "경력개발 체크리스트" 실천도구를 활용한다.

효과적으로 경력을 개발함으로써, 시간이 지난 후에 풍성한 수확을 거두게 될 것이다. 회사 내에서 자신의 위상이 높아지고, 더 많은 권한을 가지게 되며, 성공 가도를 달리게 될 것이다. 이것은 탁월한 성과창출과 강력한 네트워크, 그리고 도전적인 과제를 맡을 수 있는 역량으로부터 나온다. 이러한 힘은 선순환 사이클을 그리며 성장하게 된다.

팀장 역할의 성공적인 수행은 경영자로 성장해 가는데 있어 초석이 될 것이다. 더 나아가 그 튼튼한 기반은 회사에 기여할 수 있는 가능성을 더욱 더 높여 주게 될 것이다. 큰 발전을 기대하면서, "팀장의 8가지 실천과제"를 마무리한다. Many thanks!!!

첨부 후속 프로그램 안내

팀장의 **역량개발**과 **소통강화**로 자율적, 창의적, 협력적인 조직을 만든다!
팀장 역량개발 시리즈

왜 팀장들이 중요한가?

"기업 문화의 70% 이상은 중간 리더들로부터 만들어진다.
직장인 개개인 입장에서 보면, 일터의 모든 경험은 상사와의 관계에서 비롯되는 것이다.
'나'와 함께 일하는 상사의 영향을 많이 받는데, 중간 리더들이 바뀌지 않으면,
아무리 회사가 혁신을 하더라도 변화가 일어날 수 없다."

〈짐 클리프턴 갤럽 회장, 2016.11.12, 중앙일보〉

팀장 역량개발 시리즈 샘플

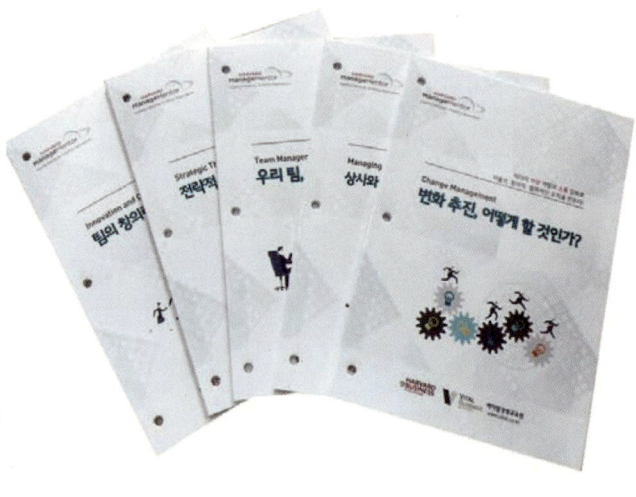

(주)바이탈경영교육원

팀장 역량개발 시리즈 주요 토픽

〉고객 관계
- 고객 중심 (Customer Focus)
- 마케팅 (Marketing Essentials)
- 프레젠테이션 스킬 (Presentation Skills)
- 설득 (Persuading Others)
- 협상 (Negotiating)

〉자기 관리
- 직장 윤리 (Ethics at Work)
- 시간 관리 (Time Management)
- 스트레스 관리 (Stress Management)
- 문서 작성 (Writing Skills)
- 경력 관리 (Career Management)

〉전략 계획
- 전략적 사고 (Strategic Thinking)
- 전략 실행 (Strategy Planning and Execution)
- 의사 결정 (Decision Making)
- 기획서 작성 (Business Case Development)
- 사업계획 수립 (Business Plan Development)

〉혁신 추진
- 혁신과 창의력 (Innovation and Creativity)
- 혁신 실행 (Innovation Implementation)
- 변화 관리 (Change Management)
- 프로젝트 관리 (Management)
- 프로세스 개선 (Process Improvement)

〉성과 관리
- 목표 설정 (Goal Setting)
- 성과 측정 (Performance Measurement)
- 재무 관리 (Finance Essentials)
- 위기 관리 (Crisis Management)
- 성과 평가 (Performance Appraisal)

〉팀원 육성
- 동기 유발 (Leading and Motivating)
- 팀원 육성 (Developing Employee)
- 위임 (Delegating)
- 코칭 (Coaching)
- 피드백 (Feedback Essentials)

〉조직 관리
- 팀 리더십 (Team Leadership)
- 팀 관리 (Team Management)
- 채용 (Hiring)
- 인재 유지 (Retaining Employees)
- 회의 운영 (Meeting Management)

〉협력 향상
- 상사와의 협력 (Managing Upward)
- 네트워크 구축 (Building Networks)
- 다양성 활용 (Diversity)
- 갈등 관리 (Difficult Interactions)
- 글로벌 협력 (Global Collaboration)

팀장 역량개발 시리즈를 활용한 팀장 그룹코칭의 비용 절감 모델

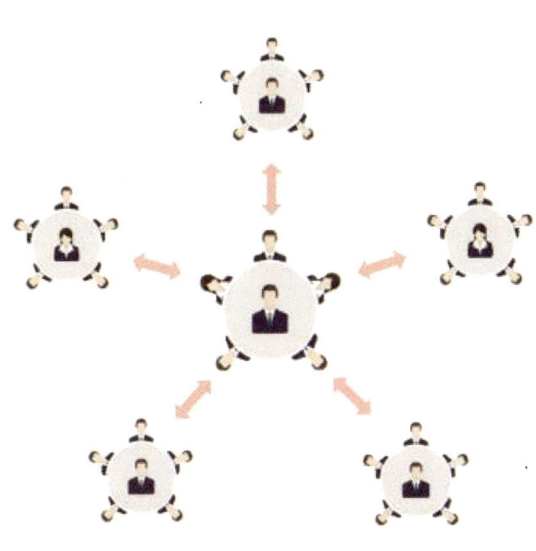

■ 구조
- 20~30명/반
- 4~6명/팀, 4~5개 팀으로 구성

① **팀별 그룹코칭(2~3H)**
- 자체적으로 진행하며, 코치 역할은 1개 주제씩 분담한다.
- 다음 주제 담당 코치는 기록자 역할을 한다.

② **팀별 코치의 사전 코칭실습(4~5H)**
- 팀별 그룹코칭 1주일 전에 실시한다.
- 팀별 코치의 사전 코칭실습은 바이탈경영교육원 코치가 리드하며, 아울러 팀별 코칭 상황을 모니터링하고 지원한다.
- 팀별 코치의 사전 코칭실습에는 팀장들의 상사인 임원이 참석하여 팀장들의 코칭 진행 상황을 관찰할 수 있다.

※ 그룹코칭/교육 문의: 02-525-3811~2
(주)바이탈경영교육원 (www.vital.co.kr)

조직 이동, 승진 등으로 새 직책을 맡은 임원을 위한

※ 2권 1세트, 권당 18,000원 | 도서 구입/코칭 문의: 02-525-3811~2 (주)바이탈경영교육원

"새 직책에서의 처음 3개월이 성공을 좌우한다!"

임원의 보직 변경은 임원 자신과 조직 모두에게 좋은 소식과 나쁜 소식을 동시에 가져 온다. 좋은 소식은 '새로운 변화의 기회'이다는 것이다. 반면 나쁜 소식은 보직이 바뀐 임원은 인적 네트워크와 업무 파악이 부족한 상황이라 '가장 취약한 시기'를 겪게 된다는 것이다. 따라서 새 직책을 성공적으로 수행하기 위한 처음 3개월 동안의 과제가 무엇인가를 정확히 알고, 실천하는 것이 대단히 중요하다.

8가지 실천과제

⟨제1권⟩
1. 자신을 되돌아본다.
2. 업무를 신속히 파악한다.
3. 자기 상황을 진단한다.
4. 우선순위를 결정한다.

⟨제2권⟩
5. 상사 생각을 확인한다.
6. 전략과 조직을 일치시킨다.
7. 조직을 재정비한다.
8. 협력체계를 구축한다.

임원 리더십 개발 과정

하버드 경영대학원에서 개발한 온라인 교육 **'Developing as a Leader'** 과정은 Case Simulation과 피드백, 자기진단 및 현업적용 도구, 그리고 관련 Article로 구성되어 있다.

아래의 8개 과목, 총 40여개 Article만 별도 구매도 가능하다.
(구성 및 가격: 바인더 2개, 책자 8권. 10만원)

(주)바이탈경영교육원
www.vital.co.kr | 02-525-3811~2

임원 리더십 개발(Developing as a Leader) 과정의 주요 Article 제목

모듈1. 임원은 무엇을 해야 하는가?
- 무엇이 리더를 만드는가?
- 리더는 무엇을 해야 되는가?
- 무엇이 유능한 리더로 만드는가?
- 혁신 추진자로서의 리더 역할

모듈2. 영향력 발휘와 동기 유발
- 더 높은 성과를 요구하라
- 동기부여를 어떻게 할 것인가?
- 성공적인 설득의 전제 조건
- 상사의 승인을 잘 받는 방법

모듈3. 변화 관리
- 변화 관리의 두 가지 모델
- 변화 추진이 실패하는 이유는 무엇인가?
- 고통 없는 변화
- 변화 관리는 균형이 중요하다

모듈4. 의사 결정
- 의사결정의 숨은 함정
- 최적안의 합리적 선택
- 경영자의 결단력은 어떻게 개발되는가?
- 신속한 의사결정
- 경영자의 직관

모듈5. 생산적인 비즈니스 대화
- 추론의 비약
- 생산적인 비즈니스 대화
- 질의와 주장의 균형
- 방관적인 기업문화 극복

모듈6. 대화가 어려울 때의 대처
- 습성화된 무능력을 제거하자
- 멘탈모델과 추론의 사다리
- 좌측 칼럼 기법
- 기업 내 커뮤니케이션과 학습
- 어렵고 까다로운 대화 관리
- 대화 시의 스트레스 없애기

모듈7. 감성지능을 통한 조직 리더십
- 성과 향상의 숨은 원동력: 감성 리더십
- 감성지능 강화
- 조직 내의 긴장과 갈등 관리
- 무엇이 리더를 만드는가?

모듈8. 성과를 창출하는 협상
- 합의만 잘 하는 협상가의 6가지 습관
- 협상의 분석: 도입
- 기업 협상은 통합적 시각에서
- 협상의 기술
- 거래 정신에 대한 협상